KB202092

헐하우스에서
20년

헐하우스에서 20년

지은이 제인 애덤스
옮긴이 심재관
펴낸이 임상진
펴낸곳 (주)넥서스

2판 1쇄 발행 2012년 3월 30일
2판 14쇄 발행 2025년 3월 25일

출판신고 1992년 4월 3일 제311-2002-2호
주소 10880 경기도 파주시 지목로 5
전화 (02)330-5500 팩스 (02)330-5555

ISBN 978-89-5994-267-1 03330

출판사의 허락 없이 내용의 일부를
인용하거나 발췌하는 것을 금합니다.

가격은 뒤표지에 있습니다.
잘못 만들어진 책은 구입처에서 바꾸어 드립니다.

www.nexusbook.com
지식의 숲은 (주)넥서스의 인문교양 브랜드입니다.

헐하우스에서 20년

제인 애덤스 지음 | 심재관 옮김

지식의숲

올해(1989년)로 헐하우스가 세워진 지 100년이 되었다. 1889년 9월 18일 유럽을 돌며 문화의 세례를 받고 돌아온 젊은 두 여성, 제인 애덤스와 그 친구 엘렌 스타가 '선한 이웃'이 되고자 시카고 빈민가 한 가운데 위치한 낡은 저택에 입주하면서 헐하우스의 역사는 시작되었다. 그 단순한 행위가 낳은 반향은 시카고의 빈민가 거리를 넘어 미국 전역으로, 그리고 결국에는 전 세계로 퍼져나갔다.

1910년이 되자 미국역사에서 그 유래가 없을 정도로 많은 사회개혁가들이 헐하우스로 집결했다. 미국은 산업 발전을 위해 지나치게 사람의 희생을 강요하고 있고, 이제는 올바른 방향으로 나아가야 한다는 믿음으로 그들은 하나가 되었다. 물론 모든 개혁의 성과를—아동노동 폐지, 노동시간 및 여성 노동 조건 법제화, 청소년 관련 법률의 개혁 등—헐하우스에 모여든 사람의 공으로 돌릴 수는 없지만 다수는 그들의 노력이 낳은 성과였으며 다른 여러 성과 역시 그 운동에 자극을 받아 개혁에 참여한 사람들이 얻어낸 성취였다.

그 결과로서 미국 사회는 근본적인 변모를 거쳤다. 그 변모는 너무도 근본적인 것이어서 오늘을 사는 사람들은 그런 변화의 물결이 미국 땅에 일었다는 사실을 상상조차 하지 못한다. 평범한 보통 사람들을 위한 사회적 안전판이 전혀 없었다는 점을 꿈에도 생각하지 못한다.

《헐하우스에서 20년》의 집필을 구상한 때는 애덤스가 45세가 되던 1905년이었다. 서문에서 애덤스는 자신의 전기 두 종류에 적절한 수정을 가하고자 하는 것이 첫 번째 목적이라고 했다. 애덤스는 "세틀먼트의 생활을 지나치게 평온하고 낭만적인 것으로 그리고 있다"며 이전에 나온 전기를 못마땅하게 말하고 있다. 애덤스는 이미 많은 글을 남긴 저술가였다. 끊이지 않고 글을 발표했고 곳곳에서 강연도 했으며 그런 글들을 묶어《민주주의와 사회윤리(*Democracy and Social Ethics*, 1902)》라는 책으로 출간한 상태였다.《헐하우스에서 20년》도 역시 마찬가지 방식으로 씌어졌다. 예전에 발표한 짧은 글들을 묶어 책으로 펴낸 것이다. 그런 글들 가운데 가장 이른 시기에 씌어진 '헐하우스에서의 15년'이 1906년《레이디즈 홈 저널》에 실렸다. 다른 글들은 같은 잡지와《아메리칸 매거진》그리고《맥클루어스 매거진》에 게재되었다. 1910년에《헐하우스에서 20년》이 발간되자 큰 성공을 거두었다. 평가는 호의적이었고 일부는 극찬을 아끼지 않았다. 첫 해에만 6쇄를 찍었다. 값싼 페이퍼백 보급판이 1961년에 출간되었고 이후로 학자뿐만 아니라 일반 독자들도 꾸준하게 책을 찾고 있다.

이 책에 대해 글을 쓴 사람 가운데 이 책이 얼마나 독특한 책인지 제대로 간파한 사람은 아무도 없다. 1961년 보급판에 서문을 쓴 헨리 스틸 코매거도 이 책을 단순히 자서전으로만 평가하고 있다. 다른 이들은 제인 애덤스의 전기로 평가하기보다는 헐하우스의 초기 역사를 기록한 책으로 여겼다. 하지만 실제로는 둘 모두이다. 제인 애덤스와 헐하우스는《헐하우스에서 20년》에 함께 등장하는 주요 인물이며 아마도 이 둘의 관계가 이 책에서 가장 흥미로운 주제라고 할 만하다. '제인 애덤스'라는 한 개인이 없었다면 헐하우스도 존재하지 않았을 것이다. 또 그녀가 헐하우스를 설립하지 않았다면 지금 우리가 알고 있는 제인 애덤스도 존재하지 않을 것이다.

애덤스는 이 책이 지니고 있는 그러한 두 가지 측면을 날카롭게 인식하고 있다. 자신의 개인적 이력을 담은 이유를 이렇게 밝히고 있다. "이 책의 앞부분은 개인적 체험, 그리고 세틀먼트 운동에 참여하게 된 동기를 상세히 그리고 있다. 20년 동안 사회 운동과 산업 운동의 현장에 있었던 사람의 됨됨이를 제대로 독자에게 전달하지 못한다면 온전치 못한 책이 되고 말 것이다." 개인적 체험 그 자체가 중요한 것이 아니라 사회 운동의 맥락에서 의미를 가질 때만 기술할 가치가 있다는 이야기이다. 따라서《헐하우스에서 20년》은 초기 사회과학 서적으로 읽어야 마땅하다. 애덤스는 이렇게 쓰고 있다. "이전에 출간한 책들은 경험을 통해 형성한 이론을 기술하려는 시도였던 반면에 이 책은 그런 결론을 이끌게 한 여러 경험들의 자취를 더듬은 시도라고 답변하겠다."

제인 애덤스와 헐하우스의 관계, 자서전과 역사의 관계는 애덤스가 서문에서 설명하고 있는 내용보다 훨씬 더 복잡하다. 그 점은 애덤스 자신도 잘 알고 있었던 듯하다. 왜냐하면 그 관계의 속성을 탐색하는 데 많은 지면을 할애하고 있기 때문이다.

1장에서 5장까지는 헐하우스를 설립하기 전까지의 개인적 삶을 다루고 있는데 그녀의 조카 제임스 웨버 린과 앨런 F. 데이비스가 쓴 자서전의 내용과는 상당히 다르다. 애덤스는 1860년 9월 6일 일리노이 주 세다빌에서 출생했다.(애덤스는 출생일과 출생 장소를 언급하지 않고 있는데 이는 꼭 필요하지 않다고 판단하는 것은 과감하게 생략하는 그녀의 특징을 잘 보여주고 있다.) 부친은 세다빌에서 제분업을 하는 존 애덤스로 펜실베이니아에서 일리노이로 이주한 퀘이커 교도였다. 그는 근면한 사람이었으며 매우 정직한 것으로 유명했다. 그는 제분업에서 출반해 철도, 은행업, 생명보험업으로 사업을 넓혔다. 링컨의 정치적 동지였던 그는 1854년에서 1870년까지 16년 동안 일리노이 주 의원을 지냈다. 제인 애덤스의 어머니인 사라는 1862년 낙상으로 인해 조산을 하면서 세상을 떠났다. 사라는 아홉의 아이를 낳았고 그 가운데 다섯이 살아남았다. 열일곱 살 난 메리, 열세 살 마사, 열 살 제임스 웨버, 아홉 살 난 앨리스, 그리고 두 살배기 제인을 남겨놓고 세상을 떠났다. 마사는 3년 뒤에 티푸스로 사망했다. 마사의 죽음은 애덤스에게는 큰 슬픔을 안겨준 사건이었지만《헐하우스에서 20년》에서는 그에 대해 아무런 언급도 하지 않고 있다. 다만 애덤스가 열다섯 살 때에 목격한 몰리 유모의 죽음을 "처음으로 죽음과 직접 대면했던 경험"으로 기록하고 있다. 애덤스 자신도 어린 시절에 여러 질병에 시달렸다. 질병 가운데 가장 심각했던 것이 척추 결핵이었다. 척추 결핵으로 애덤스는 굽은 등에 안짱다리를 하고 걸었고 머리는 한쪽으로 젖혀진 모습을 하게 되었다. 애덤스는 이 장애를 지나치게 의식하며 살았다.

첫 번째 아내가 사망하고 5년 뒤에 존 애덤스는 두 아들(열여덟 살의 해리와 일곱 살의 조지)을 둔 미망인 애너 헬드먼과 재혼했다. 애너 헬드먼은 지적이며 의지가 강한 여성으로 책을 즐겨 읽었고 피아노도 즐겨 쳤다. 그녀는 새 가정을 엄격하게 꾸려나갔으며 당시 일리노이 소도시에서는 보기 힘들 정도로 높은 수준의 교양과 기품을 유지하고자 했다.

제인은 계모와 사이가 원만하지 못했다 불편한 관계는 93세의 나이로 계모가 사망할 때까지 계속 이어졌다. 큰언니 메리는 아버지가 재혼할 무렵에 존 린이라는 장로교 목사와 결혼했다. 평소에 건강이 좋지 않았던 메리는 네 아이와 남편을 남겨두고 세상을 떠났다. 그런데 메리의 남편은 아이들을 돌볼 능력이 없었다. 제인이 주로 아이들을 돌보았고 막내의 법적 보호자가 되었다. 앨리스는 부모의 강한 반대에도 불구하고 이복오빠 해리 헬드먼과 결혼했다. 해리는 뛰어난 외과의사가 되었지만 의학을 포기하고 캔자스에서 은행업을 했다. 이른 나이에 해리가 죽자 앨리스가 은행 경영을 맡아 여러 해 동안 성공적으로 사업을 이끌어갔다. 제인은 해리와 앨리스와는 자주 연락을 하지 않았지만 조지 헬드먼과는 매우 가깝게 지냈다. 조지 헬드먼은 제인과 나이가 같았다. 이 책 1장에 등장하는 놀이친구가 바로 그다. 어른이 되자 조지는 제인과 결혼하고 싶어 했고 앨리스와 해리의 결혼을 결사적으로 반대했던 애너 헬드먼도 이번에는 두 사람의 결혼을 성사시키고자 발벗고 나섰다. 조지는 존스홉킨스 의과대학에 입학했지만 심각한 정신질환에 걸렸고 이후로 질환에서 회복되지 못했다. 애너 핼드먼은 아들의 병의 원인이 청혼을 거절한 제인 때문이라고 여겼다. 제인의 오빠인 제임스 웨버 애덤스도 미치광이가 되었고 제인은 오랫동안 그 가족을 돌보느라 많은 시간과 금전을 바쳐야했다.

애덤스 가족의 이러한 병력은 오늘날과는 달리 19세기에는 그리 이례적인 것은 아니었다. 하지만 이러한 집안의 우환은 미혼녀인 제인에게 무거운 부담으로 작용했다. 미혼인 자신이 어려운 처지의 가족에게 헌신하는 역할을 도맡아야 한다는 압박감이 있었다. 제인은 필요한 도움을 주기는 했지만 자신을 온전히 희생하는 역할은 단호히 거절했다. 이런 복잡한 가족사에서 헐하우스를 바라보는 제인 애덤스의 입장을 소상하게 이해하게 된다. 그녀는 일종의 대안 가족으로 헐하우스를 조직했던 것이다.

꿈과 이상을 키우던 록퍼드 여자 신학교를 졸업하고 난 애덤스에게 위기가 닥쳤다. 그 위기에 대해서 이 책에서는 간략하게만 언급하고 있다. 1881년 봄에 록퍼드를 졸업한 애덤스는 그해 가을 스미스 칼리지에 입학할 생각이었다. 하지만 우울증과 심각한 요통을 비롯해 여러 정신적 질병과 육체적 질병으로 정상적인 생활이 불가능해졌다. 게다가 그해 7월 2일에 절친한 고향 친구인 플로라 구티외의 이복오빠 찰스 줄리어스 구티외가 제임스 가필드 대통령을 저격한 사건이 일어났다. 애덤스는 여름 내내 플로라를 위로하고 보살펴야 했다. 그리고 8월에 맹장 파열로 아버지가 갑자기 세상을 떠났다. 애덤스는 슬픔을 이겨내기 위해 필라델피아로 가서 여성 의과대학에 입학했다. 하지만 몇 개월이 지나지 않아 건강 때문에 학교를 그만두어야 했다. 유명한 의사 S. 와이어 미첼에게서 치료를 받다가 아이오와로 옮겨가 이복오빠인 해리 핼드먼에게서 척추를 바로 세우는 수술을 받았다. 세다빌에서 1년을 요양한 후에 애덤스는 1883년 8월 22일에 계모를 포함하여 여러 사람들과 함께 유럽으로 향했다. 여행은 거의 2년 동안 계속되었다. 두 번째 여행은 1887년에서 1888년 사이에 이뤄졌다. 이번에는 록퍼드 신학교 동창생인 엘렌 스타와 사라 앤더슨이 동행했다. 이때 헐하우스에 대한 생각을 구체화했다. 세 여성은 1888년 가을에 고향으로 돌아왔고 애덤스와 엘렌 스타는 1889년 1월에 시카고로 갔고 그해 9월에 헐하우스로 들어갔다.

이런 힘들고 복잡한 개인사에서 애덤스는 윤리의식의 성장과 변화의 과정을, 앙상한 뼈대만을 추스르는 과감한 생략법의 방식으로 기술하고 있다. 언니의 죽음, 아버지의 재혼, 고통만을 남긴 허리 수술 등은 아예 언급조차 하지 않는다. 1880년대 초에 정신적으로, 육체적으로 무너져 내린 사정도 4장 앞머리에서 "오랜 병치레로 인해 내 정신은 소진된 상태가 되었다"라고만 간략하게 언급하며 넘어간다. 전기에 등장하는 의례적인 내용 대신에 문득문득 떠오르는 기억들로 지면을 채우고 있는데 그 중에는 사소해 보이는 것도 적지 않다. 어린 시절 꾸었던 꿈, 놀이, 위스콘신 주 매디슨으로 갔던 소풍, 이스트런던 방문 등이 등장한다. 이러한 재료로 애덤스는 현실을 바로 보려는 영적 탐색의 여정을 그리고 있다. 1장에서 5장에 이르는 전반부는 윤리적 자각의 과정을 더듬고 있다. 이 기술은 링컨에 대한 기억, 록퍼드 신학교 시절의 낭만을 거쳐 마드리드의 투우 관람으로부터 얻은 깨달음에서 정절에 달한다. 몽상가의 태도로 현실을 호도함으로써 양심을 스스로 달래는 자신을 발견한 것이다. 헐하우스는 피가 튀는 투우장과는 정반대되는 공간이다. 경쟁과 살육이 판을 치는 남성의 공간이 아니라 빵을 서로 나누는 여성의 공간이다,

6장부터는 애덤스라는 개인은 무대에서 서서히 사라진다. 대신에 헐하우스의 사업 활동이 지면을 채운다. 헐하우스의 활동을 묘사하는 명료하고 절제된 그녀의 목소리만이 들려올 따름이다. 애덤스와 헐하우스는 하나로 융합된다. "내 개인적 이력과 헐하우스의 이력을 따로 분리하려는 시도는 하지 않았다. 많은 일을 경험하다보면 사람은 연관성 있는 여러 사건과 체험을 하나로 뭉뚱그리는 속성이 있기 때문"이다.

헐하우스에서 20년 세월을 보내면서 애덤스가 배운 것은 무엇인가? "여러 경험들을 통해 얻어낸 결론"이란 무엇인가? 가장 중요한 결론은, 직접적인 경험, 생생한 경험을 우선하지 않는 이데올로기는 받아들여서는 안 된다는 자각이다.

1890년 시카고에서 벌어진 열띤 논쟁을 기술하면서도 참된 변화는 "사색하는 사람들이 아니라 현실에 맞춰 행동하는 사람들" 덕분이었다는 결론을 내린다. 애덤스가 어떤 사회 이론도 거부한 이유는 파벌주의가 헐하우스를 위협하리라는 인식 때문이었다. 애덤스는 이념 논쟁의 소용돌이에서 한발 물러서 있고자 했다. 일반화를 불신하고 직접적으로 경

험하는 현실을 중요하게 여기는 태도는 동시대의 여러 사람들도 — 예컨대 존 듀이 — 지니고 있던 태도였다. 그들은 낡은 이념화의 껍데기를 벗겨내고 생생한 현실을 보여주는 것이 자신들의 임무라고 생각했다.

이데올로기를 멀리할 때 현실을 제대로 볼 수 있다는 애덤스의 믿음은 우리의 눈에는 의심스러워 보일 뿐만 아니라 진기해 보이기까지 한다. 이데올로기에서 벗어나 있다는 믿음 자체가 하나의 이데올로기이다. 우세한 이데올로기를 수용하고 있지만 많은 사람들이 받아들이고 있기 때문에 자연스럽게 보일 따름이다. 노동을 바라보는 애덤스의 입장에 대해 앨런 데이비스는 이렇게 지적한다. "애덤스는 조잡한 제품이나 잘못 만들어진 제품, 비인간적 노동 환경에 반기를 드는 것을 지지했다. 하지만 자신의 주장을 논리적 귀결로 이끌고 가지는 않았다. 즉 산업 체제 자체에 근본적으로 무엇인가가 잘못되었다는 결론을 내리지 않았다. 애덤스가 공장에서 횡행하는 비인간적 처사를 세심하게 기록하기는 했지만 그로부터 얻는 효과는 기껏해야 젊은이들로 하여금 체제에 순응하게 만들어 예전보다는 조금 더 행복하게 생활하게 하는 정도였다." 애덤스의 개량주의적 태도를 지적하는 것은 그를 비난하기 위함이 아니다. 단지 헐하우스가 "급진적"이라는 그릇된 인식을 바로 잡고자 할 따름이다.

《헐하우스에서 20년》이 지니는 항구적 가치는 애덤스의 주장이 지니는 설득력에 있지 않다. 항구적 가치는 어디에도 얽매이지 않고 붓 가는 대로 써내려간 그 자유로움에 있다. 어떤 틀에도 갇히지 않은 글에서 우리는 아무나 감히 나서지 못할 도발적인 실험에 참여한 인물의 진솔한 목소리를 듣는다.

《헐하우스에서 20년》의 핵심에는 관념이 아니라 몸짓이 있다. "선한 이웃"이 되고자 빈민가로 뛰어든 몸짓이다. 그 몸짓을 두고, 부조리한 현실의 고통을 누그러뜨려 현재의 체제를 유지하려는 보수주의자의 행위라고 매도할 수도 있다. 하지만 선의에서 비롯된 순수한 행위로서 수동적 태도를 지닌 여성들로 하여금 현실에 눈을 뜨게 하려는 시도이고, 미국 사회로 하여금 도시 빈민의 상황에 관심을 기울이라는 용감한 요청이자, 미국 민주주의에 대한 통렬한 비판의 목소리라고 평가할 수도 있다. 제인 애덤스의 몸짓이 후자의 평가를 받을 가능성은 여전히 열려 있다. 사람들이 이 문제에 주목하는 한―헐하우스가 세워지고 100년이 지난 지금도 이 문제는 여전히 사람들의 관심을 끌고 있다―《헐하우스에서 20년》을 찾는 독자는 끊이지 않을 것이다.

제임스 허트

누구나 서문은 항상 원고를 마무리할 때서야 쓴다. 나 역시 책을 마무리한 시점에서 고민되었던 몇 가지 어려움을 기록하고자 한다. 이 책을 집필하는 동안, 나는 회고록을 쓰기에는 너무 이르다는 생각이 들었다. '쉰'이라는 나이가 지난 반생을 되돌아보며 정리하기에 좋은 때이기는 하지만 오랜 세월 친분을 쌓아온 주변 사람들이 내 인생에서 떼어내기 어려울 만큼 친밀한 존재가 되었기 때문이다. 그런 그들을 칭찬하거나 비난하는 글을 쓰기는 쉬운 일이 아니다. 또한 내가 참여하고 이끈 여러 운동도 내게는 너무도 소중한 체험이라서 평가를 내리기가 어렵다.

그간 내게 일어났던 사건이나 경험을 선별해서 어떤 이야기를 책에 담아야할지 결정하는 것도 아주 어려운 일이었다. 하나하나를 세밀하고 정확하게 묘사하더라도 무엇을 선택했느냐에 따라 전체적인 모습이 잘못 전달될 우려가 있기 때문이다. 그런 이유에서 시카고 산업지역에 들어와 살기 시작한 1889년 가을 이후의 세월은 아무리 애를 써도 충실하게 기록하기가 어려웠다. 그런 어려움에도 왜 책을 썼느냐고 묻는다면, 답변으로 두 가지 목적을 언급하고자 한다. 미국에서 세틀먼트가 이곳저곳에서 손쉽게 생겨나고 있기 때문에 초기 세틀먼트 운동을 기록한다면

이 운동의 의의를 제대로 평가하는 데 도움을 줄 것이고 또 진정성이 부족하다는 비난을 잠재울지도 모른다. 두 번째 목적은 이미 나온 두 종류의 내 전기에 적절한 수정을 가하는 것이다. 전기 가운데 하나를 펼쳐보면 세틀먼트의 생활을 지나치게 평온하고 낭만적인 것으로 그리고 있다.

이 책의 앞부분은 개인적 체험, 그리고 내가 세틀먼트 운동에 참여하게 된 동기를 상세하고 정확하게 표현하려고 노력했다. 20년 동안 사회운동과 산업 운동의 현장에 있었던 사람의 됨됨이를 제대로 독자에게 전달하지 못한다면 온전치 못한 책이 되고 말 것이다.

이 책 내용 가운데 3분의 1 이상이 《아메리칸 매거진》과 《맥클루어스 매거진》에 발표되었던 내용이다. 또한 여러 해 전에 세틀먼트 운동의 의의를 힘주어 설명한 여러 글들도 그대로 옮겨놓았는데 당시의 열정을 지금 시점에서 제대로 묘사해내기란 불가능했기 때문이다.

이 책에서 내리고 있는 결론이 지난 20년 동안 짬짬이 발표한 글들의 결론과 유사하다고 지적한다면, 나는 이렇게 답변하고 싶다. 이전에 출간한 책들은 경험을 통해 형성한 이론을 기술하려는 시도였던 반면에 이 책, 《헐하우스에서 20년》은 그런 결론을 이끌게 한 여러 경험들의 자취를 더듬은 시도였다고 말이다.

제인 애덤스

CHAPTER 1

아버지에 대한 기억

심리학 이론에 따르면 마음 깊은 곳에서 솟아나는 욕망은 어린 시절의 체험과 연관해 있으며, 개인의 기질은 '자아가 싹트는 시절'까지 거슬러 올라간다고 한다. 이 이론을 염두에 두고 어린 시절 기억을 더듬는 것으로 내 이야기를 시작하려 한다.

여기 언급하는 기억의 편린들은 모두 아버지와 관계된 것들이다. 나는 대가족인 우리 집에서 어린 축에 속했고 그래서 동네 아이들과 어울려 노는 시간이 훨씬 많았다. 하지만 아버지의 영향이 아주 선명하게 각인돼 있고 게다가 어린 시절의 기억을 빠짐없이 기록할 수 없는 노릇이므로 '아버지'라는, 벼리를 당겨 딸려 올라오는 기억의 조각들만 살펴보는 편이 수월할 듯싶다. 그리고 아버지는 나의 마음을 송두리째 차지한 분이었을 뿐 아니라 내게 윤리 의식과 삶의 지표를 제시해주신 분이기도 했다.

  아주 어릴 때로 기억하는데, 거짓말을 한 일로 잠 못 이룬 밤이 여러 번 있었다. 그러한 밤이면, 엄습하는 죽음의 공포로 어찌할 바를 몰랐다. 두려움은 이중으로 다가왔다. 죄를 씻지 못한 채 죽어서 지옥에 떨어지게 되리라는 점이 무서웠고, 거기에다 잘못을 모두 털어놓기 전에 아버지가 돌아가실지 모른다는 생각도 무서웠다. 두려움에서 벗어나는 방법은 오직 아래층에 있는 아버지 방으로 내려가 모든 일을 고백하는 길뿐이었다. 나는 마음을 단단히 먹고 침대에서 일어나 계단을 내려갔다. 하지만 계단 마지막 칸까지 내려온 나는 그대로 멈춰 서고 말았다. 현관문은 잠겨 있지 않았지만—아버지는 퀘이커 교도답게 현관문을 잠그지 않았다—아버지 방문까지 가려면 현관문을 열고 어두운 응접실을 가로질러 가야 하는데 그럴 엄두가 나지 않았다. 나는 계단 기둥에 몸을 기댄 채 고민하기 시작했다. 현관문 앞에는 자그마한 기름천이 깔려 있었는데, 맨발로 그곳을 밟기가 몹시 꺼려졌다. 하지만 마침내 아버지 침대 곁으로 가서 지은 죄를 고백하자, 아버지는 "거짓말을 한 건 나쁘지만 그 일로 잠 못 자고 괴로워하는 네가 대견스럽다"라고 말씀하셨다. 용서를 구하지도 않았고 또 용서한다는 말도 듣지 못했지만, 죄를 고백한 후 느끼는 홀가분함과 아버지의 진지한 말씀 가운데 언뜻언뜻 비치는 애정으로 마음의 평화를 얻기에 충분했다. 나는 가벼운 발걸음으로 올라가 잠을 청할 수 있었다.

  그 다음으로 떠오르는 기억은 빈민촌의 모습이다. 일곱 살이 되기 전의 일이었던 게 분명한데, 그날 아버지가 볼일이 있어서 들른 제분소는 내가 일곱 살이 되던 해인 1867년에 문을 닫았기 때문이다. 제분소는 이웃 도시에 있었으며 제분소 근방에 빈민촌이 자리잡고 있었다. 시골 아이였던 나는 그전까지 인구 1만 명가량의 그 도시[1]를 항상 탄복의 눈으로 바라보았다. 멋진 장난감 가게와 제과점이 즐비한 거리와는 딴판 인 곳이 그 도시에 있으리라고는 상상하지도 못했다. 그날 처음으로 나는 불결한 궁핍의 현장을 보았다. 시골이 아무리 가난하다고 해도 도시의 빈민가처럼 그렇게 남루하거나 지저분하지는 않았다. 나는 아버지께 코딱지만한 집들이 다닥다닥 붙어 있는 곳에 왜 사람들이 사느냐고 물었다. 아버지의 설명을 듣고 난 나는 이 다음에 커서 커다란 집을 짓겠다고 결심했다. 그것도 게딱지 같은 초라한 집들이 몰려 있는 곳 한가운데 짓겠다고 생각했다.

세상일을 자신이 직접 떠맡아야 한다는 기이한 생각을 어린아이들이 하는 경우가 많다. 나 역시 그랬는데 나만 빼놓고 세상 사람들이 모두 죽는 이상한 꿈을 매일 밤 꾼 적이 있었다. 꿈에서 나는 마차 바퀴를 만드는 일을 해야 했다. 마을 거리는 평소와 다름없었고 대장간도 그대로였다. 화덕 안에서 타오르는 불길도 평소 그대로였고 모루도 본래 자리에 있었지만, 사람은 아무도 보이지 않았다. 사람들은 모두 언덕 아래 공동묘지에 묻혀 있었다. 이 세상에 살아남은 사람은 오직 나 혼자뿐이었다. 꿈을 꿀 때마다 나는 대장간 같은 장소에 서 있었다. 우선 마차 바퀴를 만들어놓고 나서 무언가를 시작해야 세상이 전처럼 돌아갈 수 있는 상황이었지만, 어떻게 일을 시작해야 할지 몰라 난감할 따름이었다. 세상의 무게를 감당해야 한다는 부담감과 해야 할 일을 제대로 하지 못한다는 절

---

1. 일리노이 주 프리포트를 말한다. 세다빌에서 6마일 가량 떨어져 있다.

망감에 짓눌리는 악몽을 꾸는 아이들이 있다. 하지만 로빈슨 크루소처럼 홀로 남아 세상 끝날을 맞고 있는 꿈을 거듭해서 꾸는 아이의 절망감에는 비할 바 못 된다.

악몽을 꾸고 난 다음날 아침이면, 곱사등을 한 가냘픈 여섯 살짜리 여자아이는 마을 대장간 문 앞에 서서 우람한 몸집에 붉은 셔츠를 걸친 대장간 아저씨를 유심히 관찰하곤 했다. 마차바퀴 만드는 과정을 주의 깊게 살펴보다가 때로는 용기를 내 질문을 하기도 했다. "쇠를 꼭 물속에 담가야 하나요?" 마음씨 좋은 대장간 아저씨는 이렇게 대답했다. "그럼, 그래야 쇠가 단단해진단다." 나는 깊은 한숨을 내쉬고는 대장간을 빠져나왔다. 마차 바퀴를 반드시 만들어야 한다는 책임감이 어깨를 내리눌렀다. 혼자 감당하기에는 무거운 짐이었지만, 누구에게도 내 심정을 말할 수 없었다. "잠든 들판에서 불어온 바람"("the winds that come from the fields of sleep" 윌리엄 워즈워드 시 가운데 한 구절―옮긴이), 꿈을 통해 계시된 신비롭고 신령한 명령이라는 생각에 발설하기가 어려웠다.

나는 아버지를 매우 자랑스러워하고 또 아버지를 숭배하기까지 했는데, 이것은 기묘한 방식으로 나타났다. 몇 차례인가 외부의 '낯선 사람들'이 주일학교를 방문한 적이 있었다. 아버지는 교회 강대상 왼편에서 성경을 가르치고 계셨다. 프록코트를 입은 아버지는 적어도 내 눈에는 가장 멋진 분으로 보였다. 방문객들이 당당한 아버지의 모습에 감탄하고 있으리라 생각했다. 나는 간절한 기도를 드렸다. 안짱다리를 한 못생긴 아이, 곱사등 때문에 머리를 한쪽으로 기울여 걷는 아이, 이 못난애가 저 멋진 분의 딸이라는 사실을 방문객들이 알지 못하게 해달라는 기도였다. 주일날 아버지와 나란히 걷는 때가 일주일 중에서 가장 멋진 순간이었지만, 낯선 사람들이 방문하는 일요일에는 사람들이 혹시라도 부녀 관계를 눈치 챌까 봐 아버지에게서 되도록이면 멀찍이 떨어지려고 했다. 그 대신 제임스 애덤스 삼촌 쪽으로 몸을 밀착시켰다. 사람들이 나를 삼촌의 아이로 착각했으면 하는 생각에서였다. 삼촌은 갑작스럽게 내가 몸을 밀착시키자 당황한 목소리로 "오늘은 나랑 같이 걷고 싶니?"하고 물었다. 나는 기어들어가는 목소리로 "네, 삼촌"하고 말했다. 다행히도 삼촌은 자세한 이유를 묻지 않았다. 아버지도 그 일에 대해서는 아무 말씀도 하지 않으셨다. 따라서 그때의 내 꿍꿍이속은 아무도 눈치 채지 못한 듯하다.

어린아이의 맹목적 애정은 지나치게 감성적이고 비이성적인데다가 아이 특유의 상상력과 얽혀 있어서, 그 표현 방식을 이해하기 어려울 때가 많다. 나는 단지 멋진 내 아버지에게 못생긴 딸이 있다는 사실을 '낯선 사람들'에게 알리고 싶지 않았다. 그러나 한편으로 삼촌을 희생양 삼고 있다는 점 때문에 마음이 편치 않았다. 나와 삼촌의 외모 차이는 아버지와 나만큼이나 두드러지지 않고 또 삼촌의 친딸도 별로 예쁘지 않다며 스스로 위안하려 했지만, 그래도 불편한 마음을 버릴 수는 없었다. 아버지에게 누가 되지 않는 한, 내 외모에 크게 괘념치 않았다. 그렇지만 어떤 때는 내 흉한 몰골에 아버지가 부담을 느낄지 모른다고 생각했다. 그런데 이런 우려를 한번에 날려버리는 조그마한 사건을 경험했다.

아버지는 인근 도시 중심가에 있는 은행과 거래하고 있었다. 어느 날 나는 그 은행에서 나오는 아버지와 우연히 마주쳤다. 아버지는 약간 장난기어린 표정으로 높고 반짝이는 실크모자를 벗어 올리더니 내게 절을 했다. 주위에 '낯선 사람들'이 많이 있는 상황에서 내가 당신의 딸임을 공표한 것이다. 그동안 내가 공연한 걱정을 했다고 깨닫기에 충분했다.

아버지에 대한 존경은 다양한 형태로 표현되었다. 마을 끝자락에 있던 우리 집에서―그 집은 내가 태어난 곳이었으며 헐하우스로 옮겨갈 때까지 그곳에서 계속 살았다―길 하나를 건너 잔디밭을 지나면 제분소와 제재소가 있었다. 제분소와 제재소는 모두 아버지의 소유였다. 제재소는 우리에게 재미있는 놀이터였다. 톱으로 서서히 빨려 들어가는 통나무 위에 올라앉아 있다가 마지막 순간에 뛰어내리는 매우 스릴 있는 놀이였다. 하지만 나는 제분소가 훨씬 좋았다. 어둑어둑한 곳도 많은데다가 비어 있는 커다란 통도 많아, 우리는 그 안에서 소꿉놀이를 하곤 했다. 지하실에는 밀기울과 밀가루가 쌓여 있었는데, 우리에게는 모래사장과 다름없는 곳이었다. 제분소 일꾼이 물뿌리개로 더미 바깥쪽에 물을 뿌릴 때면 그 속에 뛰어들어 놀곤 했다.

이런 재미있는 놀이 말고도 제분소는 아버지의 활동 장소라는 의미가 있었다. 여자아이들은 보통 어머니의 행동이나 버릇을 따라하기 마련이지만, 당시 내게는 아버지가 유일한 역할 모델이었다. 어머니는 내가 아주 어렸을 때 돌아가셨고[2] 아버지는 내가 여덟 살이 돼서야 재혼하셨기 때문이다.

나는 제분소 일꾼들의 엄지손가락이 몹시 부러웠다. 그래서 여느 제분소 일꾼처럼 오랜 시간 맷돌 앞에 앉아 떨어지는 밀가루를 손가락으로 연신 비비곤 했다. 젊은 시절을 제분소에서 보낸 아버지처럼 내 오른쪽 엄지손가락도 납작해지기를 간절히 원한 것이다. 지금까지 그보다 더 절실하게 소원을 빈 적은 없었다. 하지만 아무리 오랜 시간을 밀가루와

씨름해도 엄지손가락은 납작해질 기미를 보이지 않았다. 풀이 죽은 나는 맷돌을 청소하는 제분소 일꾼의 손등처럼 손등에 상처를 내기로 했다. 아버지 손등에 난 상처는 희미해졌지만, 가만히 살펴보면 분명하게 자국이 남아 있었다. 어떤 희생을 치르더라도 내 손등에도 그런 영광의 상처를 내고 싶었다. 집 안이나 마당에서 놀 때도 나는 맷돌을 청소하는지 곧바로 알아챌 수 있었다. 우르릉 하는 제분소 소리가 갑자기 멈추었기 때문이다. 그럴 때면 곧바로 제분소로 달려가 맷돌 앞에 손을 내밀었다. 찌꺼기를 벗겨내는 끝에서 튕겨 나온 돌조각이 손등에 맞으면, 간절히 원하던 상처를 얻게 될 터였기 때문이다. 나는 독일인 일꾼 페르디난트가 내 손을 맞추려 하지 않는다고 그에게 볼멘소리를 했지만, 페르디난트는 맞추고 싶어도 그럴 수 없다고 대꾸했다. 그는 내 손이 너무 작아서 제분소에서는 쓸모가 없다며 깔보듯 말했다. 나는 놀림받는 게 싫었지만, 손등에 상처를 내려는 이유를 말할 수는 없었다.

아버지를 닮으려는 노력은 시간이 지나면서 좀 덜 엉뚱한 형태를 띠었지만, 아버지를 숭배하는 마음에는 아무런 변화가 없었다. 나는 제분소 견습공으로 힘들게 보낸 아버지의 젊은 시절을 속속들이 알고 싶었다. 오랜 세월 새벽에 제분소에서 일하는 습관이 몸에 배어, 아버지는 새벽 3시면 어김없이 자리에서 일어나셨다. 우연히 같은 시각에 잠을 깨면 (이상하게도 그렇게 일찍 깨어날 때가 자주 있었다), 아버지가 삼촌 소유의 오래된 제분소에서 독립선언서 서명자들의 삶을 다룬 책부터 시작해 마을에 있는 모든 책을 차례로 읽어가는 모습을 떠올렸다. 아래층 서재에는

---

2. 제인의 어머니 새라 웨버 애덤스는 제인이 두 살 때인 1863년에 세상을 떠났다. 1868년에 아버지 존 휴 애덤스는 열여덟 살 해리와 일곱 살 조지를 두 아들로 둔 미망인 애너 핼드먼과 결혼했다.

송아지 가죽으로 제본된, 같은 내용의 책들이 있었는데, 그 책을 읽고 나도 아버지처럼 지혜로운 사람이 되겠다고 결심했다. 얼마 후 이른 새벽에 일어나 책을 읽어나가기 시작했지만, 나는 신화를 다룬 그리스 로마 고전부터 시작해 연대순으로 읽어야 한다는 강박관념에 시달리게 됐다. 포프가 번역한 일리아드를 읽고, 그 다음에 드라이든 번역의 《베르길리우스》를 읽었지만, 소망과는 달리 삶의 지혜는 생기지 않았다. 결국, 고전 읽기를 포기하고 《세계사》라는 좀 더 쉬운 책을 읽기로 했다.

아버지께 잘못한 일을 자주 고백했지만 직설적인 충고나 훈계를 받은 일은 손으로 꼽을 정도였다. 어쩌면 훈계를 여러 차례 받았지만 그 일을 까맣게 잊고 있는지도 모른다. 나 역시 조언을 구한다면서도 자신의 처지만 실컷 하소연하고 정작 충고의 말은 제대로 듣지 않는 사람들 중 하나였으니까. 하지만 한번 훈계를 들었던 때가 생생하게 기억난다. 여덟 살 때 일이었는데, 나는 그때까지 입어본 적이 없는 아주 멋진 새 외투를 걸치고 아버지 앞에 서 있었다. 아버지는 주일학교에 오는 다른 아이들 옷보다 너무 예뻐 튀어 보인다며 예전 외투를 그대로 입는 편이 좋겠다고 하셨다. 그때 너무 억울해서 눈물이 날 정도였다. 아버지의 말씀은, 예전 외투를 입으면 더 따뜻할 뿐 아니라 다른 아이의 마음을 상하게 하는 일도 피할 수 있다는 말씀이었다. 아버지 뜻을 따르기는 했지만 속으로는 아버지 말씀을 수긍하지 못했다. 아버지와 함께 나란히 걸어가는 동안에도 나는 자기희생에서 오는 기쁨 같은 것을 전혀 느끼지 못했다. 하지만 나는 사람들 사이의 불평등이라는 오래된 의문에 대해 골똘히 생각했다. 교회 문 앞에 다다를 무렵에야 나는 그 문제의 해결 방법에 대해 아버지께 여쭤볼 용기가 생겼다. 아버지는 의복과 관련한 불평등은 앞으로도 그대로일지 모르지만 의복보다 훨씬 중요한 문제, 예를 들면 교육이나 종교와 관련한 문제에서 사람들이 모두 평등하게 대우받는 세상은 가능하다고 말씀하셨다. 그리고 교육과 종교 활동이 이뤄지는 장소, 다시 말해서 학교와 교회에서 사치스러운 옷을 입어 평등 정신을 해치는 행위야말로 어리석은 짓이라고 덧붙이셨다.

얼마 후 아버지와 나는 예정설에 대해서도 이야기를 나누었다. 어린 아이의 머리로는 예정설을 도무지 이해할 수 없었다. '아버지는 완벽하게 이해하지만' 나는 좀처럼 이해할 수 없다고 불평했다. 나는 아버지가 나의 궁금증을 속시원히 해결해주리라고 확신했지만, 아버지는 당신이나 나나 예정설을 제대로 이해할 수 없다고 말씀하면서 그 문제를 깊이 고민하지 말라고 충고했다. 예정설을 이해하냐 못하냐는 그다지 중요한 문제가 아니며, 다만 이해하지 못하는 내용을 이해하는 척하지 않고 어떤 일이 있어도 자기 자신에게 정직해야 하는 것, 바로 그것이 중요하다고 충고하셨다. 짧은 교리문답이었지만 내게 무척 소중한 가르침이었다.

그때 우리는 마차를 몰고 숲 속을 지나가고 있었다. 그해 겨울 내내 벌목꾼들이 벌목 작업을 한 곳이었다. 그런데 교리 문제를 이야기하던 우리는 길을 잃고 엉뚱한 곳에 들어와 있었다. 아버지는 어린 딸의 질문에 정성껏 답하느라 익숙히 아는 길도 잃었던 것이다. 봄 향기 싱그러운 숲을 빠져나왔을 때 아버지와 나는 매우 기분이 좋았다. 마차가 다시 큰길로 들어서자 불쑥 이런 질문을 드렸다.

"사람들이 아버지에게 어떤 사람이냐고 물으면 뭐라 대답하세요?"

"퀘이커 교도라고 말하지."

아버지는 두 눈을 반짝이며 진지하게 말씀하셨다.

"하지만 그것만으로는 충분하지 못해요."

"너처럼 자세히 말해 달라는 사람에게는 힉사이트 퀘이커(퀘이커의 한 분파—옮긴이)라고 한단다."

아버지의 이 말씀에 나는 더는 심각한 이야기를 계속할 수 없었다.

어린 시절의 이런 기억들은 아름다운 전원의 풍광을 배경으로 하고 있다. 최소한 일리노이에서는 찾아보기 어려운 아름다운 경치였다. 마을 주위로는 초원과 언덕들이 둘러서 있었다. 언덕들 가운데에는 소나무가 무성했다. 아버지가 1844년 일리노이로 오시면서 자루 한 가득 노르웨이 소나무 종자를 가져다 심어 놓으셨는데, 그렇듯 무성하게 자란 것이다. 그 동산은 억척스러운 개척자들도 가끔 아름다움에 눈을 돌린다는 사실을 증언해주고 있었다. 제분소 개울의 둑은 등반기술이 없으면 절대 기어올라가지 못할 만큼 경사져 있었으며, 또 여기저기 동굴이 있었다. 동굴 가운데 하나는 칠흑처럼 어두워 촛불 없이는 도저히 들어갈 수 없었다. 그리고 석회 굽는 가마가 있었는데, 나는 그 가마를 볼 때마다 호손의 소설 《석회 굽는 사람》에서 용서받지 못할 죄를 지은 주인공이 떠올랐다. 이복동생과 나는 아무런 간섭이나 방해를 받지 않고 자유롭게 뛰어놀았고, 갖가지 재미있는 놀이로 시간 가는 줄 모르고 지냈다. 하지만 헐하우스 근처의 아이들을 보면 알 수 있듯이, 도시 아이들은 놀이에 열중하려고 해도 마차나 자동차 때문에 하던 놀이를 중단해야 한다. 아무리 쾌활한 아이라고 해도 다시 흥을 돋우기란 쉽지 않다.

우리가 선호하는 장소와 나무와 새, 그리고 꽃이 있었다. 아이들이 자연과 맺는 친밀한 관계를 지면 위에 재현하기란 매우 어렵다. 자연과의 교감은 무의식적이고 개인적인 차원에서 일어나서 어떤 미사여구를 동원해도 별 소용이 없다. 자줏빛 바람꽃(아네모네를 이른다)을 두고 "마치 바람이 만들어낸 꽃 같다"라고 할 때, 그 꽃이 아름답다고 생각하기보다는 꽃씨가 바람을 타고 날아가 피어나는 꽃이라고 느끼게 된다. 무지개를 보고 그 아름다움에 갑자기 탄성을 지르지만, 이렇게 무지개에 매혹되는 이유는 무지개 너머에 황금단지가 묻혀 있다는 이야기를 들어온데다 그 이야기가 일종의 믿음으로 마음에 아로새겨져 있기 때문이다. 새벽녘에 들리는 쏙독새의 구슬픈 소리는 어렴풋한 열망을 불러일으키고 그 열망을 말로 표현하지만. 새의 울음소리에서는 아름다움을 느끼지는 못한다.

우리는 개울 옆에 제단을 쌓아놓았다. 이곳저곳 쏘다니다가 뱀을 발견하면 그 뱀을 죽여 제단 앞에 가져다놓곤 했다. 막대기 두 개로 뱀을 집어올린 채 한참을 걸어와야 했지만 그런 수고를 마다하지 않았다. 어느 가을날, 제단 앞에서 치른 의식이 희미하게 떠오른다. 그날 우리는 숲에서 주운 호두를 세어 백 개마다 하나씩 제물로 골라냈다. 그리고 신선한 사과 주스를 한 주전자 부었다. 그리고 그 위에 좋아하는 책을 한두 권 올려놓고 불살랐던 것으로 기억한다. 의식은 매우 경건하게 치러졌다.

마을 학교에서 라틴어 공부를 시작하기 훨씬 전부터 남동생과 나는 불가타 성경에 나와 있는 주기도문을 외우고 있었다. 매일 밤 형편없는 발음으로 기도문을 암송했는데, 평범한 영어보다는 라틴어가 더 경건한 언어라는 생각이 들어서였다.

그런데 진짜 기도를 드릴 때면 주일학교 성가집에 그려진 멋진 그림이 눈앞에 아른거렸다. 예수님이 옥좌에 앉아 있고 그 주위를 성인과 천사들이 겹겹이 둘러싼 노란 색조의 그림이었다. 부끄러운 이야기지만, 나는 나이가 많이 들어서 때까지도 기도할 때마다 떠오르는 그 영상을 지우지 못했다. 특히 무서워서 하늘의 도움을 청하는 기도를 할 때면 더더욱 그랬다.

처음으로 죽음과 직접 대면한 열다섯 살 때 일이 생생하게 기억난다. 우리 집에 폴리 할머니³란 유모가 있었는데, 그분은 어머니를 어린 시절부터 돌보았고, 어머니를 따라 개척지 일리노이로 와서 어머니의 2세대인 우리도 양육했다. 폴리 할머니는 우리 집에서 살았지만 북쪽으로 수 킬로미터 떨어져 있는 농장에 당신의 사촌들이 있었고, 일년에 한 차례씩 그곳을 방문하곤 했다. 마침 폴리 할머니가 그 농장에 가 있을 때였다. 폴리 할머니가 세상을 떠날 것 같다는 연락이 왔다. 그때, 마침 여러 사정으로 폴리 할머니에게 가볼 수 있는 사람은 나밖에 없었다. 나는 환하고 따뜻한 집을 나와 6, 7 킬로미터 거리를 마차를 몰고 갔다. 앞이 보이지 않을 정도로 눈보라가 심했고, 바닥에는 시시각각 눈이 높게 쌓여 갔다. 농장에 도착하고 나서 한 시간쯤 뒤, 할머니 친지들은 모두 저녁식사를 하려고 아래층으로 내려갔고 나와 할머니 단 둘만 남게 됐다. 외딴 농가 안에 자리한 정사각형 모양의 구식 침실은 매우 추웠다. 주위는 쥐죽은 듯 고요했다. 들리는 소리라고는 바람소리뿐이었다. 그런데 갑자기 이상한 소리가 들리기 시작했다. 죽음을 눈앞에 둔 할머니가 나를 올려다보며 "사라" 하고 가냘프게 내 어머니 이름을 부르고는 이상한 숨소리를 냈다. 어린 시절부터 친숙하게 알던 수수한 얼굴 대신, 베개 위에는 낯설면서도 어딘지 위엄이 서린 얼굴이 놓여 있었다. 세상사에 초연한 모습이었다. 무정한 자연의 힘 앞에 홀로 서 있다는 두려운 감정은 열다섯 살인

나로서는 감당하기 힘들었다. 아래층에 있는 사람들을 부르려고 나는 황급히 좁은 계단을 내려갔다.

거친 눈보라를 헤치고 집으로 오던 내내 나무를 스치는 바람에도 혼령이 실려 있는 듯 느껴졌고 삶과 죽음이라는 수수께끼는 내 마음을 무겁게 짓눌렀다. 젊은 시절을 보내고 나이가 들어 죽음을 맞으며, 그래서 미지의 세계로 떠나야 한다는 생각에 침울한 마음을 금할 수 없었다. 폴리 할머니는 홀로 떠나면서 두렵지 않았을까? 젊은 사람에게는 삶이 자연스럽고 당연하게 느껴지듯이, 나이든 사람에게는 죽음이 자연스럽고 당연하게 여겨질까? 마차를 몰고 오는 내내, 아니 그날 밤 내내 이런 상념과 더불어 또 다른 걱정거리가 나를 괴롭혔다. 오래 전 폴리 할머니가 당신 장례식 때 목사님이 했으면 하는 설교 내용을 내게 일러주었지만 그만 그 내용을 까맣게 잊고 만 것이다. 나는 죄스러운 마음을 도저히 누그러뜨릴 수 없었다.

항상 그렇듯이 이번에도 나는 아버지에게서 위안을 얻었다. 아버지는 무엇이 진정으로 중요하고 무엇이 덜 중요한지 지적해주셨다. 현명하신 아버지는 죽음이라는 심각한 문제에 대해서도 독단적인 태도를 전혀 보이지 않았으며, 이런 아버지와 죽음에 대해 함께 이야기하면서 나는 친밀감을 새록새록 느꼈다.

어린 아이들이나 청소년에게 되도록 죽음이나 슬픔과 관련한 문제를 이야기하지 않으려는 어른들을 자주 본다. 삶의 고통은 언젠가는 찾아오기 마련이므로 어린 시절에는 행복한 것들만 보고 듣게 하자고 말한다.

---

3. 유모 폴리 베어는 1844년에 애덤스 가족을 따라 펜실베이니아에서 일리노이로 이주해왔다.

그러나 나는 이런 주장에 동의하지 않는다. 아이들은 어른들의 이런 태도에 분개한다. 가치 없고 하찮은 존재로 자신들을 무시한다고 느낀다. 아이들도 가파른 계단을 스스로 힘겹게 올라가고 싶어하며 눈물 젖은 빵을 먹고 싶어한다. 홀로 있는 고요한 시간이면 존재의 문제가 화두로 찾아오는데, 그런 경험을 하면 해결의 실마리를 찾을지도 모른다고 생각한다.

　내가 열두 살이 되기 전인 1872년 어느 아침이었다. 아버지 방에 들어서자, 아버지는 손에 신문을 들고 난로 옆에 앉아 계셨다. 아버지는 침통한 표정을 짓고 계셨다. 무슨 일인지 여쭤자, 아버지는 마치니가 세상을 떠났다고 말씀하셨다. 나는 마치니의 이름을 그때 처음 들었다. 마치니에 대해 듣고 난 나는 이해할 수 없다는 뜻을 내비쳤다. 아버지는 그 사람을 알지 못할 뿐더러 그는 미국 사람도 아닌데, 아버지가 슬퍼하는 이유를 모르겠다고 말했다. 당시의 대화를 정확하게 기억해낼 수는 없지만 아버지와 이야기를 나눈 뒤 나는 소중한 가르침을 얻었다. 국적과 언어가 다르고, 종교가 달라도 사람들 사이에 참된 관계가 존재할 수 있다는 점을 깨달았다. 미국에서 노예제 폐지에 헌신하는 사람이나 이탈리아에서 합스부르크 왕가의 폭정을 종식시키려는 사람에게 국적, 언어, 종교의 차이는 아무런 의미가 없다. 나는 애국심만 생각한 내 자신이 부끄러웠다. 그리고 얼굴을 실제로 보지 않은 사람들 사이에도 국경을 뛰어넘는 돈독한 관계가 성립할 수 있다는 사실에 감동을 느끼며 아버지 방에서 나왔다. 위인들과 대화하고 대서양 너머에서 일어나는 일에 진심으로 슬퍼하고 또 기뻐하는 분을 안다는 것이 나는 아주 자랑스러웠다. 어린 시절에 아버지와 나눈 대화를 제대로 기억하지는 못하지만, 아버지와 딸의 관계를 노래한 엘리자베스 브라우닝의 시구가 생각난다.

아버지는 나를 커다란 남성용 더블릿으로 감쌌다. 그 옷이 제대로 맞는

지 아랑곳하지 않고.

(엘리자베스 브라우닝 〈오로라 리〉에 나오는 구절 ─옮긴이)

CHAPTER 2

링컨이 남기고 간 흔적

남북전쟁 무렵에 태어난 아이들의 추억은 요새 아이들과는 확연하게 다르다. 링컨이 세상을 떠났을 때 나는 고작 네 살 반이었지만, 두 개의 흰 문기둥 위에 검은 천이 달린 미국 국기가 조기로 게양된 날을 생생하게 기억한다. 왜 국기를 내걸었는지 궁금해 나는 급하게 집 안으로 뛰어들어가다 자갈이 깔린 바닥에 엎어지고 말았다. 집 안에 들어서니 놀랍게도 아버지가 울고 계셨다. 그때까지 그런 경우를 본 적이 없어서 어른들은 결코 울지 않는다고 생각했다. 조기로 내걸린 두 개의 국기와 아버지의 눈물, 그리고 가장 위대한 인물이 세상을 떠났다는 아버지의 침통한 말씀은, 흰 문기둥이 서 있는 대문 너머 저 밖의 세상에 내가 관심을 갖는 계기가 됐다. 남북전쟁은 어린이들에게 여러모로 영향을 끼쳤다. 우리 집에는 여러 이름들이 인쇄된 명부가 거실에 걸려 있었다. 명부에는

"애덤스의 부대"라는 제목이 씌어 있고 그 위로는 여러 깃발을 움켜쥔 독수리가 장식으로 그려져 있었다. 우리 형제자매들은 거기에 씌인 이름을 읽고 또 읽었다. 의자 위에 성경을 놓고 다시 그 위에 사전을 올려놓고 나서야 그 명부에 손이 닿았다. 직접 발로 밟지 않으려고 그 위에 사전을 올려놓기는 했지만 성경을 발판으로 삼을 때면 불경을 저지르고 있다는 생각에 다소 전율을 느꼈다. 명부를 손에 넣고 나면 전장에서 사망한 사람들과 전쟁에서 귀환한 사람들의 이름을 따로 골라내곤 했다. 마차를 몰고 동네를 돌 때면 예전에 군인이 살던 농장을 일부러 지나가기도 했고, 정원에 핀 꽃을 사람들에게 나눠줄 때는 될 수 있으면 "애덤스의 부대"에 이름이 올라 있는 전쟁 영웅의 어머니들에게 주었으면 하고 생각했다. 집을 방문한 손님이 명부에 관심을 보이면 우리는 곧바로 맞은 편 창문 옆에 걸려 있는 데이비스 대령의 조그마한 사진 앞으로 손님을 모시고 갔다. 팔이 하나뿐인 그 군인을 소개하는 일은 우리에게 매우 엄숙한 의식이었다. 손님이 싫증내기 시작한 후에도 우리는 부대를 이끌다가 전사한 대령에 대해 이런저런 이야기를 하며 한참 열을 올렸다.

또 우리는 마을에서 북쪽으로 1, 2킬로미터 떨어진 농가에서 살고 계신 할머니 얘기도 즐겨 했다. 할머니는 마을 영웅 토미의 어머니였다. 그 할머니는 오랫동안 마음고생을 한 1862년 봄에 대해 자주 말씀하셨다. 그때 할머니는 매일 아침 흰색 홈스펀 침대보를 털어내고 작은 침실을 먼지 하나 없이 깔끔하게 청소하면서 병원 측에서 토미를 퇴원시켜주기만 애타게 기다렸다. 포트 도넬슨 전투를 치르고 나서 토미는 부상을 입고 스프링필드에 있는 병원으로 후송됐다. 토미의 아버지가 스프링필드로 내려가보니, 아들은 하루가 다르게 건강이 악화돼가고 있었고 결국

가망이 없는 지경에 이르렀다. 하지만 관료주의적 비능률 때문에 제대 절차를 제대로 밟을 수 없었다. 마침내 의사는 토미 아버지에게 아들을 조용히 집으로 데려가라고 일러주었다. 심각한 지경에 있는 환자라서 그 정도는 아무런 문제가 되지 않았다. 하지만 토미에게 이런 이야기를 해 주자 그는 그렇게 아픈 몸을 하고서도 두 눈을 번뜩이며 "그렇게는 못합니다. 당당하게 앞문으로 나가든지 아니면 여기서 죽겠습니다"라며 퇴원을 거부했다. 물론 그때부터 병원 사람들 모두 토미의 제대를 위해 힘을 쏟았고, 마침내 2주 후에는 명예 제대를 하게 됐다. 토미 어머니는 그의 변한 모습을 보고 가슴이 무너져 내렸다. 토미는 매일 창문을 열어놓고 과수원 언덕에서 꼴을 베는 동생들을 내려다보며 서서히 죽어갔다. 당시 아카데미 학교 동창들은 토미를 보려고 자주 찾아왔고 좁은 방에 모여 애국심에 불타는 이야기를 나누곤 했다. 3개월 뒤에는 아카데미 학교 학생들이 대거 자원입대해, 이제 학교에 남은 사람이 거의 없는 지경에 이르렀다. 그리고 가을에 새로 편성된 부대가 정규병으로는 어린 나이인 17세의 토미 동생을 북치는 병사로 징집해갔다. 토미의 동생이 포로가 돼 앤더슨빌 감옥에 갇히면서 토미 어머니는 암담한 나날들을 보내야 했다. 하지만 토미가 평화로운 가족 묘지에서 안전하게 잠들어 있다는 사실에서 그의 어머니는 차차 위안을 찾았다.

전쟁 영웅 이야기라면 신명을 내는 우리였지만 두 노인이 외로이 살던 외딴 농가를 지날 때는 항상 목소리를 낮추었다. 다섯 아들이 남북전쟁에 참전했는데 1865년 봄에 살아서 돌아온 이는 막내아들뿐이었다. 그런데 그해 가을, 막내아들마저 오리 사냥을 나갔다가 오발 사고로 목숨을 잃으면서 두 노인만이 아직 개간이 덜 된 땅에 남아 힘겹게 생활을 꾸려오고 있었다. 그 작은 농장을 지나칠 때면 어린 우리도 목소리를 낮추고는, 죽을 고비를 수많이 넘기고 전쟁에서 살아 돌아왔지만 허망하게 사고로 죽은 노인의 작은아들에 대해 이야기했다. 우리는 월터 페이터의 표현인 "삶 자체에 들어 있는 이해할 수 없는 결함 내지는 불행"이 매우 부당하다고 생각했다. 하지만 사람 탓으로 돌릴 수 없는 불행을 보면서 우리는 깊이를 알 수 없는 강한 슬픔에 사로잡혔다.

그때 나는 그 이해할 수 없는 삶의 수수께끼를 화두로 삼은 것 같다. 나는 이해할 수 없는 삶의 부당함을 사람들 모두 어쩔 수 없이 짊어져야 한다고 생각했다.

어린 시절 링컨에게 느낀 존경심은 독수리 올드 에이브를 보러 간 경험과 밀접히 관련해 있다. 당시 어린이들이 잘 알던 사실이지만 올드 에이브는 위스콘신의 주도(州都)에서 살고 있었다. 그곳은 우리 집에서 북쪽으로 불과 100킬로미터 정도 떨어져 있었다. 독수리라면 그 정도는 어렵지 않게 날아갈 수 있는 거리였다. 남북전쟁 내내 올드 에이브는 위스콘신 제8연대 마스코트로 전쟁터를 누볐고, 이제는 주청사 안에서 편안하게 말년을 보내고 있었다.

어린 우리는 사과나무 위로 날아가는 올드 에이브를 보았으면 하는 바람에서 우리 과수원 북쪽 끝에 서서 하늘을 뚫어지게 살펴보았다. 우리가 있던 곳에서 일리노이와 위스콘신을 가르는 경계선은 고작 20킬로미터 정도 떨어져 있었다. 사육사가 잠든 사이에 올드 에이브가 탈출할 가능성은 얼마든지 있었다. 구름 한점 없는 하늘을 올려다보며 날아다니는 새 한 마리 한 마리를 유심히 관찰했지만 올드 에이브는 우리가 있는 곳으로 날아오지 않았다. 그런데 그보다 훨씬 더 믿기 어려운 일이 일어났다. 마침내 우리가 올드 에이브를 직접 보러가기로 한 것이다.

어느 화창한 여름날 동생과 나, 아버지와 어머니, 그리고 마침 기숙학교에서 돌아와 집에 있던 언니, 이렇게 다섯 사람은 매디슨을 향해 길을 나섰다. 우리는 여러 시간 북쪽을 향해 달려갔다. 풍요로운 들판을 지나 마침내 언덕과 호수로 둘러싸인 위스콘신의 주도에 도착했다.

횃대 위에 근엄하게 앉아 있는 올드 에이브는 로마 독수리를 연상하게 할 만큼 위풍당당했다. 옛날 군용 코트를 걸친 사육사는 우리의 질문에 친절하게 답해주었으며 36차례의 전투에 참가했지만 올드 에이브는 머리털 하나 다치지 않았다는 이야기도 들려주었다. 그러나 그날 나들이의 최고 순간은 그때가 아니라 나중에 찾아왔다. 아이들은 주위 세계를 파악하는 데는 느리지만 상징이 지니는 의미를 간파하는 데는 재빠르다는 사실을 다시금 확인해주는 순간이었다.

전쟁 영웅으로 대접받는 독수리를 보러간 그날 나들이 자체가 웅대하고 완전한 대상을 추구하는 순수한 어린이의 마음을 상징하는 하나의 사건이었다. 올드 에이브가 살고 있는 흰색 돔 아래에 서 있는 순간, 사람들이 벽으로 공간을 둘러싸 동경과 희망만을 담는 신성한 장소로 따로 선별해놓은 이유를 나는 어렴풋이 깨닫기 시작했다. 둥근 공간 안에는 자유를 위해 죽음의 전장으로 용감히 행진하는 군인들과 스스로 통치하는 민주정부를 세우기 위해 서부로 향하는 개척자들의 모습이 어렸다. 이후에 그런 감흥을 다시 불러일으킨 곳은 오직 베드로 대성당의 웅장한 돔뿐이었다. 하늘이라는 넓디넓은 돔 아래에서는 쉽사리 깨닫지 못한 용기와 인내의 가치를 주청사 돔이라는 작은 공간에서 절절히 깨달을 수 있었다. 그러나 이런 생생한 영상들 속에서도 아래쪽 회랑에 있는 독수리의 모습이 머리를 떠나지 않았고, 링컨이라는 인물은 모든 위대함과 선함의 화신으로 다가왔다. 올드 에이브가 위스콘신 병사들에게 용기의 상징으로 받아들여진 것처럼 링컨 대통령은 내게 미국 국민의 양심을 대변하는 인물로 여겨졌다.

35년 뒤 나는 위스콘신 주립대학교 교정 언덕에 서서 2킬로미터쯤 떨어진 주청사의 돔을 다시금 바라보았다. 위스콘신 주립대학교 개교 50주년을 기념하여 명예박사학위를 수여받게 되었다. 대학 측이 마련한 화려한 의식과 축하의 자리에서 바라본 주청사의 돔은 이번에는 평등 교육이라는 숭고한 사명을 짊어진 상징으로 받아들여졌다.

1860~1870년대의 어린이들은 노예해방을 위해 용감히 싸우다 죽은 사람의 이야기를 자주 들었다. 어른들은 영웅적 사건을 주제로 이야기꽃을 피웠다. 특히 기억에 깊이 각인된 순간들이 있다. 어느 장군[1]이 아버지를 만나려고 방문한 때와 일리노이 어린이들이 '엉클 딕'이라고 부르는 오글레스비 주지사가 찾아와 앞마당 소나무 그늘 아래에서 일요일 하루를 보내던 때가 가장 선명하게 기억난다. 그런 날이면 작은 마을 밖의 세상, 영웅적인 사건으로 가득한 세계와 우리가 긴밀하게 연결돼 있다고 느끼곤 했다. 아버지는 1854년부터 1870년까지 16년 동안 주 의회 의원을 지냈다. 나는 어린 나이였지만 아버지가 중요한 공무 때문에 주도(州都)를 오간다는 사실을 어렴풋하게나마 알고 있었다.

아버지는 회상에 잠길 만큼 한가한 분은 아니었지만 아버지가 손님과 함께 전쟁이 일어나기 전 어수선했던 나날들에 대해 환담을 나누는 것

---

1. 장군은 스미스 애트킨스로 셔먼 군대에 있었다. 리처드 J. 오글레스비도 남북전쟁에서 장군으로 복무했고 1865년에서 1869년까지 주지사를 역임했다.

을 우연히 엿들은 적이 있었다. 당시 주 의회 안의 연방주의자들이 일리노이의 연방 탈퇴를 막을 만큼 충분히 많은 표를 확보할 수 있을지 미지수였다고 한다. 연방주의자들이 세력을 결집하기 전까지 의회 정족수를 채우지 못하게 하려고 다수의 의원들이 세인트루이스로 몸을 옮긴 일에 대해 아버지는 설명했고, 나는 숨을 죽인 채 그 말씀을 경청했다.

아버지는 링컨 대통령을 지칭할 때면 항상 미스터 링컨이라고 했는데, 나는 링컨이라는 이름을 들을 때마다 전율을 느꼈다. 언젠가 내 간청에 못 이겨 아버지가 책상에서 "미스터 링컨의 편지"라고 씌어진 얄팍한 봉투를 꺼낸 일이 기억난다. 이들 편지 앞머리에는 "친애하는 D. D. 애덤스 씨에게"라고 씌어 있었다. 편지에서 링컨은 아버지가 "양심에 따라 투표할 것임을 믿어 의심치 않지만 그 양심이 어느 쪽을 향하는지 간절히 알고 싶다"고 했다. 아버지는 링컨의 편지를 반듯하게 접었다. 나는 아버지가 그 위대한 인물에 대해 회고하는 말씀을 해주기를 숨죽이고 기다렸다. 아니면 최소한 링컨과 더글러스 사이에 벌어진 흥미진진한 논쟁 이야기라도 하시기를 기다렸다. 하지만 아버지는 아무 말씀도 하지 않았다. 아버지 방에는 링컨 사진 두 개가 걸려 있었고, 구식 2층 거실에도 막내아들 태드와 함께 찍은 링컨의 사진이 항상 걸려 있었다. 그래서 '링컨' 하면 항상 자애로운 아버지가 떠오른다.

1894년 여름²에 일어난 매우 당혹스러운 사건이 기억난다. 그때 시카고는 미국 대통령이 보낸 연방 군인들로 가득했다. 일리노이 주지사는 연방 군대 파견에 크게 분개했다. 나는 헐하우스에서 링컨 공원으로 걸어가—동조 파업이 한창이던 그때 마차는 전혀 다니지 않았다—바로 얼마 전 공원 입구에 세워진 세인트 고든스(1848-1907. 미국의 조각가—옮긴이)의 조각상 앞에 섰다. 그 앞에서 고결한 조언의 말씀을 들으려는 요량이었다. 조각상 발치에는 링컨의 유명한 말이 새겨져 있었다. 당시 시카고에는 "모든 이에게 자비"를 베풀어 치유하는 게 절실히 필요했고, 양편에서 격한 갈등을 빚고 있는 이들에게는 링컨의 관용 정신이 무엇보다 절실히 요구되는 때였다.

1881년 8월에 아버지가 돌아가셨을 때 아버지를 기리는 글이 여럿 있었지만, 그 가운데서도 가장 인상 깊었던 것은 저명한 시카고 일간지 편집자이자 아버지의 정치적 동지였던 분이 쓴 글이었다. "일리노이 의원들 가운데 많은 이들이 남북전쟁 시기와 도덕적 혼란기였던 재건 시기에 공직에 있으면서 뇌물을 받지 않았지만, 음험한 자들은 그 가운데서도 특히 아버지를 본능적으로 두려워해 아버지에게 아예 뇌물을 건넬 생각조차 하지 못했다"고 했다.

일리노이가 최초의 공장법을 도입하려 할 때의 일이었다. 헐하우스도 공장법 도입을 적극 지원하던 차였는데 공장주 단체의 대표자 두 사람이 나를 만난 자리에서 이런 제안을 했다. 만일 헐하우스 자원봉사 입주자들이 얼토당토않은 공장법 추진을 포기하면 5만 달러를 기부하겠다는 것이었다. 내게 뇌물을 주려 한다는 것을 깨닫고 나는 몹시 부끄러웠다. 특히 아버지 친구 분의 글이 떠올라 더더욱 부끄러운 마음을 금하지 못했다. 몹시 화가 났지만 내게 약점이 있지 않고서는 이런 일이 일어나지 않는다고 스스로 반성하면서 최대한 부드럽게 다음과 같이 말했다. "헐하우스를 '웨스트사이드에서 가장 큰 자선단체'로 만들 생각은 전혀

---

2. 풀먼 회사 노동자들이 1894년 5월 11일에 파업을 시작했다. 파업은 전국으로 퍼져나갔다. 주지사 존 피터 앨트겔드가 반대했지만 그로버 클리블랜드 대통령은 연방 군대를 보내 파업 노동자를 진압했다.

없고 단지 우리 이웃들이 열악한 노동 환경에서 보호받기 원할 뿐이며, 그 목적을 이루기 위해 설사 헐하우스를 허물어뜨려야 해도 그 폐허 위에서 기쁜 마음으로 하나님을 향해 찬미의 노래를 부르겠다"고 말했다. 공장주 대표 두 사람과 공장법에 대해 논의하는 자리를 마련하려고 나를 점심에 초대한 지인은 사태를 수습하기 위해 끼어들었고, 어색한 분위기를 바꾸려고 우리도 서둘러 다른 이야기로 말을 돌렸다.

설립 초기에 헐하우스를 찾아온 아버지 친구 분들이 많이 있었는데, 그 가운데 가장 기억에 남는 분은 라이먼 트럼불³이란 분이었다. 우리는 청년시민모임 회원들에게 그분을 이렇게 소개하곤 했다. 자신의 친구였던 링컨 대통령이 노예해방령을 공포하기 전까지 며칠 동안 선언문을 간직하고 있던 분이라고. 그분이 링컨 탄생일을 기념하는 자리에서 한 연설을 나는 똑똑히 기억한다. 그분은 링컨이 인기에 영합한 싸구려 영웅이 아니라고 말씀하셨다. 또 링컨이 민초들의 위대함을 알리고 많은 노력을 기울인 것처럼 "평범한 사람들"도 링컨의 위대함을 이해하려면 노력을 기울여야 한다고 주장했다.

이후 세대들도 링컨을 존경했지만 링컨의 동시대인들에 비할 바는 못 된다. 링컨의 동시대인들이 그를 흠모하는 데는 남다른 게 있었다. 우선 그들은 서로 많은 경험을 공유했다. 그들은 서부 지역을 개척했고 대초원 지역에서 얻은 수확물을 수송하기 위해 운하와 철도를 건설하는 데 힘을 쏟았다. 민주적 정치체제를 세우려는 실험이 실패한다면 민주주의는 수백 년이나 더 기다려야 온다는 사실을 그들은 인식하고 있었다. 자치 정부를 세우는 역사적 소임이 자신들 어깨 위에 놓여 있다는 점도 잘 알고 있었다. 또한 링컨과 마찬가지로 그들 역시 엄청난 실험이 결실을 맺으려면 그 성과는 반드시 민초들 자신이 이뤄야 한다는 사실을 잘 알고 있었다. 그 목표를 달성하려면 오직 '사람'만이 유일한 자원이자 희망이었다.

열다섯 살 때쯤에 일어난 사건을 나는 기억하고 있다. 그때 인민이야 말로 우리나라의 가장 위대한 자산이라는 확신을 얻었다. 아버지는 스티븐슨 카운티 정착민 모임에서 과거를 회상하는 간략한 연설을 했다. 이 모임은 매년 여름마다 제분소 옆 작은 숲에서 열렸다. 이 모임에서 아버지는 노스웨스턴 철도회사에 출자하도록 농부들에게 당부하던 때를 회고했다. 노스웨스턴 철도회사는 최초로 우리 카운티를 통과해 시카고 오대호를 잇는 노선을 건설했다. 다수의 독일계 펜실베이니아 농부들은 이 "생소한 사업"이 얼마나 가치 있을까 하는 회의 어린 눈초리를 보냈다. 힘들게 일해서 모은 돈을 내놓을 만큼 전망 좋은 사업도 아닐뿐더러 철도 자체가 자신들에게 별 쓸모가 없다고 그들은 생각했다. 특히 어느 지역은 그러한 편견이 너무도 강해 아무리 설득을 해도 아무 소용이 없었다고 아버지는 말씀하셨다. 하지만 마침내 아버지를 열렬히 지지하는 한 부인이 "버터와 달걀을 팔아 모은 돈"을 선뜻 투자하면서 냉담한 반응을 보이던 사람들이 바뀌기 시작했다고 하셨다. 아버지가 그 대단한 부인에 찬탄하는 말을 하기 시작하자 청중석에서 어느 할머니가 목소리를 높이며 이렇게 말했다. "애덤스 씨, 나 오늘 여기 왔습니다. 애덤스 씨가 지금 부탁해도 그때처럼 기꺼이 그렇게 할 겁니다." 칠십 평생 힘든 일로 허리가 굽은 노부인을 아버지는 "이웃과 나라를 위해 봉사하신 분이며 이런

---

3. 일리노이 주 상원의원(1855-1873)

분들 덕분에 우리나라가 발전할 수 있었다"고 소개하며 연단으로 모셨다. 당시 나는 칼라일의 《영웅과 영웅숭배》를 탐독하고 있었는데, 책을 더는 읽어나가기 힘들어졌다. 그 책을 매년 최소한 25권씩 친구에게 선물하겠다는 결심을 수첩에 적어놓을 정도로 칼라일에 매료된 바 있었지만, 이제 과장된 문장과 영웅을 찬양하는 내용이 더는 설득력 있게 다가오지 않았다. 이 대목에서 생각나는 일이 하나 있다. 헐하우스를 설립하고 첫 크리스마스를 맞이했을 때였다. 그때 우리는 사탕과 신발을 사기에도 벅찬 형편이었지만 헐하우스 클럽 아이들에게 칼 슈어츠의 《에이브러햄 링컨 전기》스물다섯 권을 선물로 주었다.

헐하우스 설립 초기에 링컨을 위대한 스승으로 내세웠다. 우리는 종종 이민자 아이들 때문에 고민했다. 이민자 아이들은 부모 세대의 언어와 생활 방식을 부끄럽게 여겼고 미국에서 성공하려면 과거를 송두리째 부인해야 한다고 생각했다. 링컨을 가장 위대한 미국인으로 칭송할 때마다 나는 과거 경험을 잊지 않고 이를 훌륭하게 활용한 그의 능력과 지혜를 빼놓지 않고 언급했다. 링컨은 도시로 옮겨갔을 때도 상가몬 카운티 사람들의 생각과 느낌을 결코 잊지 않았다. 이런 태도와 정신이 있었기에 그는 큰 인물로 우뚝 성장했다. 워싱턴 정가에서 정치인으로 생활하면서도 다른 이와는 달리 자신의 정치적 이해득실에 매몰되지 않고 인민의 지향점을 언제나 명료하게 파악했다. 때때로 나는, 핵심을 파악하고 인식하는 능력은 노력 없이 얻어지지 않는다는 점과 자본주의 나라 미국에서 성공하려면 그런 능력을 반드시 갖추어야 한다는 점을 지적하곤 했다.

링컨의 영향을 분명하게 인식하게 된 사건이 여러 해 전 영국에서 있었다. 나는 아놀드 토인비[4]의 오랜 친구인 시드니 볼의 안내를 받으며 옥스퍼드 대학에서 이틀을 지낸 적 있다. 시드니 볼은 옥스퍼드 대학교 세인트존 칼리지 교수로 세틀먼트 운동(인보관운동)의 태동에 관여한 학자들과 친분을 맺고 있었다. 토머스 힐 그린[5]의 철학, 러스킨[6]의 도로 건설 프로젝트, 프레더릭 모리스[7]의 실험적 삶, 에드워드 데니슨[8]의 런던 노동자 대학 등은 토인비홀 설립을 낳는 초석의 구실을 했다. 나는 "인민에게 돌아가자"라는 표어를 내세우는 이 운동의 태동에 자연스레 관심을 갖게 됐다. 하지만 런던 동부지역 빈민촌에 들어가 노동자와 함께 살자는 간단한 결론을 얻기까지 거쳐야 했던 과정이나 절차가 너무 번잡스럽다고 여겼다. 계급의식이 강한 영국인들에게는 그런 과정이 불가피했을지 모르지만, 개척자의 땅에서 태어나 신분 질서가 없는 환경에서 생활한 서부 미국인들에게는 그런 과정이 부자연스럽게만 보였다. 미국의 세틀먼트 운동은 영국 세틀먼트 운동의 모방에 그쳐서는 안 된다는 생각이 들었다. 한편에서는 영국 사회 운동가들의 저작을 섭렵하면서 얻은 의식이 내 안에 자리하고 있었지만, 다른 한편엔 영국의 사례를 회의적으로

4. 1852-1883, 저명한 역사철학자 아놀드 토인비의 삼촌으로 동명이인이다. 토인비는 경제학자이자 사회 개혁가로 런던 화이트채플 지역에서 활동했다.
5. 1836-1882, 옥스퍼드 대학교 도덕철학 교수였다. 그는 지식인들도 서민과 더불어 살아야 한다고 역설했고 국가가 적극적으로 개입하여 국민의 기본 생활을 보장해야 한다고 주장했다. 그의 사상은 세틀먼트 운동에 영향을 주었고 후일 영국이 '복지 국가'로 나아가는 데도 영향을 주었다.
6. 1819-1900, 영국의 작가이자 비평가로 산업주의에 반대하는 대신에 장인의 기술을 중요하게 여겼으며 노동자의 사회적 처지에 관심을 기울였다. 1873년에 옥스퍼드 대학생들을 조직해(오스카 와일드도 여기에 참가했다.) 옥스퍼드 근방의 도로를 건설했다.
7. 1805-1872, 영국국교회 신학자이며 기독교 사회주의 운동의 창시자이다. 런던 노동자 대학을 설립하여 초대 학장을 지내면서 노동자 거주 지역인 런던 이스트엔드에서 생활했다.
8. 러스킨의 친구로 이스트엔드 지역으로 옮겨가 노동자들과 함께 생활했다. 1884년에 새뮤얼 어거스터스 바네트가 설립한 토인비홀은 선구적인 세틀먼트로, 공업 지역에서 살면서 노동자를 위해 봉사하고자 하는 대학생들에게 숙식을 제공했다.

바라보는 미국인의 촌스러움이 자리하고 있었다.

옥스퍼드 학생들이 러스킨의 가르침을 가슴에 새기며 도로 정비에 나선다고 해서 미국인인 내가 그들의 행동에 찬사를 보낼 이유란 무엇인가? 미국에서는 매년 봄이면 사람들이 자율적으로 모든 도로를 정비한다. 전국적 도로망을 확보하려는 정부의 계획에 적극 협조하는 것이다. 안내를 받아 발리올 칼리지의 학장 응접실로 들어서면서 나는 그런 생각을 골똘히 하고 있었다. 학장은 《종교의 진화》란 책을 저술한 에드워드 케어드였다. 나는 1, 2년 전 그 책을 읽었는데, 그 뒤로 《종교의 진화》는 윤리 의식과 종교적 신념이 서로 다른 이민자 속에서 사는 내게 큰 위안을 주었다. 종교나 사고방식이 다양한 미국의 이민자들에게 동일한 품성과 행동 양식을 기대하는 일이 합리적인지 저자에게 직접 묻고 싶었다. 그가 제시한 방식을 공동주택에서 복작대며 살아가는 이민자들에게 직접 적용해보고자 노력하고 있었다. 어려운 상황에서도 그들 사이에서 박애주의라는 세속의 종교가 싹터 나오는 것을 나는 목격했다. 어머니를 여읜 한 가정의 아이들처럼 그들은 서로를 위로하며 살아가고 있었다. 아마도 케어드는 다음 글귀에 어떤 종교적 의미가 담겨 있는지 말해줄 것 같았다.

서로를 신뢰하라. 황량한 곳을
떠도는 길동무에게 신의를 다하라

그러나 다과를 들고 나서 케어드와 이야기를 나눌 기회를 얻었을 때 나는 에이브러햄 링컨을 훌륭하게 분석한 케어드의 2년 전 강연이 불현

듯 생각났다.

링컨에 대한 기억은 초원에서 불어오는 한줄기 시원한 바람과도 같았다. 고답적인 학자들의 주장에 집착하던 내 마음이 갑자기 밝아지기 시작했다. 케어드는 강연에서 위대한 미국인 링컨에 대해 이렇게 이야기했다. "그는 윤리의 수로(水路)를 성실하게 파나갔고 미국민들의 윤리적 삶은 그 수로를 따라 흘렀다." 나는 정의와 압제가 교대로 승하고 쇄하는 세상에서 우리 모두 윤리의 수로를 열심히 파나가야 한다는 사실을 깨달았다. 정의가 썰물로 밀려드는 때에 그 수로를 통해 정의의 생명수가 척박한 땅을 적시게 해야 한다.

일종의 행복감이 나를 감쌌다. 그러나 한편으로는 미국민 가운데 어느 누구도 링컨의 위대함을 옥스퍼드 학자만큼 훌륭하게 파악하지 못했다는 사실, 또 인간 평등을 위해 일할 때 높은 의욕뿐 아니라 비전과 지혜 역시 필수적이라는 사실을 깨달으면서 내 자신의 맹목적 모습이 부끄러워졌다. 발리올 칼리지 학장을 지낸 조웨트[10]가 한 말도 떠올랐다. 그는 "어떤 세대이든 항상 아놀드 토인비 같은 인물을 보유하고 있는 사회, 그래서 인류의 불평등 문제를 고민하는 사회는 행운의 사회"라고 말했다. 분명 영국의 세틀먼트 운동과 미국의 세틀먼트 운동은 이런 고민을 함께 나눌 수 있었다.

옥스퍼드 방문에서 받은 영향은 미국으로 돌아온 직후 미국정치사회학회의 요청을 받아 작성한 내 논문[11]에 잘 드러나 있다. 이 논문은 다음과 같이 시작한다.

'세틀먼트'라는 말은 런던에서 들어온 것으로, 미국인의 귀에는 생소하게 들린다. 미국인들은 오래 전에 새로운 땅으로 이주해 어려운 환경과 맞서 싸운 개척자들이기 때문이다. 여전히 '세틀먼트'라는 말엔 생활환경이 전혀 다른 곳으로 이주한다는 의미가 담겨 있는데, 세틀먼트 자원봉사들은 '세틀먼트'란 말을 그런 의미로 받아들여서는 곤란하다.

영국 수상은 영국이 두 개의 나라로 갈라져 있다고 말한 바 있지만,[12] 우리는 미국이 두 나라로 갈라져 있다는 사실을 인정하기 싫어한다. 상위 계급이 하위 계급을 보살필 의무가 있다고 말하면서도 우리는 미국민들이 여러 계급으로 나뉘어 있다고 생각하지 않는다. 우리나라의 민주주의는 가장 소중한 자산이다. 그리고 설혹 박애를 내세운다고 해도 민주주의에 위해가 되는 행위는 단호히 배격한다.

우리나라의 민주주의를 지금의 형태로 세워놓은 인물은 바로 에이브러햄 링컨이었다. 사람들은 실수를 많이 저지르고 또 단점도 많지만 그런 사람들이 구성원인 민주주의 정부는 여전히 가치 있는 제도이며, 또한 이 제도는 미국이 인류사에 남긴 가장 큰 공헌으로 남아 있을 것임을 링컨은 분명히 보여주었다.

---

9. 에드워드 케어드(1835-1908)는 독일 관념론을 옹호한 영국 철학자로 두 권으로 된 《종교의 진화》를 출간했다.

10. 1817-1893. 19세기의 가장 위대한 교육자로 꼽히는 저명한 고전 학자이다.

11. A Function of the Social Settlemen, Annals of the American Academy of Political and Social Science, 13(May 1899)

12. 이 말을 한 사람은 벤자민 디즈레일리(1804-1881)이다. 자신의 소설 《시빌》에서 영국은 두 나라, 즉 부유한 사람들의 나라와 가난한 사람들의 나라로 갈라져 있다고 했다.

CHAPTER 3

기숙학교 생활

위로 세 언니 모두 아버지가 이사로 있는 록퍼드 소재의 신학교[1]에 다녔기 때문에 나도 별다른 생각 없이 열일곱의 나이로 그 학교에 입학했다. 그때 내 지식은 시골학교에서 배운 어쭙잖은 라틴어와 대수학이 전부였다. 아버지는 동부의 명문대학에 가는 대신 되도록 집에서 가까운 곳에서 교육받은 후 외국으로 건너가 견문을 넓히는 편이 좋다고 생각하셨지만 나는 스미스 칼리지 입학을 꿈꾸고 있었다. 유럽에서 1년을 보내고 최근에 돌아온 언니를 보고서 큰 자극을 받았지만 단조로운 록퍼드 생활을 시작하는 순간 실망을 느꼈다. 하지만 몇 주 지나 향수병 증세가 가라앉자 기숙학교 생활이라는 작은 세계도 좋아지기 시작했다.

1877년 당시에 록퍼드 신학교는 아직 신학교에서 칼리지로 개명하지 않은 상태였다. 교수나 학생 수 모두 칼리지가 되기에 충분했고, 이들 모두 칼리지로 개명을 원했지만 5년이 지나서야 원하는 바를 성취할 수 있었다. 그 학교는 미시시피 밸리에 세워진 최초의 여성 고등교육 기관이었는데, 설립 초기부터 '서부의 마운트 홀리요크'라고 불렸다.

록퍼드 신학교에는 선교에 대한 사명감이 가득했고 초창기 졸업생 가운데 선교사 비율이 마운트 홀리요크와 엇비슷했다. 게다가 궁핍한 환경에서도 학교 설립에 헌신한 사람들을 높이 기리는 마음가짐이 있었으며, 초창기 학생들은 그런 훌륭한 사람들의 희생을 알고 있었기에 아주 작은 시간도 허비하지 않고 아껴 사용해야 한다고 생각했다. 따라서 학교에는 면학 분위기가 강했고 미래를 준비하는 열의는 면면히 이어져 이후의 학생들도 이런 분위기에 자연스레 젖어들었다.

이런 전통을 기꺼이 받아들여 실천하려는 학생들이 끊이지 않고 이어졌다. 보스웰이 존슨 전기에서 인용한 아리스토텔레스의 명언을 절대적 진리인 양 가슴 속 깊이 새기며 우리는 열심히 공부했다. "배운 사람과 못 배운 사람의 차이는 살아 있는 사람과 죽은 사람의 차이만큼 크다." 또한 우리는 칼라일의 다음 말도 즐겨 인용했다. "아담의 후예가 열망하는 것은 달콤한 과실이 아니라 숭고하고 참된 그 무엇이다."

당시 학생 사회의 분위기를 이 책에 되살리려고 여러 기록물을 뒤적이다가 삶의 단조로움을 한탄하는 내용이 담긴 재미있는 글을 찾아냈다. 그때 우리가 어떻게 생각하고 느꼈는지 그 일단이 드러나는 글이다. "미래를 준비하는 데 우리는 너무나 많은 시간을 보낸다. 일상적인 일에 시간을 소비하고 또 잠자는 데도 많은 시간을 소비한다. 그래서 인생을 체험할 기회를 얻기가 어렵다." 하지만 우리는 상황을 수동적으로 받아들이지 않았다. 그런 무료함을 깨뜨리려고 우리는 여러 가지 일을 시도

했다.

한번은 나를 포함해 다섯 명이 드퀸시의 놀라운 꿈²을 직접 체험해보려고 아편에 손댄 적이 있었다. 우리는 어느 휴일에 소량의 백색 가루를 일정한 시간 간격을 두고 여러 차례에 걸쳐 비장한 마음으로 흡입했지만 환영은커녕 긴장감과 흥분으로 졸린 증상조차 나타나지 않았다. 평소 우리 고민을 들어주던 젊은 선생님이 있었는데, 오후 4시쯤 이 사실을 알고는 크게 놀라 드퀸시의 책과 남은 아편을 압수하면서 인간의 모든 경험을 직접 체험하려던 우리에게 구토제를 복용하게 했다. 그리고는 각자 방으로 보내면서 저녁 식사 후 "쓰러져 죽는 한이 있더라도 기도 모임에 반드시 참석해야 한다"고 단호하게 말씀하셨다.

글을 쓸 기회가 있을 때면 우리는 무거운 주제를 택했는데, 그리스 문학이 상상력을 크게 자극해서 주로 그리스 문학에서 주제를 따왔다. 나는 3학년 학술발표회에서 발표한 연설문을 공들여 그리스어로 작성했다. 록퍼드 칼리지 선생님과 그 지역에서 가장 학식 높은 목사님이 내 글에 문제가 없다고 했지만 그래도 혹 실수가 있을까 싶어 벨로이트 칼리지의 그리스 전공 교수에게 직접 가져가 잘못이 있는지 확인받았다. 연설문은 벨러로폰(Bellerophon)이 키메라를 퇴치한 신화를 소재로 삼았다. 벨러로폰이 날개달린 천마 페가수스에 올라타서 용을 퇴치했듯이 이상주의라는 천마를 집어타고 높이 비상하는 사람만이 사회악을 극복할 수 있다는 주장을 담았다.

---

1. 록퍼드 여자 신학교는 1851년에 앤 펙 실이 세웠다. 제인 애덤스가 입학한 1877년에는 3년 교육 수료증만을 수여했다. 1882년에 애덤스는 최초로 이 학교에서 학사학위를 받았다.
2. 토머스 드퀸시는 자신의 책《영국인 아편 복용자의 고백》(1821)에서 아편에 취해 꾼 꿈에 대해 이야기하고 있다.

우리는 철학을 열심히 공부했지만 30년 전만 해도 여자 대학에서
는—최소한 지방 소도시 대학에서는—경제학을 가르치지 않았다. 물
론 우리는 러스킨의 책과 브라우닝의 시를 많이 읽었으며 그 가운데서
도 가장 난해한 부분을 좋아했다. 하지만 내가 가장 흥미를 느낀 분야는
역사였다. 훌륭한 역사 선생님을 둔 덕분이기도 했고, 아버지가 항상 역
사책 읽기를 강조한 것도 작용했다. 아버지는 내가 어렸을 때 플루타르
코스 영웅전 한 편을 읽을 때마다 5센트씩 주셨고 여러 권으로 된 어빙
의《워싱턴의 생애》를 읽으면 권당 25센트씩 주셨다.

길고 긴 여름 방학이 시작되어 집으로 향할 때 우리 다섯 명은 여름 동
안에 모틀리의《네덜란드 공화국》이나 기본스의《로마제국 쇠망사》를
모두 읽겠다고 맹세했다. 방학이 끝나고 학교로 되돌아온 첫 날, 다섯 가
운데 세 명이《로마제국 쇠망사》를 처음부터 끝까지 읽었다고 자랑했다.
하지만 우리 세 사람은 다른 사람의 주장에 서로 의심어린 눈초리를 보
냈다. 우리는 서로를 향해 속사포처럼 질문을 해댔다. 결국에는 서로에
대한 의심을 풀었다. '여성'을 의미하는 고대 색슨 말을 우리 모임의 명
칭으로 택했다. 그 말을 번역하면 '빵을 주는 사람'이란 뜻이었다. 또 우
리 모임을 상징하는 색으로 양귀비 색깔을 택했는데, 그 이유는 양귀비
가 밀밭 사이사이에서 자라기 때문이었다. 마치 대자연이 굶주림을 달래
는 데 필요한 식량뿐 아니라 고통을 달래는 진통제의 필요성도 아는 듯
보였기 때문이다. 아마도 우리는 그런 생각을 유럽 들판을 묘사한 어느
책에서 얻어냈을 것이다. 유럽의 들판을 한 번도 본 적 없었지만 그런 생
각을 자주 입에 담다보니 그것이 마치 우리 자신의 생각으로 여겨졌다.

적극적이고 열정적인 우리 다섯 명은 이 세상의 모든 문제를 해결하

겠다는 기세로 열띤 토론을 벌였다. 하지만 그 이후의 행적을 살펴보면 그때 마음속 깊이 담아둔 계획은 밖으로 꺼내놓지 않았던 것 같다. 우리 가운데 한 명은 선교사와 결혼해 일본에 주재하는 영국인과 미국인들을 위한 학교를 설립했다. 또 다른 한 명은 대한제국에 의료 선교사로 건너가 명성황후의 질병을 성공적으로 치료한 공으로 황실 주치의가 됐다. 그런 자리에 오른 일은 선교뿐 아니라 외교적으로도 큰 의의가 있는 사건이었다. 그리고 또 다른 한 명은 맹인 학교 교사가 됐고, 또 한 명은 도서관 사서라는 직업이 생소하던 시절에 사서가 돼 독서 진흥 운동에 힘썼다.

젊은 시절 이러한 벗들과 사귀면서 나는 다양한 사회 운동들이 본질에서 서로 유사한 면모가 있다는 사실을 알게 됐다. 실제로 미션 스쿨의 활동은 외국의 세틀먼트 활동과 크게 다르지 않았다. 헐하우스를 방문한 사람들 가운데 우리 활동에 가장 큰 공감을 보낸 이들은 선교활동을 마치고 돌아온 선교사들이었다. 특히 인도에서 오랫동안 선교활동을 하다가 미국으로 돌아와 향수병에 힘들어하던 노부인 두 분이 기억에 남는다. 두 분은 헐하우스에서 보낸 2주간이 그간의 미국 생활 중 가장 행복한 순간이었다고 말씀하셨다. 마치 고향에 돌아온 듯 푸근했다는 것이다.

학교 환경이 그러했기 때문에 선교에 대한 사명감을 심어 주려는 주위의 압력을 피할 도리가 없었다. "회개하지 않은" 학생들을 최대한 줄이려는 시도가 4년 내내 이어졌다. 우리는 매일 열리는 채플과 일주일에 한 번씩 열리는 기도 모임에서 항상 기도의 대상이 됐다. 채플과 기도 모임에 의무적으로 참여해야 했으므로 우리가 거북한 순간을 모면할 도리가 없었다.

침묵 시간에 선생님과 대면해야 할 때면 특히 심한 당혹감을 느꼈지만 그래도 나는 온갖 회유와 압력에 굴하지 않았다. 침묵의 시간을 매일 저녁 가져야 했으며 긴급한 일이 있지 않은 이상 이 시간만은 어떤 사람의 방해도 허락되지 않았다. 특히 내가 좋아하는 선생님이 상담자 역할을 맡을 때 당혹감을 참기 어려웠다. 그리고 4학년 때 어느 열의 넘치는 선생님과 여러 차례 장시간 대화해야 했던 때도 견디기 힘들었던 기억으로 남아 있다. 그 선생님은 내가 터키에 선교사로 갔으면 하는 뜻을 강력하게 피력했다. 이런 여러 설득에도 내가 별다른 반응을 보이지 않았던 데는 이유가 있었다.

첫째로 아버지가 특정 교파의 교리를 고집하며 강요하지 않았던 사실이 일부 작용했다. 개인 생활에서나 공적 생활에서 높은 도덕성과 올곧음을 보여준 아버지를 나는 무척 존경했다. 두 번째로 에머슨을 즐겨 읽던 우리 다섯 명 모두 합리주의에 깊이 빠져 있었다. 브론슨 앨코트가 우리 학교에 강연을 왔을 때 우리는 앨코트를 직접 만날 수 있다는 생각에 흥분을 감추지 못했는데, 그를 그렇게 만나고 싶었던 것은 순전히 그가 에머슨의 친구였다는 사실 때문이었다. 《작은 아씨들》을 쓴 작가의 아버지라는 이유만으로 그의 방문을 반기는 후배들에게 우리는 이루 말할 수 없는 경멸감을 느꼈다. 포장하지 않은 길을 걸어오느라 진흙이 묻은 그분의 두툼한 덧신을 열심히 닦아내던 기억이 생생하다.

하지만 내가 주위의 설득에 반응을 보이지 않은 데는 다른 요인도 작용했다. 중세 역사를 다룬 책에 몰입했던 특이한 독서 편력으로 나는 학습과 마음과 몸을 단련하고 육체노동을 병행해 완덕에 이른다는 주장에 매료됐으며, 특히 포르르와얄 수도원의 얀세니스트들이 보여준 모범적 활동에 깊이 공감하고 있었다.

'신령한 아름다움'을 어렴풋이나마 깨닫는 유일한 순간은 매주 일요일 오전 9시에서 10시 사이였다. 이때 나는 티끌 하나 없이 깔끔하게 정돈된 그리스 선생님 방으로 들어가 함께 그리스어로 성경을 읽었다. 우리는 2년 동안 그렇게 성경 읽기를 계속해나갔다. 미리 준비를 하지 않았기 때문에 엄밀하게는 학습이라고 할 수 없었다. 그 다음날 아침 수업 시간에 호메로스를 공부할 때와는 달리 그 시간만큼은 기본 의미를 바꾸지 않는 한 훨씬 자유롭게 번역해도 괜찮았다. 3학년 시절에 바로 그 선생님과 히브리서를 함께 공부했지만 일요일 아침에는 교리에 대해서 아무런 이야기도 하지 않았다. 마치 바울 서간문 출현 이전 시기에 살고 있기라도 한 듯이 우리는 항상 복음서만을 읽었다. 1870년대 록퍼드 신학교의 생활방식은 매우 단순했다. 학생들은 각자 장작을 지피고 자기 방을 깨끗이 해두어야 했다. 일요일 아침은 청소와 세탁으로 매우 분주했다. 주위를 티끌 하나 없이 치우고 옷을 말끔하게 세탁하고 나면 마음속 때도 모두 씻겨 내려간 듯했다. 일요일은 이렇게 청소와 성경 읽기로 몸과 영혼을 깨끗하게 하는 날로 기억에 남아 있다.

나는 평생 동안 복음서를 많이 읽고자 노력했다. 보통은 앉은 자리에서 복음서 한 권을 모두 읽었다. 장이나 절로 나누어 읽는 것에는 큰 반감을 느꼈다. 예수님의 놀라운 생애에서 몇 가지 사건만 골라내 읽는 일은 기록된 내용을 단순하게 확인하는 차원에만 머문다고 생각했기 때문이다. 내가 지니고 있던 그리스어 성경은 그리스어 선생님의 오라버니에게서 선물로 받은 것이었다. 그분은 벨로이트 칼리지 교수인 블레즈델 선생님으로, 같은 학과 교수들 사이에서 '기독교 윤리학' 분야의 참된 학자라는 평을 듣고 있었다. 내가 록퍼드 칼리지를 졸업하고 난 그해 여름에 —아버지가 돌아가셔서 깊은 슬픔에 빠져 있던 때였다— 블레즈델 선생님이 나를 직접 찾아와 위로해준 일이 기억난다. 선생님은 자신의 위로나 선물을 통해 내가 마음의 위안을 얻는지도 알아보고 싶으셨던 것이다.

내가 태어난 고장을 회상하니 언덕 위에서 블레즈델 선생님과 함께 이야기를 나누며 바라본 첨탑과 지붕들이 지금 바로 눈앞에 펼쳐지는 듯 선하다. 낯익은 거리와 집들 하나하나는 거대한 풍경 속에 하나로 뭉뚱그려지는데 그 모습에서 모든 것을 품는 우주를 떠올렸다. 내 슬픔은 "인류의 발밑으로 흐르는 슬픔과 고통, 두려움의 강물" 가운데 단지 한 방울의 물에 지나지 않는다는 사실을 깨닫자 슬픔이 누그러지기 시작했다. 슬픔은 모든 이들이 겪는 운명이라는 사실, 그리고 죽음 역시 누구나 거쳐야 하는 과정이라는 사실을 깨달으면서 상처 입은 내 영혼에 위안과 평화가 찾아왔다. "인내와 순종"을 말하는 기독교 교리에 선뜻 수긍하지 못하는 내게 기독교 신학자이면서도 블레즈델 선생님은 플라톤의 말이 때로는 더 큰 위안을 주기도 한다고 말씀하셨다. 숭고함과 신령함을 이야기하는 자리에서 다른 누구보다 플라톤을 높이 평가하는 말을 신학자로에게서 듣는 그때가 처음이었다.

블레즈델 선생님은 학교로 돌아가면서 내 손에 《크리톤》 한 권을 쥐어주었다. 그리스어가 너무 어려워서 나는 곧 조웨트의 번역본을 참조했다. 젊은 사람에게 자신이 아끼는 책을 선물하던 예전의 관습은 이제는 친구들 사이에 "우정의 징표"를 나누는 정도로 치부되고 있다. 하지만 당시 영적 치유와 영감을 얻은 책을 선사한다는 것은 그 의미가 남달랐다.

학교생활 내내 우리는 록퍼드 신학교가 칼리지로 발전하는 과정에 항상 신경을 곤두세우며 관심을 기울였다. 우리 학교가 온전한 칼리지가 돼 여성의 전인교육 운동에 동참하는 일은 상상만 해도 가슴 벅찬 일이었고, 우리 학생들은 그런 날이 빨리 오기를 손꼽아 기다렸다. 일부 학생들은 학교가 칼리지 인가를 받고 나면 학생들에게 학사학위 수여가 가능해지므로 학사학위를 받을 수 있도록 서둘러 준비해야 한다고 생각했다. 그래서 우리 가운데 두 사람이 라이프치히 대학에서 박사학위 과정에 있는 젊은 여선생님에게서 수학을 배우기 시작했다. 그 선생님은 잠시 록퍼드에서 임시로 교편을 잡고 있었는데 우리가 배운 과목은 학교에서 이전에 개설된 어떤 과목보다 높은 수준이어서 만족스러웠다.

이후에 그 선생님은 여성 참정권 운동에서 누구보다 큰 역할을 했다. 나는 그 선생님을 예로 들며 여성들에게 고등 수학을 가르치는 일이 매우 중요하다는 점을 강조했다. 그분은 날카로운 논리로 입법부 의원들을 설득하는 데 뛰어난 재주가 있었다.

여자 칼리지도 다른 칼리지와 동등하게 취급하는 정책이 시행되자 우리는 일리노이 주에 소재한 대학들이 참가하는 대학 웅변대회에 참여신청을 했고, 여자 대학으로는 처음으로 록퍼드 칼리지가 참가 승인을 받았다. 결국 내가 연사로 선정되어 우리 학교만이 아니라 여대생 전체를 대표하게 됐다. 하지만 나는 언어 습관에 문제가 있다는 신랄한 지적을 받았다. 문장 끝에서 목소리를 낮추는 버릇이 몹시 거슬리며 변명하거나 애원하는 듯한 태도 역시 좋지 못하다는 평을 들었다.

여대생 전체를 대표했지만 슬프게도 중간에 해당하는 5등에 머물고 말았다. 하지만 이런 보잘것없는 성적은 좋지 못한 언어 습관 탓만은 아니었다. 뛰어난 연설을 한 윌리엄 제닝스 브라이언[3]이 4등을 했기 때문이다. 그는 나중에 '황금 십자가'라는 제목의 유명한 연설로 명성을 날리게 될 사람답게 청중을 매료했고 여성 연사만의 특징이라고 흔히 오해하는 도덕적 진지함으로 사람들 마음을 사로잡았다.

졸업반이 되자 성직을 택하라는 압력이 더욱 커져갔다. 그런데 희한한 점은 그런 압력에 저항하며 개인적 신념을 유지한 것이 록퍼드 칼리지에서 받은 최고의 도덕 훈련이었다는 생각이 든다는 사실이다. 헐하우스를 설립하고 처음 10년 동안 다양한 사회 이론을 주장하는 사람들이 세틀먼트를 자신들의 사회적 신념을 전파하는 도구로 삼고자 했다. 그리고 그 첫 단계로 세틀먼트 설립자를 자기편으로 끌어들이려 했다. 나를 설득하려는 사람들 때문에 몇 시간씩 붙잡혀 있던 적이 여러 번이었다. 또 내게 매달리며 애원조로 간청한 경우도 최소한 세 차례 기억난다. 한번은 토지 단일세를 주장하는 사람이 찾아와 무릎까지 꿇고 애원했다. 그는 마치 기도를 올리듯 절절하게 말했다. "여기 근처에 복작대며 가난하게 사는 사람들에게도 결국 혜택이 돌아가리라는 사실을 여사께서 부디 알아주시기 바랍니다."

초기 사회주의자들은 갖가지 방법을 동원하며 내게 공격을 가했다. 그 가운데서도 그들이 즐겨 사용한 방식은 내가 실제로는 사회주의자이지만 "지나친 겁쟁이라서 인정하지 못할 따름"이라고 독설을 퍼붓는 것이었다. 매일같이 길거리에서 연설을 하던 어느 사회주의자가 기억에 남는다. 그는 동료 사회주의자들을 대상으로 한 연설에서 "자본주의의 덫에 걸려든 사회주의자의 예"로 나를 지목하곤 했다. 자신이 헐하우스 남성 클럽의 회원이어서 사정을 잘 안다는 말로 항상 연설을 마무리했다.

내가 한번은 용기를 내어 그 사람에게 이런 질문을 던졌다. 헐하우스 클럽에 소속된 사람들이 수천 명이나 되기 때문에 단순히 회원이라고 해서 내 개인적 생각을 알기는 어려운데, 어떤 근거에서 내가 사회주의자라고 주장하는지 조심스럽게 물었다. 그러자 그는, 내가 좀바르트와 로리아[4]의 작품을 읽었음을 자신에게 실토한 적 있다고 의기양양하게 대답했다. 제정신이라면 그런 사회주의 대가들의 분석을 읽고 그 결론에 동의하지 않을 사람은 없다는 것이다.

위에 언급한 두 사건 외에도 그러한 사례는 수없이 많았다. 진지한 믿음과 열정으로 자신들의 주장과 이념을 선포하지만 온전한 진리로 받아들이기 불가능한 독단론이었고, 이런 편향된 이념은 주체적 삶을 살고 합리적 사고를 하는 데 아무런 도움이 되지 않았다.

미숙한 내용이 다소 부끄럽기는 하지만 내가 웅변대회에서 행한 웅변의 일부를 인용해본다.

> 정의는 단지 이상일 따름이라고 생각하는 사람들이 있습니다. 정의는
> 지복천년이 도래하는 세상에서나 실현된다고 여기는 사람들이 있습니다. 또 구세주나 영웅의 출현으로 달성된다고 생각하는 사람들도 있습니다. 하지만 그런 이들은 인생의 참된 진리를 제대로 보지 못하는 사람

---

3. 윌리엄 제닝스 브라이언(1860-1925)은 일리노이 주 살렘 태생으로 1881년 당시에 일리노이 칼리지 학생이었다. 1896년 민주당 전당대회에서 금은 양본위제를 옹호하는 "황금의 십자가"라는 연설로 큰 주목을 끌었다. 1896년과 1900년, 그리고 1908년 세 차례에 걸쳐 민주당 대통령 후보로 지명되었으나 선거에서 번번이 패했다.

4. 베르너 좀바르트(1863-1941)는 독일의 경제학자로 마르크스주의 관점에서 경제사를 다룬 《현대 자본주의》(1902)를 집필했다. 아칠레 로리아(1857-1943)는 이탈리아 경제학자로 인류사에서 핵심이 되는 인간과 토지의 관계를 연구했다.

들입니다. 정의는 지성, 이웃과의 폭넓은 공감 등을 통해 달성해야 합니다. 정의라는 숭고한 개념을 세상 속에 우뚝 세우는 유일한 방법은 탑을 쌓듯 차곡차곡 쌓아가는 방법뿐입니다.

여기에는 설익은 실용주의 사상이 담겨 있으며 이런 실용주의적 경향은 학습의 산물이라기보다는 나의 기질에서 비롯된 것이라고 할 수 있다. 왜냐하면 나는 지금도 그런 생각을 여전히 견지하고 있기 때문이다.

이런 내 생각은 이후에 수많은 경험을 통해 직접 검증해볼 기회가 있었다. 그중에서도 가장 극적이었던 사례는 어느 제조 회사의 분규에 중재자 세 명 가운데 한 사람으로 참여한 일이었다. 갈등은 노동조합원들과 어느 비조합원 사이에서 일어났다. 문제의 원인이 된 비조합원은 10년 전 있었던 장기 파업에서 회사 편을 들어 노조와 다툼을 벌였다. 그는 그때 크게 부상을 입어 여러 달 동안 입원했고 퇴원 이후에도 제대로 업무를 수행하기 어려웠다. 하지만 회사 측은 그의 충성심을 높이 사 10년 동안 급료를 정상 지급했다. 10년이 지나자 노조는 유니언숍을 요구할 정도로 강성해졌다. 회사는 노조와 원만한 관계를 설정하려 했지만 한 가지 걸림돌이 있었다. 노조 측이 그 사람을 조합원으로 받아들이기 거부한 것이다. 이제 나이도 들고 게다가 장애의 고통까지 겪고 있던 그 사람은 자기 자리를 유지하기 위해 과거의 적이던 노조에 가입하려 했다.

하지만 조합원들은 "배신자"를 받아들이려 하지 않았고 또 회사는 회사대로 충성을 다한 직원을 해고할 수 없다고 버텼다. 하지만 성수기가 다가오자 관련 당사자들은 중재위원회의 결정에 무조건 따르기로 했다. 중재위원회 위원장은 높은 신망을 얻고 있던 판사였다. 그는 이미 10년이나 지난 사안이라 신뢰할 만한 증거 자료를 수집하는 일은 불가능하다고 말했으며, 우리는 곧 상충되는 주장을 펴는 증인들의 인터뷰를 중단했다. 다른 중재위원은, 고대 히브리 법정에서는 7년이 넘은 원한 사건은 처벌하지 않는다는 점을 상기하라고 사람들에게 당부했고, 마침내 우리는 관련 당사자 모두의 합의를 이끌어내는 작업에 착수했다. 결국 정의로운 결정을 내렸는지는 지금도 확신하지 못한다. 하지만 산업계에 정의로운 질서가 확립되어야 한다는 점은 사용자, 노동조합원, 중재자 모두 확신하고 있었으며, 또 산업 영역에서 그러한 질서를 세우려면 정의로운 시민사회를 건설하기 위해 지난 수세기 동안 기울여온 노력과 인내가 필요하다는 사실에도 동의했다. 산업계에 정의로운 질서를 세우려면 얼마나 오랜 시간이 소요될지 모르지만 현재 상황에서 고통받고 있는 이들의 지지를 얻지 못하는 한, 산업계는 결코 안정되지 못하리라고 믿게 됐다.

4년간의 대학생활을 마무리하는 시점이 다가오자 앞으로 무엇을 할지를 두고 격론을 벌였다. 나는 의학을 공부해 가난한 이들과 함께 살아가기로 결심했다. 물론 이 결정은 고민에 고민을 거듭해 얻은 결정이었다. 카산드라를 소재로 쓴 졸업 에세이에서 내 결정과 관련해 이렇게 썼다. "언제나 올바른 말을 하지만 항상 불신당하고 배척당하는 것이 카산드라의 비극적 운명이다."

내가 쓴 졸업 에세이는 이른바 직관이라는 여성의 특성을 다루었다. "직관이란 진리와 정의를 정확하게 바라보는 눈이다. 직관은 스스로의 올바름을 고집하거나 기존 지식을 통해 스스로를 체계화하려 하지 않는다." 에세이는 이렇게 이어진다. "여성은 최소한 자연과학 한 분야를 철저히 학습해야 지적 능력을 신장할 수 있다. 진리 탐구에 익숙한 눈을 지녀야만 자기기만과 미몽의 덫에 사로잡히지 않게 되며 독단론에 기대지 않고 자기 자신의 의견을 피력할 수 있다." 그리고 에세이 후반부에는 다음과 같이 썼다. "정밀한 분석 능력을 갖추면 이러한 능력을 윤리와 정의의 문제에도 적용해야 하는데 이때 자극과 영감을 얻으려면 적극적인 노력이 수반되어야 한다." 나는 과학 학습으로 명료한 사고력을 키우고 이로부터 인간 속성에 대한 문제를 해결해낼 수 있다고 확신했다.

졸업 에세이에서 과학을 높이 평가한 것은 진화론을 소개한 책의 영향 때문이었다. 다윈의 《종의 기원》이 출간된 지 30년이 지난 시점이었지만 진화론을 받아들이는 일은 용기가 필요한 지적 모험이었다. 예컨대 과학 선생님은 진화론을 받아들였지만 버틀러의 《자연 종교와 계시 종교의 유사성》을 가르치는 선생님은 진화론을 받아들이지 않았다. 대학 도서관에는 진화론 분야의 책들이 구비되어 있지 않아 우리는 불만이 많았다. 독일에서 의학을 공부해 자유분방한 사상을 지닌 형부⁵에게서 가방 가득 책을 빌려 학교로 가져오곤 했다. 학교를 졸업하고 다음 해 재산을 조금 얻게 됐는데, 이때 태어나서 처음으로 기부라는 것을 했다. 나는 과학도서 구매를 조건으로 1천 달러를 록퍼드 칼리지에 기부했다. 길고 긴 방학 동안 식물을 채집해 눌러놓고 새를 박제했으며 또 암석을 분쇄하는 등의 일을 했다. 나는 스스로 새로운 과학 연구 방법을 직접 시도해보고 있다고 믿었다. 하지만 전문 과학자 교육 과정을 밟고 있던 이복 오빠가 과학 연구 진행 방식이 어떠한지 맛보게 할 요량으로 나를 연구에 참여시키자, 다윈처럼 세밀하게 지렁이를 관찰하는 일이 내 적성과 맞지 않음을 나는 대번에 알게 됐다. 오빠는 여러 마리의 지렁이와 성능 좋은 현미경 외에도 의욕이 꺾인 사람을 능숙하게 다루는 솜씨도 지니고 있었다. 솔직히 말해서 오빠의 압력이 아니었다면 중간에 포기하고 말았을 터이지만 어쨌든 꾹 참고 오빠가 하라는 대로 했다.

기숙학교 생활을 마무리해야 할 때가 다가오면서 헤어져야 한다는 사실을 의식한 우리는 "일찍이 다짐한 우리의 이상"을 가슴속에 그대로 간직하자고 서로 맹세했다. 그리고 "그 이상을 결코 포기하지 말자"고 약속했다. 우리는 자주 서로에게 "자기중심적 태도의 위험성"을 환기시켰다.

우리는 인생의 어려움이란 소중한 이상을 상실할 때, 그리고 높은 목표를 향한 순교자의 길을 걷지 않을 때 생겨나는 것이라고 굳게 믿었다. 우리는 관용과 포용, 자기 부정의 길이 있다는 사실을 알지 못했다. 마음을 열면 삶의 복잡다단함, 그리고 삶의 신비에 대해 무언가 배울 수 있다는 사실도 깨닫지 못하고 있었다.

학교를 떠나고 그 이듬해 동기 한 명과 함께 고대하던 학위를 받기 위해 학교로 되돌아갔다. 그해 졸업생 두 명도 학위 수여 대상자여서 총 4명이 록퍼드 신학교가 록퍼드 칼리지로 바뀌는 바로 그날, 학사학위를 받았다. 대학 울타리 밖에서 1년을 보내고 난 뒤라 학위에 대한 욕심이 어느 정도 사라진 상태였고 사회에 첫발을 내딛는 졸업생과는 달리 미래에 대한 장밋빛 환상을 갖고 있지도 않았다.

자기중심적 태도의 위험성에서 나는 자유롭지 못했는데, 구체적 행동 지침을 설정하기는 고사하고 얼마만큼 만족할 만한 수준의 확신을

---

5. 해리 헬드먼으로 제인에게는 이복오빠이기도 하다. 제인 애덤스의 아버지가 재혼하면서 제인 자매와 해리 헬드먼은 오누이 사이가 되었지만 제인의 언니 앨리스와 해리는 사랑에 빠져 오누이 사이임에도 결혼했다.

얻기까지 8년이나—록퍼드 대학을 졸업한 1881년 여름부터 헐하우스를 연 1889년 가을까지—소요되었기 때문이다. 그 기간 동안 윤리적 목표에 관한 한 나는 방향 감각을 찾지 못하고 있었다. 단지 생생한 삶의 현장에서 살고 싶다는 생각, 구체적 삶에서 한 발짝 비켜서서 지적 혹은 심미적 눈으로 바라보기만 하는 생활은 거부하겠다는 생각만 하고 있었다.

CHAPTER 4

준비의 덫

학교를 졸업한 그 해 겨울은 필라델피아 여자의과대학에서 보냈다. 하지만 어린 시절부터 지니고 있던 척추 이상이 더욱 심해지면서 나는 늦은 봄까지 위어 미첼 병원에 입원했고, 그 다음 겨울에는 언니 집에서 6개월 동안 꼼짝없이 침대에 누워 있어야 했다. 그러나 내게는 긴긴 겨울의 무료함을 달래는 청량제가 있었다.

처음 몇 주 동안 느긋한 마음으로 책을 읽을 수 있었다. 칼라일의《프리드리히 대제》1권을 펼치며 그레이의《해부학》이 아닌 책을 읽을 수 있어 감사했던 기억이 난다. 전문 분야의 학습보다는 일반 문화를 공부하는 것이 훨씬 더 쉬운 일이라는 사실을 깨달은 순간이었다. 긴 병치레 때문에 의학공부는 중단해야 했다. 1학년 때 필수 이수 과목의 시험은 무사히 치렀지만 의학공부를 중단하고 2년 간 유럽에서 요양하라는 의사의 처방을 받고 나는 뛸 듯이 기뻤다. 미국으로 돌아가기 전에 나는 의술을 베푸는 일 말고 가난한 이들 사이에서 살아야 할 진정한 이유를 발견했다. 그 이후 나는 의학 공부는 다시 하지 않았다.

오랜 병치레로 인해 내 정신은 소진했고 이런 상태는 1889년에 헐하우스를 개관하고도 계속되었다. 기껏해야 겨우 몸을 움직일 정도의 기력만 차릴 수 있었는데, 내 영적 투쟁의 근저에는 심각한 우울증이 자리하고 있었던 듯하다. 이번 장에서 그 영적 싸움을 기록하고자 한다. 하지만 이 모든 것을 건강 탓으로만 돌리기는 어려울 듯하다. 당시의 사정을 기록한 조그마한 노트에는 잠언과도 같은 글이 다음과 같이 씌어 있다. "도덕이 실제 생활과는 어긋난 대상으로 전락하지 않으려면 사람들은 각자의 방식으로 싸워나가야 한다."

물론, 당시의 사정을 기록한 노트가 없었다면 그런 싸움의 내용은 기억 저편으로 묻혀버렸을 것이다. 결연한 의지를 불태우던 때는 전혀 쓰지 않았지만 패배감에 의기소침할 때는 일상을 기록했다.

그 가운데 가장 참담한 기억은 영국으로 옮겨간 지 몇 달 되지 않아서였다. 아마 토요일 저녁으로 기억하는데, 나는 이스트 런던의 비참함을 보고 큰 충격을 받았다. 한밤중에 가난한 이들이 밀집해 사는 빈민촌을 처음 보았다. 여행객 몇몇이 어느 도시 선교사의 안내로 이스트엔드로 갔고, 그곳에서 썩어가는 야채와 과일을 파는 토요일 야간 경매시장을 본 것이다. 런던 시 조례에 따라 일요일에는 판매가 금지되기 때문에 보관이 쉽지 않은 청과물을 토요일 밤 늦게까지 경매로 판매하고 있었다. 우리를 태운 합승마차는 가스등만 간간이 불을 밝힌 어느 지저분한 거리 끝에 잠시 서 있었다. 청과물을 판매하는 두 대의 수레 주위에 남루한 행색을 한 두 무리의 사람들이 모여 있었고, 우리는 그 광경을 마차 안에서 바라보고 있었다. 사람들은 판매상이 들고 있는 배추 한 포기를 두고 값을 부르고 있었다. 마침내 판매상은 똥값이라고 투덜거리며 낙찰자에게 배추를 던져주었다. 배추 한 포기를 받아든 사람은 곧바로 보도 가장자리에 앉아 씻지도 않은 배추를 우쩍우쩍 씹어 먹기 시작했다. 거기 모여 있는 사람들은 영국의 최하층 계급이라고 안내자가 설명했다. 그런 사람들을 한 장소에서 다수 볼 수 있는 곳은 오직 토요일 밤 경매가 벌어지는 이곳뿐이라며, 값싼 식료품을 얻으려는 욕구만이 그들을 한곳으로 집결하게 하는 유일한 힘인 듯하다고 안내자는 덧붙였다. 그들의 옷차림은 그야말로 남루했다. 그런 행색은 오로지 이스트 런던에서만 볼 수 있다. 낙찰 받지 못하면 밤새 굶어야 하는 창백한 그들의 얼굴에는 교활하고 심술궂은 표정이 어려 있었다.

하지만 최종적으로 내 뇌리에 남은 인상은 남루한 옷차림도 창백한 얼굴도 아니었다. 뇌리에 남은 것은 바로 수많은 손, 일을 많이 해 거친 손, 이미 먹기에 적당하지 않은 음식을 얻으려고 뻗은 손들이었다. 사람 손만큼 큰 의미를 담고 있는 것은 이 세상에 없다. 손을 사용함으로써 사람은 야만 상태에서 현재의 상태로 옮겨왔고 끊임없이 손으로 더듬어 앞으로 나아가고 있다. 이후로도 나는 겹겹이 위로 뻗쳐든 손들을 그렇게 많이 본 적이 없다. 집단 체조를 하며 위로 쳐든 손이나 선생님의 질문에 일제히 들어올린 아이들의 손을 볼 때면 항상 그때 기억이 떠오른다. 그리고 그럴 때마다 당시 느꼈던 절망감과 분노가 다시금 가슴속에서 솟아오른다.

그 이후로 몇 주 동안 나는 런던을 도둑고양이처럼 남몰래 돌아다녔다. 비참한 삶의 모습을 다시금 목격할까 싶어 좁은 골목길에는 눈을 돌리기가 두려웠다. 비참한 현장을 목격하고 나면 며칠씩이나 그 모습이 지워지지 않았다. 그래도 세상은 평소와 다름없이 돌아간다는 사실에 당혹감을 느꼈고, 무엇이 참된 모습인지 종잡을 수 없었다. 도심의 숨겨진 참상이 참된 것인지, 아니면 화려한 외양이 참된 건지 판단하기 어려웠다. 이스트엔드의 가난만을 제외하고 거대한 도시 런던의 나머지 모습들은 모두 비현실적으로 느껴졌다. 영국 방문을 마치고 2년 간 유럽 대륙의 여러 도시를 돌 때마다 빼놓지 않고 빈민 지역을 살펴보았다. 남부 이탈리아의 걸인도 보았고 오스트리아의 소금 갱부도 만났지만 이스트 런던의 참상을 보고 받았던 충격에는 비할 바 못 되었다. 물론 이스트 런던의 단편적 모습을 힐끗 한번 훔쳐본 것에 불과했기에 내 생각은 편향된 것이라고 할 수 있다. 한쪽만이 아니라 다른 쪽도 두루 살펴보았어야 했다. 교회의 구빈 활동을 통해 가난한 이들의 고통을 덜어주려는 수많은 사람들이 있다는 사실에 나는 눈을 감았다.

영국을 방문한 때가 1883년 11월이었다. 그런데 바로 그해에 펠멜 가제트 신문에 '런던 빈민가의 참상'이란 글이 실리면서 사람들은 이스트엔드 지역의 참상에 눈을 돌리기 시작했다. 문제 해결을 위한 여러 계획안을 놓고 활발한 논의가 진행되는 와중이었고, 또 훌륭한 도시 혁신 프로그램이 윤곽을 드러내던 상황이었다. 하지만 나는 이런 사정을 알지 못했다.

그때는 마음의 짐을 덜 방법이 없었으며 마음을 짓누르는 기억은 더욱 고통스러워졌다. 합승마차에서 이스트 런던 거리를 바라본 순간, 나에게는 드퀸시의 《죽음의 영상》이 비수처럼 뇌리를 스치고 지나갔다. 어느 여름날 밤에 우편열차를 타고 영국 시골길을 가던 도중에 목격한 사건을 기록한 내용이다. 옆으로 관목이 무성한 좁은 길을 달리던 거대한 기차 앞으로 사랑을 속삭이는 두 남녀가 갑자기 나타났다. 곧 기차는 두 사람을 덮칠 상황이었다. 드퀸시는 조심하라고 고함을 지르려 했지만 아킬레스가 아시아 전사들을 향해 소리쳤던 일리아드의 대목을 애써 기억해내느라 미처 소리를 지를 수 없었다. 그 대목을 기억해내고서야 드퀸시는 일시적 마비 상태에서 풀려날 수 있었다. 그날 밤 내내 위험했던 순간의 영상을 떨쳐버리지 못해 전율하며 길을 달려야했다. 오랜 세월을 고전 연구에만 전념했기 때문에, 삶과 죽음이 교차하는 긴급함 때에도 문학의 도움을 구하고 나서야 행동을 취할 수 있다는 사실을 알게 된 것이다.

바로 우리가 드퀸시와 똑같았다. 문학에 지나치게 사로잡혀 눈앞에 펼쳐진 생생한 현장을 제대로 보지 못하고 있었다. 이스트 런던의 참상을 처음 본 순간, 문학 때문에 일시적 마비현상을 겪었다는 드퀸시의 이야기를 떠올린 것은 너무 터무니없다는 생각이 들었다. 이러한 행동의 결여는 악순환처럼 또 다른 행동의 결여를 낳는다고 생각하면서 나는 혐오감을 느꼈다. 그런 위험성은 문화를 선도하는 사람들도 인정한 바인데, 현대 문학의 어느 거장도 "인생에서 문화가 아니라 바로 행동이 4분의 3을 차지한다"고 말했다.

2년 동안 빈곤의 참상에 괴로워하던 내게 서서히 "비관적 세계관"이 자리하기 시작했다. 문화를 추구하는 일은 정열을 낭비하는 것일 뿐이며 어떤 위안이나 구원도 얻지 못한다는 생각이 들었다. 여성으로서 대학 교육을 받은 제1세대가 윗세대 여성들이 이끌어온 활동적이고 감성적인 생활에서 급격히 벗어나 지식 추구에만 매몰되어 왔다는 확신이 점점 강해졌다. 여성 교육은 지식 습득 능력을 키우고 수동적으로 받아들이기만 하는 데 치중하고 있었다. 여성들은 교육 과정 속에서 고통과 절망을 앞에 두고도 단순한 인간적 반응을 보이는 능력을 상실하고 말았으며 온실 속 화초처럼 보호받고 "아니오"라고 말할 기회조차 얻지 못하고 있었다.

25년 전, 당시에 독일과 프랑스의 여러 하숙집들은 선진 문화의 세례를 받으려는 미국인 모녀로 붐볐다. 그런데 대부분의 경우에 어머니들은 일상생활에 적극적인 모습을 보였다. 올바르지 않은 독일어지만 거리낌 없이 독일 아낙네들과 살림에 대해 이야기했고 근처 유치원과 시장을 누비고 다녔다. 집 안에서나 길에서나 어머니들은 주위 환경을 스스로 개척하고 있었다. 하지만 딸들은 독일어 실력이 부족하다며 잔뜩 주눅이 들어 있었다. 수동적으로 받아들이기만 하면 되는 미술관이나 오페라하우스에서나 편안함을 느꼈다. 오페라하우스에서 딸은 음악의 힘과 매력에 흠뻑 빠진다. 전설과 시로 가득한 오페라의 내용을 딸은 잘 안다. 학교에서 받은 교양 교육의 쓸모를 확인하는 순간이다. 딸은 고상한 문화를 향유하며 낭만에 잠긴다.

바쁜 일상을 꾸려나가던 어느 어머니가 기억난다. 자기 딸이 매일 4시간씩 음악 공부를 하는 것을 흡족하게 생각하고 있었다. 하루는 뜨개질을 하다말고 딸을 올려다보며 이렇게 말했다. "젊었을 때 이런 좋은 기회가 내게도 있었으면 얼마나 좋았을까 싶다. 음악에 소질이 있었지만 형편없는 노래나 왈츠 정도만 배웠을 뿐이지 하루에 30분 연습할 짬도 없었단다."

어머니는 자신의 말이 딸의 가슴에 얼마나 날카롭게 박히는지 전혀 알지 못했으며, 딸이 어머니가 마련해준 좋은 기회에 매우 감사하고 있다는 사실도 알지 못했다. 하지만 딸은 어머니에게 이런 좋은 기회가 주어졌다고 해도 재능이 없어서 주위의 기대를 충족시키지 못했으리라는 사실을 잘 알고 있었다. 딸은 어머니를 부럽게 바라보았다. 오히려 어머니는 재능을 확인하는 기회가 없었기 때문에 자신에게 뛰어난 재능이 있다는 확신을 가질 수 있었다. 딸은 어머니를 유심히 쳐다보지만 가슴속 말을 밖으로 꺼내지는 못했다. "훌륭한 음악이 무엇인지 몰랐다면 나도 뛰어난 재능이 있다고 생각했을 거야. 평소에 다른 일로 바쁘게 지낸다면 30분 연습 시간이 정말 재미있었을 테고. 아무런 어려움 없이 화초처럼 자라는데 어떻게 삶을 알겠어! 복에 겨워 불평을 늘어놓는다고 하겠지만 이런 생활이 지긋지긋해. 아침에 일어나자마자 달디단 디저트를 먹는 기분과 같아."

온실 속에서 고이 자랄수록 자신이 가난이나 사회적 불균형과는 아무런 관계가 없다고 생각한다. 하지만 이런 고통의 현장을 시나 소설을 통해 목격하고, 힘들게 살아가는 시장바닥의 아낙네와 낮은 임금에 고통스러워하는 노동자들을 보면서 그 여성은 자신이 쓸모없는 존재라는 사실에 괴로워한다.

삭세코부르크(독일 중부에 위치한 공국―옮긴이)에 있는 어느 조그만 호텔에서 도시 광장을 내려다보던 어느 눈 내린 아침이 생각난다. 반원형의 무거운 나무 용기를 등에 짊어진 여자들이 일렬로 광장을 오가고 있었다. 이렇게 원시적인 방식으로 여자들은 뜨거운 맥주 양조액이 담긴 용기를 멀리 떨어진 서늘한 보관 장소까지 옮기고 있었다. 여자들은 허리를 잔뜩 수그리고 있었는데 통이 무거운데다 너무나 높아서 허리를 곧추 세울 수가 없었다. 차가운 아침 바람으로 빨갛게 된 얼굴과 손에는 선명한 흉터가 하얗게 드러나 있었다. 조금이라도 비틀거리면 뜨거운 액체가 흘렀을 터이고 화상을 입었을 것이 분명했다. 그런 열악한 환경에서 일하는 모습을 보고 무척 화가 난 나는 호텔 주인을 대동하고 광장을 가로질러 양조장 주인을 찾아갔다. 양조장 주인은 매우 무뚝뚝한 사람으로 심드렁한 태도로 나를 맞았다. 양조장 주인은 그 지역 거물인 듯했다. 양조장 주인이 입을 떼기 시작하자 호텔 주인이 뒤로 슬금슬금 물러섰기 때문이다. 나는 아침식사 자리로 되돌아왔다. 그 전날 그레이가 쓴 《알베르트 공의 생애》를 밤늦게까지 읽어서 그런지 입맛이 도무지 나지 않았다. 특히 알베르트 공의 뛰어난 개인 교사 스토크마르 남작이 인상적이었다. 하지만 그 책의 내용은 이제 더는 내게 의미 있게 다가오지 않았다. 왕자를 훌륭한 재목으로 키우는 데는 그토록 신경을 쓰면서 왜 힘들게 일하는 대중의 열악한 환경에는 전혀 관심을 두지 않는지 이해하기 어려웠다. 그해 겨울에 드레스덴에서 두 달을 머물렀다. 《미술사》를 읽는 데 많은 시간을 할애했지만 그런 경험을 하고 나니 문화에 지나치게 탐닉하는 데 도덕적 거부감이 들었다. 나는 알브레히트 뒤러에 매료되었는데 그의 작품을 좋아하게 된 데는 그런 심리적 태도가 상당히 작용했다. 일반적 평가와는 달리 나는 그의 뛰어난 작품을 단순히 인간 상황의 기록물로만 바라보았다. 심미주의로 덧칠하지 않고 삶의 모습을 있는 그대로 바라보는 태도, 절망의 모습과 추악한 모습을 그대로 그려내려는 그의 노력에 마음이 끌렸다. 나는 뒤러의 그림이 종교개혁과 농민전쟁이 몰고 올 종교사회적 변화를 예고한다고 믿었다. 그의 작품은 억압받는 자들에 대한 연민으로 가득했다. 파수를 선 슬픈 표정의 기사들은 유혈 사태를 피하기 바랐다. 삶은 복잡하고 다양하다는 사실을 망각할 때, 그리고 논리에만 기초한 독단론으로 삶을 바라볼 때 유혈 사태는 반드시 일어나고 만다는 사실을 뒤러는 경고하고 있었다.

나는 거금을 지불하고 뒤러의 '성 위베르(St. Hubert)'란 판화를 구입했다. 배경 그림은 뒤러의 원판에서 직접 찍어낸 것이라고 했다. 하지만 인물뿐 아니라 배경도 후대에 찍어낸 것이 분명했다. 어쨌든 그 판화를 구매한 것은 뒤러에 대한 내 열정이 어느 정도였는지 보여준다.

예술과 지적 활동이 무의미하다는 생각은 이탈리아의 놀라운 문화유산을 보고 나서 어느 정도 바뀌었다. 유구한 역사를 접하면서 옛 열정이 되살아났다. 그때의 열정을 지금에 와서 추억하면 빙그레 미소가 떠오른다. 우리 일행 가운데 여러 사람들에게는 미소로 넘어갈 문제가 아니었을 것이다. 내 고집으로 우리는 뜨거운 햇볕을 받으며 로마의 평야를 5킬로미터나 걸어야 했다. 여러 세기 동안 순례자들이 그랬던 것처럼 포폴로 문을 지나 걸어서 영원한 도시 로마로 입성하고 싶었다. 사실은 그 전날 밤에 이미 로마로 들어왔지만 도착한 기차역과 그 밤을 보낸 호텔의 정확한 위치를 파악하지 못했으며, 아침식사 후에야 예전에 순례자들이 멀리 베드로 성당의 돔을 처음으로 보고서 "에코 로마('여기가 로마다'라는 뜻—옮긴이)"라고 외치던 그 장소에 우리는 도착했다. 멜로드라마 같은 로마 입성은 며칠 동안 계속된 황홀경의 서곡이었다. 나는 2년 뒤에 겨울 동안 카타콤을 체계적으로 살펴보려는 욕심에서 유럽을 다시 찾았다. 한편으로 문화적 우월을 불신하면서도 속물 기질이 아직 고쳐지지 않은 나는 문화의 세례를 더 받고자 원했다.

2년 뒤 유럽을 찾았을 때는 내게 이미 많은 변화가 있었다. 가족들의 결정으로 두 번의 겨울 모두 볼티모어에서 보냈는데, 이때 내 우울증은 극에 달했다. 란차니(1847-1929. 이탈리아의 고고학자―옮긴이)의 흥미로운 강의가 관심을 끌었고 존스홉킨스 강사의 지도로 이탈리아 통일 운동에 관한 책들을 섭렵했지만 우울증은 전혀 다스려지지 않았다. 이탈리아 통일 운동에 대한 책을 읽으면서 자연스럽게 마치니라는 걸출한 인물을 만나게 됐다. 마치니에게서 나는 큰 위안을 받았다. 하지만 이탈리아 노동자들에게 준 그의 윤리적이고 철학적인 영향을 충분히 숙고하지 않은 채 존스홉킨스 대학 강의실 안에 박제로 만들어놓은 허상에 집착했고 곧 환멸을 느끼게 됐다.

두 여름은 북부 일리노이의 옛집에서 보냈다. 어느 일요일 아침 나는 세례를 받고 장로교회 신도가 됐다. 당시 그런 결정을 내리게끔 한 외부의 압력은 전혀 없었다. 그저 세례를 받고 싶다는 생각이 들었다. 스물다섯이던 내게 그런 결정을 강제하거나 방해할 이는 아무도 없었다. 급격한 심리적 변화를 겪지는 않았지만 겸손하고 성실한 종교적 삶을 살고 싶었다. 당시 내 상태는 분명 이러했다.

내 자신도 역겹고, 묻는 일도 넌덜머리가 난다.
내가 누구이고 무얼 해야하는지.
(매튜 아널드가 쓴 시 〈Self - Dependence〉의 첫 구절―옮긴이)

소중하게 여기던 것들, 그리고 자력으로 헤쳐나갈 수 있다는 생각도 수많은 시행착오를 거치면서 산산이 깨졌다. 그러나 나는 "스스로 선해질 수 있다는 망상을 포기하면 그때 비로소 깊은 우주의 진리로 향하는 문이 열린다"는 결론을 얻었다. 젊은 목사는 그런 생각을 지녔는지 여부로 그리스도인의 태도를 갖췄는지 판단하는 듯했다. 목사님은 교리나 기적을 강조하지 않았다. 목사나 직분을 가진 사람들은 교리를 철저히 따라야 하지만 평신도들은 초기 그리스도인들의 소박한 믿음만 있으면 충분하다고 말했다. 내 기억에는 어린 시절 복음을 받아들여서 변화가 일어난 적은 없었다. 하지만 그때는 나의 내부에서 무언가 친교의 외적 표증과 평화의 유대, 그리고 영혼의 일치로 모든 차이가 극복되는 복된 곳을 간절히 열망했다. 또한 마음속에는 민주주의의 이상에 헌신하겠다는 열정이 일었다. 선택된 소수의 행복을 위해 무지한 다수는 얼마나 많은 희생을 감수해야 했었던가. 노예와 가난한 노동자들도 모두 하나님의 자녀라는 믿음을 우리는 얼마나 단호히 거부했었던가.전체 인류의 친교를 꿈꾸면서도 그런 숭고한 믿음을 선포하는 고향 교회에 왜 전혀 관심을 기울이지 않았던 것일까? 기독교 세계의 작은 마을 하나하나에 그런 숭고한 믿음을 선포하는 교회가 없다면 소수의 지배를 정당화하는 이론이 세상을 지배하고 말 것이다!

첫 번째 유럽 여행과 두 번째 여행 사이에 낀 여름 나는 서부 지역을 방문했다. 내가 예전에 부동산에 투자했던 곳이었다. 오랜 가뭄으로 인한 농부들의 참상을 보고 경악했다. 차마 눈뜨고 못볼 상황은 내 가슴속에 깊이 각인되어 큰 고통을 안겨주었다. 굶주린 돼지—이 짐승들마저 저당이 잡혀 있었다—들이 우리에 갇혀 있었다. 돼지 등은 낙타처럼 심하게 굽어 있었고 게걸스럽게 같은 종족 한 마리를 먹어치우고 있었다. 굶주림에 죽었거나 아니면 스스로 방어할 힘이 없는 약한 놈이었을 것이다. 농부의 아내는 무심한 표정으로 멍하니 바라만보고 있었다. 문 앞에 서 있는 그 아낙 뒤로 두 아이가 있었고, 아이들이 참혹한 광경을 못 보게 몸으로 막으려 했지만 아이들은 연신 고개를 내밀었다. 아이들 얼굴은 거친 머리칼로 뒤덮여 있었고 작은 발은 단단하게 굳은데다가 갈라진 틈으로 흙이 파고 들어가 납작한 말발굽처럼 보였다. 아이들은 짐승인지 사람인지 구별하기 어려울 지경이었다. 가뭄이 들면 그런 참혹한 곳에 투자해서 이익금을 챙기는 일은 불가능한 듯 보였다. 나는 곧바로 투자 자금을 회수했다. 하지만 회수한 자금으로 무언가 해야 했다. 눈뜨고 볼 수 없는 상황을 직접 보고난 뒤 내 고향 근처에 농장을 사들여 양을 기르게 했다. 농장 운영을 맡은 내 동업자는 목축을 평생 직업으로 여기지는 않았다. 그는 농장 사업 추진이 어느 정도 이루어지면 서둘러 대학을 마칠 생각이었다. 농장 경영은 지금 생각해도 경제적으로나 윤리적으로 건전한 사업인 듯하다. 하지만 나는 순수한 목적을 지나치게 강조하고 내 동업자는 학업에 많은 관심을 기울이는 바람에 양들을 제대로 돌보지 못했고 사업은 결국 쓰린 기억만 남긴 채 막을 내리고 말았다. 다행히 남은 200마리의 양은 제값에 받고 팔아 별다른 손해는 없었다. 이렇게 해서 동업자는 대학으로 갔고 나는 쓰라린 경험을 뒤로 한 채 유럽으로 향했다.

두 번째 유럽 방문 때 나는 파업 중인 런던 성냥공장 여성 노동자 집회에 참석했다. 그들은 런던의 저명한 노동운동가의 지휘 아래 매일 집회를 열었다. 집회에서 이들은 낮은 임금 실태에 대해 이야기했고 인 중독에 따른 괴저 현상을 설명하기도 했으며 때로는 환자를 데려와 직접 보여주기도 했다. 하지만 이상하게도 이런 여성 집회를 직접 보면서도 노동운동과 관련 맺지 못했으며 런던의 노조운동가들이 기울이는 노력이 어떤 성격을 띠는지도 이해하지 못했다. 하지만 이전에 여러 참혹한 현장을 목격하면서 얻은 가슴 속 격통은 비참한 삶의 현장을 다시 보면서 더욱 더 심해졌다.

웰스는 자신의 소설에 등장하는 어느 젊은 등장인물을 통해 이런 말을 한 적 있다. "교회나 국가 어딘가에는 잘못된 것이 무엇인지 알아내기만 하면 이를 바로 세울 수 있는 권위 있는 집단이 존재한다"는 것이다. 그때까지 나는 그 생각에 동조하고 있었다. 그런 젊은이는 고통과 죄악, 그리고 결핍 뒤에는 이를 보상하는 관대한 존재가 있다고 믿는다. 웰스의 소설에 등장하는 그런 젊은이는 때로 세상이 비극과 고통으로 가득하다고 믿지만 세상이 하찮다거나 더럽다거나 혹은 이기적이라고 절대 생각하지 않는다. 인류에 봉사하고 진보 운동에 진력한다는 점에서 나는 노동운동가들의 노력을 프레더릭 해리슨을 비롯한 실증주의자들¹의 노력과 다름없다고 보았다. 유럽에 머무는 동안 실증주의에 큰 관심을 기울였다. 그들이 내세우는 종교 발전이라는 철학 개념에 인류가 오랜 세월 얻고자 열망한 내용이 들어 있다고 생각했다. 스톤헨지나 아테네의 아크로폴리스, 혹은 바티칸 시스틴 성당에 서 있을 때 나는 그런 보편 종교를 어렴풋이 염원했다. 하지만 윈체스터 성당과 노트르담 성당에서처럼 열렬하게 염원한 적은 없었다. 어느 겨울날 나는 뮌헨에서 출발해 울

---

1. 프레더릭 해리슨(1831-1923)은 리처드 콘그레브와 함께 런던에 인간애 교회(Church of Humanity)를 설립했다. 인간애 교회는 영국에서 실증주의를 전파하는 중심지였다. 실증주의는 프랑스 사회학자 오귀스트 콩트가 창시한 철학으로 인간의 사고는 신학적 단계에서 형이상학적 단계를 거쳐 실증적, 즉 과학적 단계로 진화한다고 주장한다. 콩트는 초월적인 신이 아니라 인류애에 기초한 '실증주의' 종교를 주창했다.

름으로 향했다. 실증주의가 내세우는 '최고의 인간'이라는 개념이 이미 중세 때 존재했고 바로 울름 성당에 그 내용이 잘 표현되어 있다는 이야기를 미술사 책에서 읽었기 때문이었다.

울름 성당을 보고 나는 실망하지 않았다. 종교 역사를 기술한 내용이 울름 성당 성가대석에 새겨져 있었다. 그곳에는 히브리 예언자뿐 아니라 그리스 철학자도 끼어 있었으며, 사도들과 성인들 사이에 음악의 발견자와 이교도 사원 건설자도 있었다. 남부 독일에서 일어났던 종교 개혁에 대해 잠시 잊고 있던 나는 비텐베르크 성당 문에 반박문을 붙이는 루터의 그림을 보고 깜짝 놀랐다. 성인들과 여러 상징들이 그려진 오래된 스테인드글라스 사이로 후대에 그려진 루터의 그림이 선명하게 빛나고 있었다.

내 비망록에는 "이들 성인이 추앙받는 이유는 훌륭한 행위를 했기 때문"이라고 씌어 있다. 그리고 "인류애의 대성전"을 희구하는 마음이 기록되어 있다. "인류 공동의 목표 아래 친교를 누릴 수 있을 만큼 모두를 포용하는 성전, 인류의 연대를 열망하게 할 만큼 아름다운 성전이 세워져야 한다"고 주장하고 있다. 제대로 소화하지도 못한 콩트의 글귀를 앞세워 성급하게 작성한 글이지만 비망록을 인용하지 않고서는 울름에서 경험한 일을 제대로 전달할 수 없기에 선택의 여지없이 그대로 옮겼다. 또 여기에는 복고 가톨릭 신앙도 어느 정도 반영되어 있는데, 그전에 나는 슈투트가르트에서 복고 가톨릭 신자들을 만난 적이 있었고 이들의 신앙에 크게 매료되었다. 종교적 신조는 서로 달라도 선한 행위로 친교를 이루는 세틀먼트의 구상도 바로 그런 생각과 맥을 같이 한다.

우리 일행 세 명은 1887년 새해를 맞이하여 그림처럼 아름다운 로마의 어느 숙소에 머물고 있었다. 고대 로마 문명을 공부하기로 했다. 나는 카타콤에 대해 연구조사를 진행했으나 2주 만에 좌골 류머티즘이 발병하면서 돌연 중단해야 했다. 간호사의 간호를 받으며 여러 주를 로마에서 보냈고 나중에는 리비에라의 병원에 입원하는 신세가 되었다. 이렇게 해서 카타콤에 대한 지식은 피상적인 수준에 머물고 말았다. 하지만 시카고에서 첫 겨울을 보내면서 여성 전도사 양성 학교 수련생들을 대상으로 여섯 차례에 걸친 강연을 할 기회가 생겼는데 로마에서 얻은 짧은 지식만으로도 강의를 충분히 해낼 수 있었다.

나는 초기 기독교의 모습을 가난한 사람들에게 알려주어야 한다는 요지로 강의를 이끌어갔다. 기쁜 소식을 받아들인 초대 교회 성도들은 부유한 로마 사람들이 아니라 가난한 사람들이었다는 사실을 강조해야 한다고 말했다. 인자한 성품의 학교장은 내 강연을 좋게 받아들였고, 매년 봄마다 졸업반 학생을 대상으로 강연을 하도록 했다. 그리고 3년 뒤 학교 이사가 되어달라는 요청을 받아들여 이사회에 한 차례 참석했지만 그 이후엔 참석하지 않았다. 나이 많은 이사 가운데 한 사람이 "힐하우스에서 종교 교육을 실시하지 않는다"는 이유를 들어 이사 선임에 이의를 제기했기 때문이다. 나는 무엇보다도 크게 당혹해하는 학교장이 안쓰러웠다. 나도 기분이 상했지만 이사회를 마치고 집으로 가는 길에 어느 이탈리아 노동자가 내 전차 요금을 내준 일로 언짢던 마음이 누그러졌다. 소박한 내 이웃들이 그런 친절을 자주 베풀곤 했다. 감사를 표하고 싶으니 요금을 내준 사람이 누구인지 알려달라고 차장에게 묻자 그는 이렇게 답했다. "이탈리아 사람들이 함께 몰려 있을 때 누가 누구인지 분간하기는 어렵습니다. 하지만 분명한 사실은 이탈리아 사람들은 수녀님들을 위해 요금을 내주는 것처럼 당신을 위해서도 기꺼이 그렇게 한다는 것입니다."

세틀먼트를 언제부터 구상하기 시작했는지는 정확하게 기억하지 못한다. 두 번째 유럽 방문 이전에 그런 생각을 이미 갖고 있었는지도 모른다. 하지만 도움이 필요한 사람들이 사는 지역에 집을 세내어 공부에만 몰두하는 젊은 여성들이 삶의 현장을 직접 체험하게 하면 좋겠다는 구체적인 생각을 하게 된 것은 두 번째 유럽 여행에서 하게 되었다. 내 기억으로는, 1888년 4월 마드리드에 도착하기 전에는 내 계획을 어느 누구에게도 발설하지 않았다.

우리는 스페인 풍으로 장대하게 펼쳐지는 투우를 구경했다. 황소 다섯 마리와 말 여러 마리가 죽는 모습을 비교적 담담하게 보았는데, 이런 내 자신을 발견하고서 크게 놀랐다. 나는 그곳이 원형경기장의 영광을 마지막으로 간직한 장소라는 느낌이 들었고, 말 위에 올라탄 사람은 마상 경기에 참가한 기사이며, 마타도어는 순교를 눈앞에 둔 검투사라는 상상을 하고 있었기 때문에 다른 이들과는 달리 끔찍한 장면을 담담하게 지켜본 것이다. 관람이 끝나고 로비로 나올 때 내 일행들은 잔인한 장면에도 꿈쩍하지 않은 나를 비난했다. 나는 그들의 비난에 별다른 변명을 하지 않았고 단지 그 유혈극에 대해 깊이 생각해보지 않았다고만 했다. 하지만 그날 저녁, 나는 큰 자책감에 시달려야 했다. 몽상가의 태도로 현실을 호도함으로써 내 양심을 스스로 달래고 있다는 사실을 깨달았다. 미래를 준비한다는 주장은 내 게으름을 변명하는 핑곗거리였다. 그 이유를 내세워 공부와 여행에 무한정 시간을 허비하고 있었던 것이다. 목표를 멀리 미뤄놓고 아무것도 하지 않는 잘못을 범하기 쉽다. 자기기

만에 빠져 게으름 피우는 것을 큰일을 준비하는 과정이라고 스스로 속이고 있었다. 투우 관람을 통해 나는 큰 교훈을 얻었다. 인류를 위해 헌신하겠다는 열정을 품었지만 사실은 그동안 이기적인 생각에 빠져 있었다는 사실을 깨달았다.

다음날 곧바로 계획을 실행에 옮기기로 결심했다. 맨 먼저 그 계획을 누군가에게 털어놓기로 했다. 일행 가운데 한 사람인 학교 친구 스타에게 이야기해주었다. 그러나 나는 자신감이 없어 더듬거리며 운을 뗐다. 스타가 내 계획에 참여해주기를 바랐지만 한편으로는 마음속에 담아둔 소중한 계획을 발설하면 행여 그 계획이 공허한 소리로 들리지는 않을까, 또 내 자신의 신념도 흔들리지 않을까 하여 몹시 걱정이 되었다. 하지만 스타는 내 생각에 적극 찬성했다. 스타 덕분에 나는 계획안의 타당성을 확신할 수 있었다. 그래서 마침내 알함브라에 도착할 때쯤에는 세부 내용이 아직 마련되지는 않았지만 계획안은 설득력과 구체성을 띠게되었다.

한 달 뒤 우리는 파리에서 헤어졌다. 스타는 이탈리아로 돌아갔고 나는 런던으로 향했다. 런던으로 발길을 잡은 것은 익히 들어온 토인비홀과 피플스 팰리스의 성공 사례에 대한 정보를 최대한 많이 얻기 위해서였다. 1888년 6월 나는 토인비홀 앞에 섰다. 이스트 런던을 처음 방문 했을 때가 벌써 5년 전 일이었다. 그러나 이번에는 가슴속에 높은 기대와확신이 자리하고 있었다. 가난한 이들과 함께 살아가는 일이 아무리 어렵고 힘들다고 해도 최소한 나아가야 할 방향을 파악해내고, 하루하루의봉사활동을 통해 마음의 위안을 얻어낼 자신이 있었다. 인생에 수많은난관이 있을지 모르지만 이제 수동적으로 학습만 하던 생활에 종지부를 찍을 때가 되었다고 생각했다. 제대로 준비를 갖추지 못했다고 해도 "인생을 준비하는 일"에 계속 매달릴 수는 없다는 확신을 얻었다.

여러 해가 지나고 나서 나는 톨스토이의 "준비의 덫"이란 문구를 보았다. 젊은이들이 자신의 이상에 맞춰 세상을 새롭게 만들고자 열망하는 바로 그 시기에, 사람들은 그들 앞에 "준비의 덫"을 놓아 수동적인 존재로 옭아매는 이상한 행동을 한다고 톨스토이는 주장했다.

CHAPTER 5

헐하우스, 첫 시작

이듬해 1월, 나의 계획을 실행에 옮길 만한 곳을 시카고에서 스타와 함께 찾기 시작했다. 뜻을 같이 할 사람들을 찾기 위해 기회가 있을 때마다 토인비홀을 예로 들며 세틀먼트의 의미를 널리 알리고자 노력했다. 하지만 그때 우리는 자비를 들여 일을 시작할 요량이었기 때문에 기부금 요청을 하지는 않았다. 사람들은 처음부터 우리 계획안에 호의적인 반응을 보였다. 때로 회의적인 시각도 있었지만 그에 대한 논의는 항상 우호적인 분위기에서 이뤄졌다.

스윙 교수는 《이브닝 저널》에 계획안을 긍정적으로 평가하는 칼럼을 실었고, 황송하게도 우리의 연설이 크게 보도됐다. 월마스 부인 댁에서 있던 활기찬 저녁 모임이 기억난다. 그때 저명한 학자인 토머스 데이비슨[1]과 페이비언 협회 회원인 젊은 영국인이 참가했다. 비난은 아니었지만 데이비슨은 우리 계획안을 비판했다. 그는 우리 계획을 두고 "공동생활을 통해 인생을 이해하려는 부자연스러운 시도"라고 비판했다.

우리는 집단생활이 계획안의 핵심 내용은 아니라고 주장했다. 또 우리 자신들의 비용은 스스로 부담할 것이고, 필요하면 언제라도 근방에 각기 따로 세를 얻어 생활할 것이라고 말했지만 소용이 없었다. 데이비슨은 자원봉사자들이 집단 거주에 매력을 느끼는 이유가 바로 집단생활 자체 때문이라고 여전히 고집했다. 물론 그의 주장은 본질적으로 타당했다. 자원봉사 입주자들은 그들 사이의 끈끈한 우정에 빠져드는 경향을 보인다. 그러나 다른 한편, 동료들 사이의 그러한 우정 때문에 세틀먼트가 정상적으로 유지되고 또 세상과 소통하게 되는 것 역시 사실이다. 나는 여러 반대 의견을 내는 사람들에게 전혀 반감을 품지 않았다. 그리고 15년 뒤 데이비슨 교수는 집단생활에서 얻는 이점이 자신이 예전에 지적한 단점보다 훨씬 많다는 사실을 인정했다.

쉽게 찾아올 수 있는 넓은 공간의 집, 누구나 따뜻하게 환대하는 그런 분위기의 집을 미국 주류사회에 동화되지 못하는 이민자 지역에 세우는 것만으로도 시카고에 쓸모 있는 일이 된다는 우리 주장의 타당성이 시간이 지나면서 입증되었다고 생각한다. "경제적 결속의 중요성에 대해 사회적 논의를 촉발시키고 민주주의에 사회복지를 가미"하는 우리의 노력이 얼마나 성공적이었는지는 확신하지 못한다. 그러나 계급들이 상호 의존한다는 이론을 바탕으로 헐하우스는 세워졌다. 그리고 사회 관계는 본질적으로 상호 의존하는 관계이므로 독특한 가치를 지닌 표현 양식을 보인다.

나는 의무교육 담당부서 직원, 도시 선교사, 신문사 기자들과 함께 적당한 장소를 물색하느라 이곳저곳을 돌아다녔다. 기자들은 나이가 많았다. 아마도 신문사 측에서 헐하우스 설립 추진을 비현실적인 일로 판단했기 때문인 듯했다. 늦은 겨울, 어느 일요일 오후에 한 기자와 함께 이른바 아나키스트 일요학교라는 곳을 방문했다. 시카고 북서부에 그런 학교가 여러 개 있었다. 그 학교 책임자로 있는 젊은 사람은 전형적인 독일 학생 스타일이었다. 아이들에게 쾨르너의 시를 노래로 부르게 하는 그의 얼굴에는 열정이 가득했다. 독일어를 이해하지 못한 기자는 노래 내용이 무엇인지 내게 물었다. 하지만 그 내용을 번역해주자 실망하는 눈치였다. "심오한 내용"이라고 말했지만 아마도 진심은 그게 아닌 듯했다. 쾨르너는 독일의 열정적 시인으로 그 사람의 시는 독일인들에게 나폴레옹의 압제에 맞서 싸우도록 저항심을 고취했고 또 웬만한 도서관에는 그의 시집이 비치되어 있다고 대답하자 그는 미심쩍은 듯 나를 바라봤다. 그때 나는 아나키스트로 통하는 시카고 사람을 대할 때 다른 평범한 시민처럼 대하면 큰 의심을 받는다는 사실을 처음으로 깨달았다.

어느 이른 봄 일요일 오후, 중심가에서 꽤 떨어진 곳의 오래된 집을 우연히 지나가게 되었다. 세 면은 넓은 베란다와 나무 기둥은 코린트 양식에 균형 잡힌 모습을 하고 있었다. 그 집이 마음에 들어 바로 다음날 다시 찾아 나섰지만, 여러 날이 지나도 그 집이 어디에 있는지 찾지 못했고 마침내 포기하고 말았다.

3주 뒤에 시카고 토박이 몇몇 사람의 조언을 받아―그 가운데는 처음부터 우리 계획안에 호의적인 반응을 보인 전 시카고 시장 메이슨 씨도

---

1. 랜덜 토머스 데이비슨(1848-1930). 영국국교 성직자로 1903년에 캔터베리 대주교가 되었다.

포함되어 있었다 —블루 아일랜드 애브뉴와 할스테드 스트리트, 그리고 해리슨 스트리트가 교차하는 곳 근처 지역으로 정했다. 그 지역을 돌아본 바로 첫날, 그토록 찾고자 했지만 찾을 수 없어 포기한 그 집을 우연히 발견하고 놀라움과 함께 기쁨을 느꼈다. 물론 그 집은 다른 사람이 임대하고 있었다. 아래층은 뒤편에 있는 공장의 사무실 및 보관실로 사용하고 있었다. 하지만 2층과 예전에 응접실로 쓰던 1층의 일부는 세를 얻는 것이 가능했다.

그 집은 시카고 개척자 가운데 한 사람인 찰스 J. 헐의 자택으로 1856년에 지어졌고 이후 여러 차례 개축을 했다. 세월의 풍상을 겪었지만 기본적으로 튼튼한 편이었다. 공장에서 사용하기 전에는 중고 가구점이 입점했고, 또 한때는 경로수녀회가 양로원으로 사용하기도 했다. 그 집 다락방에 귀신이 나온다는 소문이 나돌았다. 2층에 세들어 사는 사람들은 다락으로 올라가는 계단 위에 물을 가득 채운 커다란 주전자를 항상 올려두었다. 왜 주전자를 놓아두는지 그 사람들은 조리 있게 설명하지 못했지만, 나는 귀신이 흐르는 물을 건너지 못한다는 믿음에서 그런 풍습이 생겨났다고 확신했다.

집을 손질하고 나니 더욱 번듯한 모습이 되었다. 넓은 홀과 벽난로가 있어 어떤 식으로 손질해도 품격이 있어 보였다. 관대한 집주인 헬렌 컬버²는 이듬해 봄에 집 전체를 무료로 임대해주었다. 열세 채의 건물을 지을 때까지 수년 동안 컬버는 그 집을 무료로 계속 쓰게 해주었다. 그리고 그 건물들이 서 있는 부지도 컬버가 우리에게 기부한 것이다. 당시 그 집은 장의사와 술집 사이에 있었다. 어느 기지 넘치는 사람이 이 셋을 일러 "기사와 죽음, 그리고 악마"라고 했다. 그 거리 주변에 사는 사람들이 진심으로 친절하게 우리를 환영해주었기 때문에 세틀먼트를 기사로 비유한 것은 조롱하려는 의도가 전혀 없었음은 물론이다.

우리는 집을 여느 곳과 다름없이 꾸몄다. 유럽 방문을 통해 얻은 사진과 잡다한 물건들, 그리고 가정용 마호가니 가구들을 들여놓았다. 새 가구들은 오래 사용할 수 있는 튼튼한 것으로 구입했지만 오래된 저택의 품격과 어울리도록 신경을 썼다. 헐하우스에 가구를 배치하면서 우리는 신명이 났다. 어떤 여인도 자기 집을 꾸미면서 이토록 신이 나지는 않았을 듯하다. 1889년 9월 18일에 스타와 나는 집 안일을 돌볼 메리 키저와 함께 그 집으로 입주했다. 메리 키저는 집 안일뿐 아니라 헐하우스 사업에서도 없어서는 안 될 중요한 존재가 되었고, 5년 뒤 세상을 떠났을 때는 수많은 이웃 사람이 진심으로 키저를 애도했다.

입주 첫날 밤, 몹시 흥분한 우리는 폴크 스트리트 쪽으로 난 문을 걸어 잠그는 건 고사하고 문을 닫는 것조차 잊어버렸다. 다음날 아침 우리는 이웃 사람들의 정직과 친절을 다시금 확인할 수 있었다.

첫 번째 자원봉사 입주자는 근처 주택에 세를 살던 젊은 여성이었다. 미망인인 그 여성의 어머니는 매일 밤 도심에 있는 극장을 청소하는 일로 가족의 생계를 돕고 있었다. 어머니는 영국 태생으로 유복한 가정에서 높은 교육을 받았지만 미국으로 와서 고생하면서 미국 사회에서는 생활 수준으로 사람들의 사회적 지위가 매겨진다는 사실을 알게 되었다. 그때 그 여성은 어느 새내기 변호사와 약혼한 상태였는데, 이후 그 변

---

2. 헐하우스는 1856년에 부동산 거부이자 자선가인 찰스 J. 헐이 지었다. 헐은 1889년 사망하면서 오랫동안 비서로 일한 자신의 사촌 헬렌 컬버에게 4백만 달러 상당의 부동산을 물려주었다. 헬렌 컬버는 헐의 자선사업을 계속했다.

호사와 결혼해 오랜 세월 가정을 꾸렸고 남편은 동부 어느 도시에서 변호사로 일했다. 그녀는 한 달 간의 헐하우스 경험을 즐거운 마음으로 회상한다. 새로 설립한 세틀먼트를 구경하기 위해 찾아온 방문객들이 열악한 환경에서 사는 주위 사람들에 대해 물었지만, 그녀가 바로 그 지역에서 자란 사람이란 사실은 꿈도 꾸지 못했다. 이 사례에서 나는 최소한 한 가지 교훈을 얻을 수 있었다. 나는 시카고 사람들에게 세틀먼트에 대해 이야기할 때마다 이웃 사람을 그 자리에 초청했다. 나보다 사정을 잘 아는 사람이 청중 가운데 있으면 쉽게 일반화하려는 잘못에서 벗어날 수 있다고 보았기 때문이다.

20년을 거주하다보니 할스테드 스트리트가 점차 변화한 모습을 기억해내기란 어렵다. 어쨌든 세월이 경과하면서 좀더 부유한 아일랜드인과 독일인들이 점차 줄어들고 그 대신에 러시아계 유대인, 이탈리아인, 그리스인들이 그 자리를 차지했다. 헐하우스 설립 초기 강연에서 그 거리를 묘사한 부분이 있는데, 그 원고를 읽어보면 당시의 푸근한 모습이 선명히 떠오른다.

할스테드 스트리트는 그 길이가 32마일로, 시카고에서 가장 큰 도로 가운데 하나이다. 시카고 강과 두 곳에서 만나는데 남쪽 교차 지역에는 도살장 가축집결지와 북쪽 교차지에는 조선소가 위치해 있으며, 이 두 지점 사이의 한가운데를 포크 스트리트가 가로지른다. 도살장과 조선소 사이 6마일에는 푸줏간과 식료품점, 싸구려 선술집과 화려한 고급술집들, 그리고 기성복을 판매하는 가게들이 즐비하다. 폴크 스트리트는 할스테드 스트리트 동편에서 출발해 서쪽으로 가면 갈수록 더욱 부유한 곳으로 빠르게 바뀌어간다. 스테이트 스트리트 동편 1마일까지 달려가면 거리는 점차 흉물스럽게 변해가고 클락 스트리트와 5번가의 꺾어지는 부분과 교차한다. 헐하우스가 위치한 곳은 예전에는 교외였지만 그 지역을 중심으로 점차 커지면서 이제는 그 주변으로 서너 곳의 외국 이민자 밀집 지역이 들어서 있다. 할스테드 스트리트와 강 사이에는 1만 명 가량의 이탈리아인들이 살고 있다. 나폴리, 시실리, 그리고 칼라브리안 사람들이 주류를 이루지만, 개중에는 롬바르드나 베네치아 사람도 끼어 있다. 12번가 남쪽에는 다수의 독일인이 살고 있으며 주변의 작은 거리에는 주로 폴란드 계 유대인과 러시아 계 유대인이 살고 있다. 더 남쪽으로 내려가면 유대인 지역은 거대한 보헤미아인 밀집 지역과 만나는데, 그 규모가 상당히 커서 시카고는 세계에서 세 번째로 보헤미아 사람이 많은 도시이다. 북서쪽으로는 프랑스계 캐나다 사람들이 다수 거주하고 있는데 미국에 오랫동안 거주했음에도 타민족에게 매우 배타적인 태도를 보인다. 그리고 북쪽으로는 1세대 아일랜드 미국인들이 있다. 서쪽에 가까운 거리와 멀리 북쪽 거리에는 영어를 사용하는 부유한 사람들이 살고 있다. 이들 대다수가 자신의 집을 소유하고 있으며 그 근방에서 오랫동안 살아오고 있다. 어떤 사람은 오래된 농가에서 여전히 살고 있다.

우리나라 관료들은 일을 앞장서 추진하지 않기 때문에 시민의 적극적 요구와 참여가 없는 지역에서는 심각한 문제가 생겨난다. 그런 지역에서는 우리가 추구하는 자치의 정신이 구현될 수가 없다. 거리는 몹시 더럽고 학교 숫자는 턱없이 부족하며 보건위생 법률도 제대로 시행되지 않는다. 가로등도 부족하고 큰길이나 작은 길이나 도로 포장 상태가 엉망이고 마구간들은 악취를 풍긴다. 수많은 가옥에는 하수시설이 없다. 오래 전부터 그곳에서 살아온 다소 부유한 사람들은 하루빨리 다른 곳으로 이사를 가려고 한다. 이들이 떠나고 나면 그 자리는 시민의 의무를 전혀 알지 못하는 이민자들로 채워진다. 이렇게 거주자가 바뀜에 따라 남쪽과 북쪽 지역에는 각종 직업을 담당하는 사람들도 바뀐다. 유대인과 이탈리아인들은 의류제작 마무리 작업을 떠맡고 있다. 예전에는 미국인·아일랜드인·독일인들이 하던 일이었으나 이들이 열악한 임금을 받고 일하기를 거부하면서 유대인과 이탈리아인 노동자들로 대체되었다. 재단사의 손을 떠난 옷은 하청업자에게로 넘어간다. 저렴한 임대료만 염두에 두는 파렴치한 하청업자는 아무리 어두운 지하실이나 불결한 헛간 다락, 콩나물시루 같은 공간도 마다하지 않는다. 따라서 낮은 임대료에 값싼 노동력이 풍부한 이민자 밀집 지역에 이런 열악한 작업장들이 빼곡히 들어차 있다.

그 지역의 가옥들은 대부분 목조건물로 한 가구만 입주해 살도록 지어졌지만, 지금은 여러 가구가 한집에 살고 있다. 그 형태는 20년 전에 가난한 교외 지역에서 볼 수 있던 불편하기 짝이 없는 조립식 오두막집 형태이다. 대부분은 새로 지었지만 일부 집들은 다른 지역에서 굴림대로 옮겨져 왔다. 그 지역에 공장이 들어서면서 거기에 있던 가옥들이 옮겨온 것이다. 벽돌로 지어진 3, 4층짜리 공동주택은 비교적 근래에 지어졌으며 그 숫자도 많지 않다. 그보다 더 큰 공동주택은 거의 찾아보기 어렵다. 목재로 지어진 작은 가옥들은 가건물에 가까운 모습을 하고 있으며 그 때문에 시카고 시의 공동주택 조례가 제대로 적용되지 못한다. 다수의 가옥들은 뒷마당에 있는 수도를 제외하고 상수도 시설이 없고 비상구도 없다. 또 쓰레기는 길거리에 고정해놓은 나무통 안에 쌓아둔다. 현재 이 지역이 안고 있는 현안 가운데 가장 큰 난제는 가옥 입주자들 다수가 불결하고 무지한 이민자들이라는 사실이다. 열심히 일하면 부유해질 수 있고 그렇게 되면 좋은 교육을 받을 수 있다는 이론은 이들에겐 전혀 들어맞지 않는다. 이탈리아 이민자의 자녀들은 길거리에서 구두 닦는 일을 하기도 하고, 그 아내들은 거리에서 넝마를 주워 공터에서 부지런히 가려내기도 한다. 그렇게 돈을 벌 때 이들 주부들은 만족과 자존감을 느낄지 모르지만 그 돈으로 생활을 향상시키거나 아이들에게 더 좋은 환경을 마련해주지는 못한다. 시카고에 형편없는 집들을 그대로 두는 또 다른 이유는 부동산 큰손들이 현재 상태를 일시적인 것으로 여긴다는 점이다. 일시적인 상황으로 보기 때문에 열악한 상태를 그대로 방치하는 것이다. 하지만 이런 열악한 환경이 최소한 두 세대에 걸쳐 지속되고 있다.

낮은 임대료라는 이점 때문에 가난한 지역에는 다양한 사람들이 몰려들었다. 개중에는 주목할 만한 부류의 사람들이 있다. 가난한 지역에는 미래에 대한 희망과 야망을 품은 교육받은 이들이 항상 끼어 있다. 살다보면 삶의 의욕이 꺾이는 때가 있기 마련이다. 그들은 교육을 받았지만 질병이나 불행한 결혼 같은 이유로 돈벌이를 할 능력이 없어 임대료가 싼 지역에 와서 사는 사람들이다. 그런 이들 중에는 어려운 환경에서도 어느 정도 지적 생활을 유지하는 사람들이 있다. 그런 사람에게 세틀먼트는 참된 안식처의 역할을 한다.

헐하우스를 개원하자마자 곧바로 스타는 조지 엘리엇의《로몰라》를 함께 읽는 독서모임을 시작했다. 그 모임에는 젊은 여성들이 참석했는데

이들은 숨죽이며 흥미진진하게 소설 낭독을 경청했다. 독서모임은 자그마한 2층 주방에서 일주일에 한 번씩 열렸다. 독서모임 회원 두 명이 매주 저녁식사를 함께 했고 설거지와 테이블 정리를 돕기도 했다.

스스로를 "최초의 헐하우스 입주자"로 지칭한 매력적인 노부인이 있었다. 그 노부인은 독서모임에서 호돈 작품 다섯 편을 연이어 읽어내려갔다. 노부인은 마법과도 같은 이야기에 매혹적인 자신의 추억담을 가미했다. 여러 해 전 노부인은 리플리스의 문하생으로 브룩 농장³에서 생활한 적이 있었다. 노부인은 "이상주의 정신이 왕성한" 환경에서 다시 살고 싶은 생각에서 헐하우스를 열흘 동안 방문했다. 이렇게 해서 초기부터 화기애애한 분위기와 더불어 열심히 학습하는 기풍이 마련되었고 이런 품격 높은 기풍은 사람들에게서 큰 호응을 받았다.

헐하우스의 새로운 활동을 떠맡는 봉사자들이 속속 나타났다. 어느 매력적인 젊은 여성은 응접실에서 유치원 교육을 시작했다. 자택이 시카고 북쪽 끝에 있었지만 그 먼 거리를 마다하지 않고 매일 아침 정해진 시간에 헐하우스로 출근했다. 그 여성을 기리는 명판이 헐하우스 벽난로 선반 위에 벌써 5년째 놓여 있는데, 어린아이들과 뛰놀던 그 여성의 모습이 지금도 생생하게 떠오른다. 빅토르 위고는 천국을 "부모는 항상 젊은 채로 있고 아이들은 항상 어린 채로 있는 곳"이라고 한 적 있는데 그녀가 바로 그런 천국의 모습을 몸소 보여주었다. 첫 2년 동안은 힘든 일과를 보내는 상황에서도 그녀가 있어 우리의 얼굴에서 웃음이 떠날 새가 없었다. 그녀의 쾌활함과 낙천적 성격에 매료되지 않을 수 없었다. 이웃의 삶에 동참하겠다는 그녀의 열의 또한 대단했다. 어느 날 점심을 먹는 자리에서 한 이탈리아 어머니에게 금주 원칙을 지켜달라고 부탁했던 일을 그녀는 신명나게 이야기했다. 아이를 유치원에 보내면서 포도주에 적신 빵을 아침으로 주어 다섯 살짜리 딸이 "매우 심각하게 취해" 있었다는 것이다. 어릴 때부터 술을 마시면 어떤 심각한 결과가 생기는지 열심히 설명했지만 남부 이탈리아 출신인 아이 어머니는 그녀의 말을 제대로 이해하지 못했다. 하지만 예의상 공손하게 귀를 기울였다. 그런데 훈계가 끝나기도 전에 갑자기 아이 어머니는 보관하던 포도주를 그녀 앞에 하나씩 내오기 시작했다. 당황한 그녀가 권하는 포도주마다 사양하자 어머니는 집 밖으로 나가더니 곧 작은 병에 담긴 위스키를 가져왔다. 그러고는 "자, 진짜 미국 술을 가져왔습니다"라고 말했다고 했다. 그녀는 다음과 같은 자책의 말로 이야기를 마무리했다. "아마도 아이 어머니는 순한 이탈리아 포도주 대신에 독한 위스키에 적신 빵을 주는 것이 미국 풍습이라는 뜻으로 알아들은 모양입니다."

우리는 유치원 운영을 통해 많은 것을 배울 수 있었다. 어린아이들 사이에서도 사회적 신분 구별이 존재한다는 사실을 알고 우리는 무척 놀랐다. 이탈리아 남자아이가 안젤리나라는 이름의 아이 옆에 한사코 앉으려 하지 않았다. 그 이유를 묻자 그 남자아이는 이렇게 답했다. "우리는 마카로니를 이런 식으로 먹지만—포크를 사용해 음식을 먹는 시늉을 했다—저 아이는 이런 식으로 먹어요." 이번에는 고개를 뒤로 젖히고 입을 크게 벌린 다음 위에서 내려오는 음식을 받아먹는 시늉을 했다. 안젤리나는 조그마한 머리를 끄덕이며 신분에 따라 식사 예절이 다르다는 사실을 인정했다. 이에 대해 우리 유치원 교사는 "이곳까지 와서도 식

---

3. 브룩 농장은 1841년에 조지 리플리와 소피아 리플리 그리고 윌리엄 채닝이 보스턴 근처에 세운 이상주의자들의 농장이다.

탁 예절로 신분을 구별한다는 사실이 놀랍지 않습니까?"라고 말했다. 지워지지 않고 남아 있는 또 다른 추억은 소년 클럽을 성공적으로 조직한 젊은 여성에 대한 것이다. 기사 이야기를 너무도 생생하게 들려주었기 때문에 체커나 잭스트로 게임을 하던 다른 클럽의 아이들도 "젊은 영웅들"의 이야기를 들으려고 주변으로 몰려들었다.

어느 날 나는 쏟아지려는 눈물을 꾹 참으며 헐하우스 밖으로 뛰어나오는 남자아이와 부딪쳤다. 이유를 묻자 아이는 "이제 여기 올 필요가 없어졌어요. 롤랑 왕자가 죽었으니까요"라고 답했다. 우리는 남자아이들이 각종 시합이나 연극 등 온갖 종류의 활동에 적극 참여할 것을 권했다. 일찍부터 모험가나 탐험가에 관심을 갖는 아이는 나중에 현존하는 정치가나 발명가의 삶에도 관심을 갖는다고 우리는 확신하고 있었다. 두말할 나위 없이 그런 프로그램에 남자아이들은 적극적으로 참여했다. 유일한 문제는 프로그램을 이끌 능력 있는 지도교사를 찾는 일이었다. 소년 클럽은 확장을 거듭해 이제는 5층짜리 건물을 사용하고 있고 그 안에는 멋진 여러 공작실과 레크리에이션 시설과 학습장이 갖추어져 있다. 소년 클럽이 이렇게 커지면서 지도교사를 확보하는 어려움은 고질적인 문제가 되었다. 하지만 영웅 이야기를 읽어주는 그 그룹만이 헌신적이고 능력 있는 지도교사 덕분에 아무런 문제없이 지금까지 성공적으로 운영되어 왔다.

헐하우스를 찾아온 어린아이들 수십 명을 일단 여러 그룹으로 나누었다. 이렇게 여러 그룹으로 나눌 경우 콩나물시루 같은 학교에서는 얻을 수 없는 중요한 효과를 얻는다. 즉, 아이들에게 상상력을 발휘할 수 있는 기회와 사회성을 기르는 기회를 더욱 많이 부여하게 된다. 공립학교에서는 손으로 직접 만들어보는 기회가 거의 없기 때문에 아이들에게 그런 기회를 많이 마련해주는 방향으로 교습을 했다. 하지만 빈곤으로 인해 교육 목표에 차질이 생기는 것을 막으려면 끊임없이 노력해야 했다. 재봉 수업을 듣는 이탈리아 여자아이들은 집에 옷을 한 점도 가져가지 않는 날은 공친 날이라고 여겼다. 또 의복이 절실하게 필요한 이들에게 깔끔하게 옷을 만들라고 요구하는 것은 공허하게 들렸다.

20년 동안 이들 클럽을 운영하면서 다양한 형태의 수세공 학급들이 생겨났다. 아이들의 흥미를 유발하기 위해 교육 형식이나 내용이 크게 바뀌었지만 사회복지 성격은 여전히 유지하고 있다. 이들 학급은 학교교육이 끝나는 14세 이상의 아이들을 대상으로 한다. 아이들에게 저녁에 클럽 활동이나 학습 활동을 할 수 있는 공간을 지속적으로 제공하는 일이 매우 중요하다고 생각한다. 일자리를 찾는 아이들에게 정서적 안정을 주는 장소가 필요하다. 소년법원을 거치는 비행소년 가운데 상당수가 수많은 자녀를 둔 가정의 맏아들이다. 기록을 보면 알 수 있지만 아이들은 실과 수업이 실시되는 7학년이나 8학년이 되기 훨씬 전에 학교를 떠난다.

헐하우스 설립 초기에 어린이 클럽이 크게 번창했고 또 첫 번째로 선택한 일이 유치원이었지만, 세틀먼트가 주로 어린이를 위한 활동에만 그쳐서는 안 된다는 점과 어른들은 교육과 친교의 기회에 관심이 없다는 생각은 옳지 않다는 점을 우리는 항상 강하게 주장했다. 열성적인 우리 유치원 교사가 그런 우리의 신념을 다음과 같이 직접 구체적으로 입증해주었다. 90세 할머니가 계셨는데, 딸이 식당에서 조리사로 일하기 때문에 온종일 홀로 지내야 했다. 그러면서 할머니에게는 집 안 벽에 발라

놓은 회반죽을 떼어내는 버릇이 생겼고 이 때문에 집주인들은 세입자로 할머니를 들이기 꺼렸다. 몇 주 만에 유치원 교사는 할머니에게 커다란 종이 사슬을 만드는 방법을 가르쳐주었다. 차츰 할머니는 종이 사슬 만드는 일을 좋아하게 되어 온종일 칠을 벗겨내던 벽을 이제는 종이 사슬로 열심히 장식했다. 할머니에게 만들기를 가르치는 과정에서 할머니가 게일 어로 말할 수 있다는 사실을 알게 되었다. 위엄 있는 교수 한두 사람이 할머니를 직접 찾아 왔고, 이를 본 이웃 사람들은 자기 동네에 그런 놀라운 인물이 산다는 사실에 자랑스러움을 느꼈다. 90세 노인의 삶에 활력을 불어넣은 사례는 세틀먼트가 어린이와 젊은이를 위한 운동이라는 주장을 정면으로 반박한다.

헐하우스 개관 후 맞은 첫 설에 우리는 근처에 사는 연로한 분들을 초대했다. 매우 연로해 거동이 불편한 분께는 마차를 보냈고 다른 모든 분들에게는 헐하우스에서 파티를 연다는 소식을 알렸다. 그때부터 설날이 되면 할아버지 할머니들이 헐하우스로 삼삼오오 몰려와 젊은 시절 고생담을 이야기했다. 헐하우스가 서 있는 그곳은 개척자로 살아온 그 분들이 구슬땀을 흘리며 일궈온 곳이다. 많은 분들이 예전에는 헐하우스 근처에서 살았지만 부유해지면서 좀 더 나은 인근 지역으로 옮겨갔다. 이런 분들이 헐하우스 파티에 찾아와 옛날을 회상한다. 시민들이 합심해 도시를 건설하던 초기에는 사람들 사이에 정이 넘쳤지만 이제는 그런 정을 찾아보기 힘들다고 한탄한다. 이들 개척자 가운데 많은 이들은 외국인 이주자들을 몹시 못마땅하게 생각했다. 외국인 때문에 땅값이 떨어지고 환경이 나빠진다고 생각했다. 이런 편견을 지닌 사람을 향해 외국인을 옹호할 기회가 여러 차례 있었다. 한번은 어느 할아버지가 벽에 외국 사진이 지나치게 많다며 나를 나무랐다. 낯선 나라에 온 외국 사람에게 익숙한 그림을 보여주어 그들의 마음에 위안을 주려는 생각이라고 나는 열심히 설명했다. 노인은 타박하던 태도를 누그러뜨리면서 이렇게 말했다. "아하, 알겠소. 다운이스트에서 양키 물품을 보고 우리가 느꼈던 그런 감정을 그들도 느끼고 있다는 말이지? 새로운 세상을 헤쳐나가면서 느낀 그 감정 말이오." 이렇게 해서 할아버지는 어렴풋이나마 개척자와 이민자 사이의 동질성을 발견했다. 연로한 개척자들뿐 아니라 그분들의 자제들도 다양한 지역 개선 사업에 진심어린 도움을 주었다. 열악한 환경에 맞서 싸우는 일이 힘들었지만 체험에서 우러나온 그들의 조언이 있어 어려움이 한결 덜어졌다.

헐하우스 초기에, 우리는 왜 다른 곳을 놔두고 하필이면 할스테드 스트리트에 들어와 사느냐는 질문을 자주 받았다. "이제껏 경험한 일 가운데 가장 이상한 일"이라며 고개를 절레절레 흔들던 사람도 기억난다. 하지만 그 사람도 결국 "전혀 이상할 것이 없고 오히려 자연스러운 일"이라고 확신하게 되었다. 곧 우리 모두는 세틀먼트가 지금 그 자리에 서 있는 것이 당연하다고 생각하게 되었다. 굶주린 이에게 음식을 주고 병든 자를 돌보는 일이 당연하다면 젊은이들에게 기쁨을 주고 노인들에게는 위안을 주며 모든 사람들이 지닌 친교의 욕구를 충족시키는 일 역시 당연하다. 이런 일을 하는 사람은 어떤 식으로든 즉시 보상을 받는다. 설사 사람들에게서 감사하다는 말을 듣지 못한다고 해도 의무감이 아닌 마음에서 우러나오는 행동을 하면서 진정한 기쁨을 느낀다. 파티에 참석하거나 수업에 참여하는 이웃들 외에도 생활고에 찌들어 그런 활동에 관심을 기울일 여유가 없는 사람들도 있음을 알게 되었다.

처음부터 사람들은 우리가 온갖 궂은 일을 기꺼이 떠맡을 것으로 여겼다. 갓난아기를 씻겨 달라고 하는가 하면 시신을 염하고 병자를 간호하며 아이들을 보살펴달라고 했다.

때때로 그들은 추악한 인간의 면모를 드러냈다. 구개 파열 수술을 받은 아이를 6주 동안 데리고 있었던 적이 있었다. 장애 때문에 아이는 엄마한테 버림받았던 것이다. 그런데 집으로 돌려보낸 후 1주일 만에 엄마가 돌보지 않아 아기가 죽었다는 소식을 듣고 우리는 경악했다. 열다섯 살의 어린 이탈리아 신부는 결혼반지를 잃어버렸다는 이유로 1주일 동안 남편에게서 구타를 당하고 있다며 우리에게서 은신처를 구했다. 그리고 우리는 의사가 늦게 도착하는 바람에 사생아를 받았던 일이 있다. 아일랜드 부인들은 "그런 여자에게는 손도 대기 싫다"며 한사코 도와달라는 우리 부탁을 거절했다. 오랫동안 결핵을 앓던 어느 젊은이의 임종을 지킨 적도 있었다. 술이 치명적이라는 사실을 모른 그의 친구들은 병든 친구를 위해 위스키를 자주 사줬다. 병약한 몸에 알코올이 들어가면서 크게 취한 일이 자주 있었고, 결국 크게 취한 상태에서 사망하고 말았다.

많은 이민자들의 격리된 생활을 보고 우리는 놀라움을 금하지 못했다. 어느 이탈리아 여성은 문 앞에 놓인 장미를 보고 탄성을 질렀다. "이탈리아에서 가져온 장미가 그렇듯 싱싱할 수 있냐"며 놀라워했다. 그녀는 미국에서 자란 장미라는 말을 믿으려하지 않았다. 이탈리아에서는 여름이면 장미가 도처에 깔려 있지만 시카고에서는 6년을 살았어도 장미를 한 번도 본 적이 없었다고 말했다. 그 여성의 집에서 꽃가게까지는 10블록이 채 되지 않았다. 5센트 차비면 공원에 얼마든지 갈 수도 있었다. 하지만 돈을 들여 어디를 간다는 생각을 감히 하지 못했고, 또 어느 누구도 그 여성에게 구경을 시켜주지 않았다. 그 여성이 바라보는 미국의 모습은 자신이 사는 더러운 거리가 전부였다. 그런 미국의 생활에 적응하려고 그 여성은 힘든 나날을 보냈다.

그러나 좋지 않은 일을 몇 차례 겪기는 했지만 우리는 모든 사람에게서 따뜻한 배려와 친절을 변함없이 받았다. 헐하우스 설립 초기에 경험한 일에서 인간 관계의 기본 원리를 얻어낼 수 있었다. 이 원칙은 가난한 이들과 더불어 살기 위해서는 필수적이다.

첫째, 도시 가운데서도 산업 지역에 세틀먼트를 세워야 한다. 사람 냄새 풍겨나는 곳이라야 사람들이 모이기 때문이다. 둘째, 바네트의 말을 빌리자면 사람들 사이의 차이를 강조하기보다는 동질성을 찾아내는 일이 훨씬 더 낫다. 기본적으로 서로 같다는 생각이 생기면 인종, 언어, 신조, 전통과 같은 비본질적 차이점은 쉽게 극복된다. 헐하우스 운영을 시작한 당시에 우리는 후일 헐하우스 헌장에 명시한 다음과 같은 목표를 이미 지향하고 있었다.

"격조 높은 시민 생활과 친교를 누릴 수 있는 장소와 시설을 제공한다. 교육사업과 박애사업을 지속적으로 추진한다. 시카고 산업 지역의 환경을 조사하고 이를 개선한다."

CHAPTER 6

헐하우스 초기 사업

미국의 초기 세틀먼트 운동은 자선활동에서 엄격한 기준을 내세웠다. 그것은 새로운 일을 추진할 때 먼저 실태를 정확하게 파악해야 한다는 것이었다. 헐하우스는 커피하우스를 열면서 그런 기준을 충실하게 준수했다. 커피하우스는 누구나 와서 사용할 수 있는 공중 부엌으로도 활용됐다. 공장들을 조사해보니 성수기에는 여성 봉제 노동자들이 가족들의 식사를 거의 챙겨주지 못한다는 사실을 알게 됐다. 온종일 10여 벌의 바지를 만들어봐야 5센트에서 7센트, 잘해야 9센트 정도만 일당으로 받았다. 그들은 가까운 가게에 들러 빨리 데워 먹을 수 있는 통조림을 사거나 아이에게 근처 과자가게에서 점심을 사먹게 했다.

헐하우스 자원봉사 입주자 가운데 한 사람이 미국 농무부의 요청으로 여러 이민자들의 유제품 영양섭취 상태를 조사했고, 그 뒤를 이어 또 다른 자원봉사 입주자가 이번에는 미국 노동부의 요청으로 이탈리아 이민자들의 식품섭취 실태를 조사했다. 수입품 사용과 생활비 사이에 관련이 있는지 확인하려는 조사였다. 어느 날 헐하우스에서 저녁 식사를 함께한 어느 이탈리아인이 미국인들은 감자와 맥주만 먹는 줄 알았는데 다양하게 음식을 먹는다며 매우 놀라워했다. 왜 그렇게 생각하는지 확인해보니, 그 사람은 아일랜드 술집 근처에서 살고 있는데 술집에서 들고나는 음식이 감자와 맥주뿐이었던 것이다.

당시 보스턴에는 뉴잉글랜드 키친이라는 새로운 형태의 부엌이 나온지 얼마 되지 않았다. 새로운 개념의 부엌을 주창한 리처즈 부인은 값싼 부위의 고기와 흔한 채소도 더 많은 시간을 들여 세심하게 조리하면 맛뿐 아니라 영양 면에서도 우수한 음식을 만들 수 있다고 주장했다. 리처즈 부인이 주장하는 조리 방식을 따르려면 공중 부엌이 더할 나위 없이 좋은 장소라고 생각했다. 과학적인 실습과 면밀한 관리를 할 수 있기 때문이었다. 한 자원봉사자가 보스턴으로 가서 리처즈 부인에게 직접 교육을 받고 돌아와 헐하우스 부엌을 정비하고 나니, 우리는 이웃 사람들에게 새로운 조리법으로 마련한 음식을 줄 생각에 마음이 부풀었다. 하지만 이웃 사람들이 여러 나라에서 이민왔기 때문에 입맛이 다양하다는 사실을 우리는 간과했다. 세심하게 준비한 수프와 스튜를 근처 공장에 판매했고—판매량은 해를 거듭하면서 꾸준하게 증가했다—또 일부 가정에서도 그 음식을 구입했지만 음식에 대한 이웃들의 평가는 그다지 좋지 않았다. 영양가가 많을지는 모르지만 별로 먹고 싶은 생각이 들지 않는다는 것이 대체적인 평가였다.

영양식에 대한 반응은 미온적이었지만 커피하우스와 체육관에 대한 반응은 매우 좋았다. 당시에는 이민자들이 모임을 가질 수 있는 곳은 술집뿐이었다. 결혼 피로연이나 세례 축하연도 술집에서 열어야 하는 형편이었다. 술집을 매우 싼값으로 빌릴 수 있었지만 파티 도중에 다양한 방식으로 뒷돈을 계속 찔러주어야 했다. 이런 사정 때문에 잔치를 망치는 경우가 잦았다. 예전부터 청소년 클럽들은 댄스파티를 열어달라고 성화였다. 넓은 체육관을 파티 장소로 내주고 아래층 방에서는 음료를 제공하면 최고의 연회 장소가 될 터였다. 우리는 값비싼 소다수 용기에서 뽑아낸 음료에서 포도 주스에 이르기까지 각종 음료로 실험을 해보았지만, 음료에 관한 한 술집을 당해내지는 못했다. 우리가 술집에 맞서 훌륭한 음료를 선보이려 노력하고 있다는 사실은 어느 누구도 전혀 생각하지 못했다. 아늑한 방을 둘러보더니 "맥주만 있으면 하루 종일 앉아 있기에 좋은 장소"라고 말했던 남자도 있었다.

그러나 커피하우스는 본연의 역할을 수행해나가기 시작하면서 이웃들 사이에 친교를 나누는 중심지가 됐다. 인근 공장의 비즈니스맨과 공립학교 선생님들의 발길이 더욱 잦아졌다. 헐하우스 학생과 클럽 회원들이 삼삼오오 모여 저녁을 함께 먹거나 친목회를 열었고, 그 지역의 다양한 단체들도 그곳에서 모임을 열었다. 커피하우스 운영을 통해 깨달은 점이 있었다. 우리 자신의 생각을 고집하기보다는 이웃들이 어떤 것을 기꺼이 수용하는지 먼저 살피고 그에 맞춰 사업을 조정해야 한다는 사실이었다.

영양가 높은 음식도 물론 필요하지만 친교를 나누는 장소 역시 필요했다. 15년 뒤에 댄스홀과 식당을 부대시설로 갖춘 공원들이 시카고에 생겨나리라는 사실을 우리는 전혀 감지할 수 없었다. 하지만 당시에 이미 더글러스 공원 관리자로 선임된 헐하우스 남성 클럽 회원이 그 공원에 최초로 공공 수영장을 마련했고, 클럽 회원들은 이 치적을 자랑스러워했다. 초기 헐하우스의 사업 추진에는 예술가의 열정이 담겨 있었다. 예술가가 선택한 재료를 통해 자신의 비전을 외적 형식으로 구현할 때 분출하는 그런 열정이었다. 우리를 둘러싼 사회적 혼돈과 경제적 어려움을 날카롭게 인식하면서도 우리는 때로 분투 그 자체가 활력의 원천이 된다고 믿었다. 어머니가 자식을 위해 자신을 헌신하고 아버지가 가족을 부양할 걱정에 노심초사하는 일이 때로는 사회에 활력을 불어넣는 힘의 원천으로 여겨졌다. 어리석게도 우리는 인간의 비극 자체에서 인류는 한배를 탄 운명공동체라는 인식을 이끌어내고 여기에서 치유책을 찾아낼 수 있다고 믿었으며, 삶의 불행에서 그 불행을 이겨내는 협동의 힘을 추출해낼 수 있다고 믿었다.

물론 우리 자신과 이웃 사람들의 경제적 처지에는 차이가 있었고, 이런 차이를 사람들은 민감하게 받아들였다. 우리가 아무리 열악한 곳으로 들어가서 산다고 해도 주위 사람들과 우리 사이에는 항상 본질적인 차이가 존재한다. 우리는 질병이나 노후를 걱정하지 않아도 되지만, 가난한 사람들에게는 이 두 가지가 가장 큰 걱정거리이다. 과연 이런 차이가 있는데도 우리가 사람들 개개인의 노력을 효율적으로 조직하고 우리의 미약한 노력을 이에 조금이라도 보탤 수 있을까?

헐하우스 석탄 소비조합을 시작하면서 우리는 그런 막연한 희망을 품고 있었다. 석탄 소비조합은 3년 동안 활발한 활동을 펼쳤는데, 이 모두 조합 운영에 경험이 있던 영국인을 유급 간사로 둬 그에게서 유용한 조언을 얻어낸 덕분이었다. 석탄 소비조합 회합은 사람들이 모여 광열 문제를 의논하는 자리였는데, 이런 자리가 희한하게도 소비조합 자체의 존속을 위협했다. 조합원들은 궁핍한 환경에서 아이를 낳는 일이 어떤 것인가를 잘 알고 있었고, 갓 태어난 생명이 살려고 발버둥치는 모습을 봐야 하는 것이 얼마나 참담한지 잘 알고 있었다. 그러나 고통스러운 삶을 잘 안다는 사실이 오히려 사업 추진에 걸림돌로 작용할 수 있었다. 예컨대 조합원들은 광주리 단위로 석탄을 구매하는 사람에게는 여섯 번째 광주리는 무료로 주자고 결정했다. 하지만 수백 킬로그램 단위로 구매하는 사람들은 이런 결정 때문에 조합이 계속 유지되기 곤란하다고 계속 지적했다. 세 번째 겨울을 보내고 났을 때였다. 헐하우스 한쪽 모퉁이에 석탄이 가득 쌓여 있었고 하루 총매출이 3백 내지 4백 달러였지만, 퍼주기 식 정책을 계속해서는 사업이 유지되기 어렵다는 점이 점점 더 확실해졌다. 결국, 조합원들이 남은 석탄에서 각자의 지분을 챙겨가는 것으로 실험은 막을 내렸다.

그 다음 번 실험은 훨씬 더 성공적이었다. 사람들이 훨씬 더 자발적으로 참여했기 때문이다.

어느 제화공장에서 파업이 벌어졌는데, 그때 어린 여성노동자들이 헐하우스에서 모임을 가졌다. 파업에 참여하면서 가장 크게 불안을 느껴 쉽게 굴복할 수 있는 사람들은 하숙비를 지불해야 하는 사람들이라는 이야기가 논의 과정에서 나왔다. 하숙비를 내지 못해 길거리로 내몰릴 걱정이 앞서기 때문이었다. 어려운 상황에 대해 대화를 나누다가 누군가가 이런 말을 했다. "우리 스스로 운영하는 기숙사 클럽이 있다면 얼마나 좋을까요? 그러면 이런 때 서로 지켜줄 수 있을 텐데요." 이후로 일은 일사천리로 진행됐다. 우리는 비어트리스 포터의《협동》이란 얇은 책을 함께 읽으며 예상되는 어려움과 이점에 대해 논의했다. 그리고 1891년 5월 1일 안락한 아파트 두 채를 임대해 그곳에 가구를 들여놓았다. 세틀먼트 쪽에서 가구와 첫 달치 월세를 책임졌지만 그 이후부터는 회원들이 스스로 클럽을 운영했다. 이 사업은 프랑스 사람들의 표현을 빌리자면, 시작부터 "씩씩한 발걸음을 내디뎠고" 이후로도 항상 굳건하게 두 발로 서 있었다. 어려움도 없지 않았지만 극복할 수 없는 어려움은 없었다. 이 사업을 시작하고 불과 2년 만에 미국 노동부 장관이 직접 그곳을 방문하기에 이르렀다. 장관은 노동부가 수많은 조합 운동을 조사했지만 여성이 설립해 성공적으로 운영하고 있는 조합은 지금까지 없었다고 말했다. 3년이 지났을 때 그 클럽은 아파트 건물 안에 있는 여섯 채 아파트를 모두 임대했고 클럽 회원은 50명에 이르렀다.

제인 클럽을 위한 건물을 확보하는 과정에서 우리는 처음으로 뜻하지 않은 곤란을 겪게 됐다. 제인 클럽이 입주한 아파트는 다소 불편한 점이 있었고, 따라서 우리는 클럽이 크게 성공을 거두었으므로 그 클럽을 위해 건물을 하나 세우는 것은 문제가 없다고 생각했다.

그때까지 헐하우스는 초대교회가 누린 그런 소박한 평화를 누리고 있었다. 사람들은 우리 노력을 좋게 평가해주었다. 물론 많은 이들은 세틀먼트 운동에 무관심했다. 또 어떤 이들은 용인하는 정도의 자세로 바라보거나 때로는 냉소적인 태도로 바라보았다. 하지만 이런 반응에 우리는 크게 괘념치 않았다. 비판하는 이들도 '사람들의 삶'을 직접 두 눈으로 확인하면 우리를 이해할 것이라고 확신했다.

그런데 풀먼 파업 이후로 상황은 급변했다. 공장법 제정을 추진하면서 우리를 불신의 눈초리로 바라보는 사람들이 생겼다. 그전까지는 우리를 자선활동을 하는 이상주의자들이라고만 여겼다. 하지만 더욱 혹독한 시련들이 다가오고 있었다. 첫 번째 시련은 제인 클럽의 새 건물과 관련한 것이었다. 어느 날 헐하우스의 이사가 되는 사람이 좋은 소식을 들고 우리를 찾아왔다. 그 사람의 친구가 새 클럽하우스를 짓는 데 2만 달러를 쾌척하겠다는 소식이었다. 하지만 그 사람의 이름을 듣고 보니 값싼 임금으로 나이 어린 여성노동자를 착취하기로 악명을 떨치던 사람이었다. 그 밖에도 그는 여러 불미스러운 일들로 크게 지탄받고 있었다. 여성노동자를 위한 클럽하우스를 그런 돈으로 세울 수 없다는 생각이 들었다. 그리고 우리는 단호히 그 제안을 거절했다. 이사의 처지가 매우 곤란해졌다. 친구를 설득해 기부하게 하면서 우리가 그 돈을 반갑게 받을 것이라는 점을 추호도 의심하지 않았는데, 이제는 친구에게 돌아가 기부하려는 돈이 깨끗하지 못하다며 기부를 거절한다는 소식을 전해야 할 상황인 것이다.

오랜 시간 논의를 거치면서 우리는 기부를 거절할 때 기부자의 축재 방식에 대한 일반 사람들의 평을 그 당사자뿐 아니라 다른 여러 사람들에게도 알려야만 그런 거절이 의의가 있다는 점을 깨달았지만, 헐하우스 대표의 요청으로 거절 사실을 공개할 수 없었다. 하지만 그 기부자의 돈을 받을 수 없다는 입장은 결코 변함이 없었으며, 이 점은 이사 자신도 충분히 수긍했다. 이 사건은 '부정한 돈'과 관련한 논의가 한참 진행되던 때에 일어났는데, 이 문제의 어려움을 잘 보여주는 전형적인 사건이라고 할 것이다. 주위에 경쟁 관계에 있는 사업가들이나 동료들 모두가 적법하다고 여기는 것을 두고 한 개인에게 얼마만큼 도덕적 책임을 물을 수 있는지는 답을 내리기 힘들다. 그렇지만 한편으로 현재의 상황이 부당하다고 느끼는 사람들이 있어야만 사회 변화가 가능하다. 그런 사람들이 외치는 양심의 목소리가 있어야 사람들이 부를 축적하는 영역에서도 도덕성을 회복할 수 있다.

얼마 후 여성노동자에게 큰 관심을 기울이고 있는 어떤 독지가가 새 클럽하우스를 지어주어 제인 클럽은 현재까지 12년 동안 사용하고 있다. 기부를 거절한 사건을 떠올리면 이전에 토인비홀 소장인 바네트와 부정한 돈이라는 주제를 두고 오랜 시간 이야기를 나눈 일이 기억난다. 나는 브리스톨에 방문해 그를 만났는데, 당시 그는 브리스톨 대성당의 성직자였다. 실례로 그는 브리스톨의 마지막 노예상인이 지은 아름답고 아담한 교회를 보여주었다. 주위 사람들의 손가락질을 받던 노예상인은 깨끗하지 못한 돈을 정교한 고딕 양식의 건물로 탈바꿈시켜 하나님과 사람들 앞에 떳떳이 얼굴을 들고 다닐 수 있게 되기를 갈망했다. 교회를 세우겠다는 생각이 스스로의 양심에 따른 것일 수 있고 아니면 노예제도의 부당함을 깨닫고 그 종식을 주장하는 사람들이 주위에 급속하게 생겨난 사정 때문일 수도 있다. 노예제 폐지론자들이 그 아름다운 건축물을 회개한 사람의 속죄 증거로 여길 수도 있고 아니면 노예상인의 죄악을 가리기 위한 것이라며 경멸할 수도 있었다. 따라서 이 문제와 관련해 브리스톨 시민들의 도덕적 판단에 혼란이 생길 수 있었다.

바네트는 브리스톨 노예상인에게 어떤 비판의 말도 하지 않았다. 하지만 그는 산업 현장에서 좀더 높은 도덕 규범이 적용되도록 최대한 신속하게 법률을 제정해야 하고, 또 그러한 법률 제정에 노력하는 개인은 가혹한 비판의 소리를 감내해야 한다는 점을 분명히 했다. 분명히 그의 입장은 합리적이었고 부정한 돈과 관련한 뜨거운 논쟁이 진행되는 내내 나는 이 주제에 관해 글을 쓰기도 하고 강연 요청을 받아들였지만, 일반 원칙에서 분명한 입장을 정리하지 못했다.

나이 많은 사람들 중에 적지 않은 사람들이 종교 교육과 도덕 함양 운동 사이의 차이를 혼동한다는 사실을 깨닫는 작은 사건을 경험한 적 있다. 어느 날 아침, 뉴욕에 있는 어느 세틀먼트의 책임자가 보낸 편지를 받았다. 편지에서 그는 자신의 이사회가 파렴치한 사업 운영으로 지탄받는 사람에게 기부금을 요구해 당혹스럽다고 말했다. 그 사람은 자신의 문제 제기가 공격적이라고 판단되면 언제라도 사표를 수리하라며 이사회에 사표를 제출해놓은 상태였다. 그는 이 문제에 대해 공개적으로 활발하게 논의하고 싶은 생각에서 그렇게 했다. 어느 날 아침, 이 문제를 두고 고민하던 내게 파렴치하다던 그 사업가의 딸이 찾아왔다. 시카고를 지나는 길에 그 여성은 내게 들러 세틀먼트 운동이 반종교적이라는 아버지의 주장을 논박할 수 있는 방법을 알려달라고 도움을 청했다. "제가 몸담고 있는 세틀먼트에서 아버지에게 기부해달라고 요청했는데, 아버지는 양심에 꺼리는 일이 아니라면 기꺼이 기부 요청에 응하겠다고 말씀하십니다. 그런데 아버지는 세틀먼트를 긍정적으로 보지 않으십니다. 세틀먼트가 종교 교육을 전혀 하지 않기 때문이라는 겁니다. 제 아버지는 매우 경건하신 분입니다."

나중에 그 사건에 대해 워싱턴 글래든[1]과 이야기를 나누었을 때 글래든 자신도 비슷한 경험을 한 적이 있었다고 털어놓았다. 이제 부정한 돈에 관한 논란이 가라앉고 난 상황이므로 제3자의 입장에서 그 문제를 바라보기가 쉬워졌지만, 왜 그렇듯 격앙된 감정을 가져야 했는지 이해하기는 여전히 어렵다.

1890년대 초 시카고에서 추진된 조합운동 가운데 다수가 실패했고, 이런 거듭된 실패는 사람들의 의기를 꺾기에 충분해보였다. 할스테드 근처 반뷰렌 스트리트에서 목공소를 시작했지만 실패했고, 실업자들이 시작한 직업소개소도 실패했다. 또 시골 지역 이민자들을 위한 야심에 찬 계획 역시 실패로 돌아갔다. 이런 실패를 겪었지만 여러 가지 조합을 시도하려는 노력은 계속됐다. 거듭된 실패에도 희망을 잃지 않는 낙천적인 사람들이 있었다. 세계박람회가 열리던 여름에 헐하우스에서 조합운동 관련자들이 모여 회의를 열었다.

헨리 D. 로이드[2]는 마치 사람들이 주화나 그림을 수집하듯 조합운동 사례들을 열성적으로 수집했다. 그 자리에서 그는 아일랜드와 북부 영국의 주목할 만한 성공 사례들을 소개해주었다. 그는 나중에 이 사례들을 정리해 《조합운동》이란 책으로 묶어냈다. 오랜 세월 조합운동에 헌신한 어느 인사는 현대적 방식을 "무자비한 비즈니스와 같다"고 비판하면서 자신은 "실패에 실패를 거듭했을지는 모르지만 중력법칙만큼이나 확실한 원리"를 지지한다고 선언했다. 로이드와 나는 과거 조합운동을 아름다운 기억으로 간직하고 있었지만, 실패로 막을 내린 운동을 격찬하는 노인의 말이 다소 과장됐다고 생각했다.

경쟁에 힘을 쏟는 일을 그만두고 여러 사람들의 능력을 한 곳에 모아 건설적으로 활용하자는 이러한 꿈은 전 세계로 퍼져나갔다. 5년이 지난

---

1. 글래든(1836-1918)은 자유주의 성향의 인물로 오하이오 주 콜럼버스에 소재한 제일조합교회의 담임 목사였다. 활발한 저술 활동을 하면서 사회복음(Social Gospel)을 적극 옹호했다. 사회복음은 1870년대에서 1920년대까지 미국에서 크게 융성했다. 사회복음은 사랑과 정의라는 성경의 가르침에 따라 아동노동과 여성노동자 문제와 같은 사회 문제를 해결하고자 했다.

2. 로이드(1847-1903)는 시카고 트리뷴의 기자였다. 철도회사 독점과 석유회사 독점을 파헤친 기사로 유명해졌다.

후에 조합운동 대표자 회의가 헐하우스 홀에서 다시 열렸다. 이 자리에서 이탈리아 대표는 수많은 청중을 대상으로 북부 이탈리아에서 성공을 거둔 저축대출조합 사례를 소개했다. 그리고 그 이후에 다시 열린 회의에서 호레이스 플렁케트 경[3]은 아일랜드의 주목할만한 성공 사례를 소개했다.

덜위치에서 열린 영국 조합운동 대표자 회의처럼 열정 가득했던 회의는 지금까지 없었다. 회의는 능률적으로 진행됐으며 참가자들의 열의도 대단했다. 또 1900년 파리 박람회에 나는 심사위원으로 참여했는데, 사회경제 부문의 전시물 가운데 그 어떤 것도 전시장으로 쓰인 건물만큼 이목을 끌지는 못했다. 그 건물은 직능별 노동조합들이 협력해 토건업자의 도움을 전혀 받지 않고 세운 건물이었다.

이상을 실현한 성공 이야기를 들을 때면 믿음의 불길은 다시 타오르기 마련이다. 성공적인 조합운동의 흔적은 개인주의가 팽배한 미국에서도 발견된다. 강연을 하기 위해 인디애나 주의 뉴하모니[4]로 떠나던 날 느낀 열정을 지금도 나는 생생하게 기억한다. 사회 개혁에 관심이 있는 젊은이라면 누구나 그렇겠지만 나는 전부터 로버트 오웬의 이야기를 듣고 크게 감명받았다. 오래전 그가 정열적으로 조합운동을 실험했던 작은 도시에 여전히 그의 정신이 살아 숨쉬고 있다는 사실을 발견하고 매우 기뻤다.

이렇게 많은 경험을 했지만 이런 경험들에서 우리는 별다른 혜안을 얻지는 못했다. 하지만 죄악과 관련한 우리의 판단에는 의심의 여지없이 상당한 영향을 주었다. 어느 재소자의 부인과 자녀, 그리고 그의 대부와 함께 교도소로 면회를 간 적 있었다. 교도소로 걸어가자 육중한 교도소

담과 무장한 경비병이 눈에 들어왔고, 이 모습을 본 재소자의 대부는 온몸을 부르르 떨며 격노했다. 모자를 땅바닥에 집어던져 발로 짓밟고 머리를 잡아 뜯으며 알아들을 수 없는 이탈리아어로 소리를 질렀다. 이상한 행동을 본 경비원이 우리 쪽으로 다가와 "지금 발작을 일으키고 있는 것이냐"고 물을 때까지 대부의 격한 행동은 계속됐다. 마침내 재소자를 면회했을 때 어이없게도 그의 부인은 다른 이야기는 하지 않고 남편이 입은 줄무늬 옷 이야기만 했다. 이윽고 남편이 억울하고 원통하다며 울음을 터뜨렸다. 시카고로 돌아가는 길에 여덟 살 난 어린 아들은 오렌지 두 알을 내게 주었다. 어찌나 사랑스럽고 천진난만한지, 나는 부모 세대는 어떤지 몰라도 어린 새싹들에게는 언제나 희망이 있다고 생각했다. 그런데 그 오렌지는 훔친 것이었다. 열차 승무원이 다가와 내가 들고 있는 오렌지를 발견하고 아이를 경찰에 넘기겠다고 위협했다. 그러나 더욱 이상한 점은 재소자 자신도, 그 부인도, 그리고 그 대부되는 사람도 그 재소자를 범죄자로 전혀 생각하지 않는다는 사실이었다. 카드놀이를 하다가 흥분해서 상대방을 칼로 찌른 것뿐이라는 것이었다. 그들은 "운이 나빴던 것뿐인데 영원히 햇빛을 보지 못하게 할 이유가 무엇이냐?"라고 거듭 물었다.

길을 잃고 헤매는 여자아이들을 처음으로 대면하면서 느낀 당혹감을 기억한다. 15, 6세의 버림받은 불쌍한 아이들이었다. 그 가운데 한명은

---

3. 호레이스 플렁케트 경(1854-1932)은 영국 귀족으로 와이오밍에서 10년 동안(1879-89) 목장을 경영하다가 아일랜드로 건너가 농업협동조합 운동을 펼쳤다.

4. 뉴하모니는 영국의 사회개혁가 로버트 오웬(1771-1858)이 세운 자급자족 도시이다. 오웬은 성공한 사업가에서 개혁가로 변신한 인물로 사람의 성품은 전적으로 환경에 의해 결정된다고 믿었다. 그는 적합한 환경에서는 사람이 좋은 성품을 갖게 된다는 것을 증명하기 위해 뉴하모니를 세웠다.

경찰이 매춘업소에서 발견한 아이였는데, 경찰은 증인으로 법정에 설 때까지 며칠 동안만 그 아이를 돌봐달라고 우리에게 요청했다. 그 아이는 낡고 헤진 인형을 꼭 쥐고 있었다. "악의 소굴"에서 지난 6개월을 보내면서 그 인형을 손에서 떼어놓지 않았다고 했다. 또 다른 두 아이는 쿡 카운티 병원 산부인과 병동에서 퇴원해 두 아이를 품에 안고 곧바로 우리에게 와서 도움을 청했다. "맞아 죽을까봐 겁이 나서 절대 집으로 돌아갈 수는 없다"는 하소연이었다. 그들에게는 이야기책에 나오는 보석이나 편안한 삶은 상상조차 할 수 없었다.

내가 아는 성인 매춘 여성 한 명이 헐하우스로 찾아왔다. 독일에 있는 자기 동생이 미국으로 이주해 오는데, 헐하우스 근처에서 살 수 있도록 해달라고 청했다. 우리 근처에 살면 괜찮은 직장을 구하기도 쉽고 또 헐하우스에서 제공하는 여러 프로그램에도 참여할 수 있을 터였기 때문이었다. 그녀의 부탁대로 동생이 살 곳을 마련하고 난 뒤 나는 용기를 내어 그녀의 인생 이력을 조심스럽게 물어보았다. 마치 남의 이야기를 하듯 냉정하게 말을 이어가는 그 여성을 보고 처음에는 꽤 놀랐다. 그 여성은 어느 미국 가정의 음악 가정교사로 취업하려고 독일에서 미국으로 건너왔다고 말했다. 2년 뒤 그 집 가장과의 추문을 피해 시카고로 왔고, 그곳에서 아이를 낳았다. 하지만 아이가 죽자 송금이 끊겼고, 집도 돈도 없던 그 여성은 선택의 여지없이 매춘을 하게 된 것이다. 우리는 그 여성을 설득해 동생이 도착하기 전에 괜찮은 거주지로 옮기게 했고, 그 여성은 자수를 놓으며 1년을 힘들게 버텼다. 그때 대규모 업체의 여성복 부서에 자리를 잡은 동생이 언니의 과거를 의심하기 시작하면서 언니는 힘들게 버티던 생활을 포기하고 말았다.

길을 잃고 헤매는 여자아이들을 돕기 위한 우리 노력이 제대로 효과를 내지 못해 실망한 적이 많았지만, 그래도 이후에 '백인 노예 매춘'이 생겨나면서 겪어야 했던 어려움에 비한다면 아무것도 아니었다. 노예 매춘의 피해 당사자뿐 아니라 고통당하는 부모들도 상황을 전혀 이해하지 못했다. 최근 드러난 사실에 비춰보면 당시 우리는 눈뜬장님이나 다름없었던 듯하다. 특히 유대인 여자아이들을 상대로 노예 매춘이 시작됐지만 우리는 전혀 눈치채지 못하고 있었다. 일찍부터 우리는 매춘 여성 재활과 관련해 어려움을 겪었다. 버지니아에 있는 담배공장에서 온 두 여자아이를 돕기 위해 애쓰면서 느낀 당혹감이 지금도 선명하게 기억난다.

이들은 밤늦게 시카고에 도착해 숙소를 구하다가 꼬임에 빠져 매음굴로 들어갔다. 곧바로 구출되기는 했지만, 이미 낙인이 찍혀 헐하우스의 어떤 클럽 활동에도 참여할 수 없었다. 다른 아이에게 나쁜 영향을 줄 위험이 있어서가 아니었다. 클럽 회원 부모들이 그 아이들이 참가하는 것을 절대 허락하지 않았기 때문이었다. 과오를 뉘우치는 여자아이가 있었고 우리는 이 아이에게 새 출발할 수 있는 환경을 마련해주고 싶었다. 헐하우스 이사 한 사람이 이 여자아이를 설득해 어느 시카고 교회의 주일학교에 다니도록 했다. 그러나 불행히도 이 아이의 과거가 주일학교 책임자의 귀에 들어갔고, 그 책임자는 다른 아이를 보호하기 위해서 그 아이에게 주일학교를 못 오게 했다. 풀이 죽은 아이는 우리에게 와서 하소연했다. 그간 헐하우스 클럽 활동을 통해 얻은 경험이 아니었다면 우리도 아이와 함께 교회의 부당한 처사에 분개했을 것이다.

가슴을 에는 여러 경험을 했지만―어쩌면 그런 경험 때문인지도 모른다―헐하우스 초창기의 기억은 피곤한 나날의 연속으로 각인되어 있다. 아침에는 유치원생들이 오고, 오후에는 그보다 큰 어린이들이 클럽 활동을 하려고 온다. 그리고 조금 지나면 교육이나 친교 활동에 참여하기 위한 어른들이 방이란 방은 모두 차지해버리고 만다. 우리는 생활방식을 완전히 바꿔야 했다. 난로 옆에 앉아 책을 읽고 싶은 생각은 포기해야 한다.

하지만 '사치스럽고도 사적인 소망'을 희생하는 일은 정비되지 않은 도시의 산업 지역에서 살면서 맞닥뜨린 문제들에 비하면 아무것도 아니었다. 우리는 여러모로 어려운 환경에 있으면서도 헐하우스에서 짓는 첫 건물이 미술관으로 쓰여야 한다고 생각했던 점은 지금 생각해도 흥미롭다. 1층에 독서실이 있었고 그 위에 스튜디오가 있었지만 2층에 가장 넓은 공간을 전시장으로 할애해 조명 시설을 갖추는 등 세심하게 디자인했다. 그림을 좋아하는 어느 시카고 사업가가 이를 계기로 '세틀먼트'라는 이름의 생소한 운동에 관심을 갖게 됐다는 점도 역시 중요한 의의가 있었다.

그 건물은 1891년에 세워졌는데, 헐하우스 땅을 무료로 사용하기로 한 기한이 1891년에 끝나게 돼 상황이 다소 복잡해졌다. 하지만 건물 기부자는 1년에 1천 달러씩 기부하는 단순한 방식으로 어려움을 해결했다. 이런 제한 조건 때문에 그 건물은 구조가 단순해야 했다. 하지만 건물을 약속 받은 그날, 울름 성당에서의 체험을 기록한 유럽 여행 노트를 들춰보았다. 당시에 "인류애의 대성전"을 어떻게 그리고 있었는지 알아보고 싶은 생각에서였다. 노트에는 "예전에는 뾰족탑이 하나님과의 교류를 나타냈지만, 이제는 모든 사람들이 다 함께 친교를 나누도록 낮고 넓어야 한다"고 적혀 있었다. 하지만 그런 식의 기술은 실제로 건물을 짓는

데 별 도움이 되지 못했다. 하지만 건물을 담당한 건축가는 우리의 까다로운 요구와 적은 예산이라는 불리한 조건에서도 놀라운 결과물을 내놓았다. 어린 시절의 천진난만한 글을 다시 읽자 나는 큰 위안을 느꼈다. 여러 어려움으로 힘든 상황을 겪고 있었는데, 거기에 더해 헐하우스가 반종교적이라는 공격까지 받던 차였다.

이렇게 지어진 건물들은 우리에게 너무도 소중한 자산이었다. 헐하우스 건물이 하나씩 늘어날 때마다 우리들은 말할 수 없는 자부심과 기쁨을 느꼈다. 이들 건물은 벽돌과 모르타르 옷을 걸치고 우리가 추구하는 사업이 무엇인지 세상에 널리 알리고 있었다. 시카고를 향해 이민자에게도 교육과 레크리에이션을 제공해야 한다고 당당하고 다부지게 선언하고 있었다. 술집으로 쓰이던 곳에 임시로 체육관 시설을 갖춰놓자 남자아이들이 몰려들었다. 아이들이 더 넓은 공간을 요구하는 상황이므로 운동을 좋아하는 시카고 사람은 당연히 아이들을 위한 건물을 지어야 한다고 생각했다.

나는 독자들에게 그릇된 인상을 심어주고 싶지 않다. 재정 압박을 느끼는 때가 많았고 청구서 지불 걱정에 전전긍긍한 때가 적지 않았으며, 돈 때문에 포기한 계획도 한두 개가 아니었다. 원하는 일을 추진하려고 돈을 모을 때는 음식을 조리하고 경리 일을 보고 창문을 닦으면서도 고생이라는 생각을 전혀 하지 않았다.

그러나 경제적 어려움을 겪었지만 나는 항상 세틀먼트 운동의 개념을 실제 행위로 바꾸기만 하면 돈은 생겨나기 마련이라고 믿었다. 따라서 세틀먼트 운동의 개념과 관련해 내가 행동으로 옮긴 무저항 이론이나 보편적 선을 언급하지 않고서는 이 장을 마무리할 수 없다. 당시에 나는 헐하우스 활동에 대해 사람들이 오해한다면 그 원인은 충분하게 설명할 시간이 없었거나 우리의 동기에 변화가 일어났기 때문이라고 믿게 됐다. 사심 없는 행위는 사람들의 마음을 사로잡는 힘을 지니고 있다고 확신했다.

타인들의 이해나 반응보다 더욱 나를 기쁘게 해준 것은 더욱더 많은 사람들이 헐하우스에 자원봉사 입주자로 들어와 끈끈한 유대 속에서 공동의 목표를 추구하고 있다는 사실이었다. 사회적 상황에 대해 진지한 관심을 지닌 그들은 세틀먼트 운동이 사회 문제를 해결하는 효율적인 방법이라고 확신하면서 헐하우스로 모여들었다. 남성 입주자 숙소로 쓰이는 집이 길 건너에 생겼고, 5년 뒤에는 헐하우스 입주자 수가 열다섯 명에 이르렀다. 이들 가운데 대다수는 지금도 세틀먼트 운동에 적극 동참하고 있다.

모든 차원 높은 목표는 친교와 우정을 통해서만 성취할 수 있는 것처럼, "인간을 길러내는 최고의 농사는 공동체라는 토양에서 가장 쉽게 이룰 수 있다"는 사실을 우리는 헐하우스 초기 시절에 이미 깨달았다.

때때로 나는 사회 운동의 소망을 표현하고 이를 진전시키는 예식을 사람들이 요구한다고 느꼈다. 장례 의식을 집전해달라는 요청을 받기도 하고 또 안면이 전혀 없는 사람에게서 고백을 듣기도 해서 당혹감을 느꼈던 적이 한두 번이 아니었다. 한 동안 장례식 주관 요청을 수락했고 또 결혼식 주례를 서기도 했다. 그러나 교회에 다니지 않는 많은 사람들이 박애주의를 표명하는 세틀먼트를 종교적 감성을 표현하는 곳으로 바라보고 있지만 그런 요청을 받아들이지 않는 것이 바람직하다는 사실을 깨달았다.

일부 사람들에게 세틀먼트가 그러한 의미로 다가온다는 사실을 최초로 깨닫게 된 때는 영국의 어느 시골에서 존 트레버와 대화한 여름날이었다. 트레버는 노동자 교회를 세워 노동자들의 피와 땀을 보편적 친교를 맺는 수단으로 삼고자 했다. 바로 그해에 이집트에서 가져온 파피루스가 대영박물관에 전시돼 있었는데, 예수님의 여러 말씀 가운데 이런 말씀이 기록돼 있었다. "돌을 들어올려라. 그러면 그대들은 나를 발견할 것이다. 나무를 쪼개면 그곳에 내가 있다." 노동과 그리스도 가르침 사이의 기본 관계를 모든 영국 사람에게 강렬하게 일깨워주는 말씀이었다.

하지만 당시 헐하우스는 공허한 이론이나 모호한 사상에 빠져들 위험성이 전혀 없었다. 근처에 사는 어느 스코틀랜드 사람이 칭찬하며 그 점을 지적한 적이 있었다. 새로 지은 체육관 건물 근처에 내가 서 있었는데 그가 포크 스트리트를 걸어 내려왔다. "헐하우스가 확장을 거듭하고 있다"는 그의 말에 나는 "우리가 지나치게 빨리 확장하고 있는 것 같다"라고 답했다. 그러자 그는 "절대 그렇지 않다. 그렇게 확장해도 전혀 무리가 될 게 없다. 단단히 진흙 속에 뿌리를 내리고 있으니까"라고 대꾸했다. 사람들 속에 뿌리를 내리고 있다는 칭찬의 말이었지만, 한편으로는 당시 포장되지 않은 도로의 진창을 염두에 두고 그렇게 말한 것이다. 헐하우스를 방문했던 벨기에 황태자는 바로 이런 도로 상태를 보고 고개를 가로 저으며 "벨기에 전역을 뒤져도 이런 거리는 찾아볼 수 없다"고 말한 바 있었다.

5년차가 끝날 무렵에 헐하우스 자원봉사자들은 헐하우스의 현황과 우리들의 생각을 담아 《헐하우스 지도, 그리고 글모음》이란 책을 출간했다. 지도는 미국 노동부가 "대도시 빈민가"를 조사한 사업에 헐하우스 자원봉사 입주자 한 사람이 참여하면서 수집한 정보를 바탕으로 만들어졌다. 책에 실린 글은 지역 사회의 다양한 문제를 다뤘는데, 경험이 풍부한 사람의 노련미는 부족해보일지는 모르지만 그 성실함과 진지함만은 높이 살만하다. 2년 뒤에 초판이 절판되었으나 보스턴에 있는 출판사는 재판을 낼 가치가 없다고 판단했다.

CHAPTER 7

빈곤의 문제

헐하우스가 개원한 뒤, 방치되거나 버려지는 노인들 문제가 심각한 현
안으로 떠올랐다. 어느 날, 열 살 난 남자아이가 곧 쓰러질 듯한 할머니
한 분을 이끌고 헐하우스로 왔다. 그 아이의 가족들은 할머니와 안면이
전혀 없었지만 할머니의 아들이 사망한 이후에 할머니는 그들 집에 와
서 지난 6주 동안 부엌 화덕 옆에 마련해놓은 침상에서 지냈다고 말했
다. "할머니의 아들이 예전에 우리 아버지와 같은 공장에서 일한 적 있었
는데, 오갈 데 없는 할머니 머리에 떠오른 사람이 아버지였기 때문"이라
고 아이는 설명했다. 그러면서 남자아이는 우리가 살고 있는 집이 크니
까 침대 놓을 공간이 충분하지 않겠냐고 물었다. 할머니는 아무 말도 하
지 않았지만 눈에는 구빈원으로 보내질지 모른다는 두려움이 가득했다.
애처로울 정도로 카운티 요양원을 몹시 두려워하는 사람들이 있었다. 두

려워 떠는 사람들을 보면 요양원 입소자보다 오히려 요양원에 들어가지 않으려고 끝까지 저항하는 사람들이 더욱 비참하게 보였다.

할머니의 표정을 참고 바라볼 수가 없었다. 바로 며칠 전에 일어난 일 때문이었다. 놀란 얼굴을 한 여성 몇 사람이 다급하게 찾아와 어느 독일 할머니가 사는 집으로 함께 가자고 부탁했다. 찾아온 사람 가운데 둘은 그 할머니를 요양원으로 데려가려고 나온 공무원이었다. 불쌍한 그 할머니는 낡은 서랍장을 껴안고 있었다. 어찌나 꼭 껴안고 있었는지 가구와 함께 들어내지 않고서는 할머니를 옮기기란 불가능했다. 할머니는 울음소리를 내거나 신음 소리를 내지 않았다. 할머니에게서는 사람이 내는 소리가 나오지 않았다. 숨을 몰아쉴 때마다 덫에 걸려 놀란 짐승처럼 날카로운 비명을 질렀다. 문 앞에 몰려 있던 부녀자들과 아이들은 가난한 사람들의 삶을 항상 짓누르던 두려움이 바로 이웃의 현실로 눈앞에 나타나자 넋을 잃은 듯 서 있었다. 그 두려움은 나이가 들수록 더욱 구체적인 모습을 띠고 그들을 향해 다가왔다. 이웃 부녀자들과 나는 모든 수단을 동원해 할머니를 돕겠다고 약속했고 담당 공무원은 귀찮은 일을 손에서 덜게 됐다고 크게 기뻐하며 되돌아갔다.

구빈원에 대한 두려움은 여러 세기 동안 이어져 내려온 구빈법의 결과로 생겨났다. 그런 두려움에 근거가 없지만은 않다는 사실을 어느 여름날 쿡 카운티 요양원을 방문해 확인할 수 있었다. 제대로 보살핌을 받지 못하는 할머니들이 아무런 일도 하지 못하고 무료한 나날을 보내고 있었다. 평생을 집 안일에 매달렸던 할머니에게서 손때 묻은 소중한 물건을 빼앗는 것은 살아갈 마지막 힘을 빼앗는 일이고, 어쩌면 생명 자체를 빼앗는 것과 다름없다. 의자와 침상만을 내주고 아끼는 물품을 놓는 공간은 내주지 않는다면 그것은 곧 인간 한계를 넘어서는 지경으로 삶을 짓밟는 일이다.

서랍장을 껴안고 있던 할머니는 정상적인 삶의 마지막 조각을 안간힘을 다해 부여잡고 있었던 셈이다. 그 여름 이후 여러 해가 지난 다음에 나는 요양원에서 할머니 대여섯 분을 초청해 2주 동안 휴가를 보내게 했고, 할머니들은 이런 초대를 크게 환영했다. 카운티 요양원에 있는 할아버지 대부분은 여름마다 요양원에서 나와 스스로 숙식을 해결하는 방법을 찾아 이곳저곳 돌아다녔다. 이렇게 방랑자 생활을 하고 나면 훨씬 더 활력이 넘치는 몸과 마음으로 요양원으로 되돌아가게 된다. 하지만 할머니들은 외부의 도움이 없는 한 그렇게 할 수 없다. 할머니들은 휴가를 간절히 원하지만 휴가 지원 예산은 전혀 없다시피 했다. 시내로 오는 차비 몇 센트와 잠자리에 일주일 당 1달러면 노인 한 분에게 휴가의 기쁨을 주는 일이 가능하다는 사실을 나는 알게 됐다. 하루에 두 끼 식사는 헐하우스 커피하우스에서 제공하기로 했다. 이렇게 하면 할머니들은 커피하우스에서 오랜 벗들과 모여 "기분전환하려고 잠깐 나왔는데, 이번 겨울에도 나올지는 아직 마음을 정하지 않았어"라며 유쾌한 대화를 나눌 터였다. 이렇게 해서 할머니들은 2주 동안 휴가를 만끽했고 긴 겨울 동안 다른 노인과 이야기꽃을 피울 즐거운 사연을 한아름씩 안고 돌아갔다.

할머니들은 이야기할 추억거리가 많았고 또 인생에 대한 통찰력도 깊은데다가 요리조리 재지 않고 거리낌 없이 솔직하게 이야기하기 때문에 말벗으로는 더할 나위 없이 좋았다. 자손을 여럿 두었지만 각자 뿔뿔이 흩어져 혈혈단신이나 다를 바 없는 할머니 한 분이 기억난다. 할머니에게 마이크라는 아들의 결혼식 피로연이 인생에서 가장 화려한 순간으로 각인돼 있었다. 오랜 세월 회상을 거듭하면서 그 피로연은 넥타르와 암브로시아가 차려진 신들의 잔치로 화려하게 변모했다. 요양원으로 다시 들어가기 직전에 작별 파티를 열었는데, 이 자리에서 우리는 치킨 파이를 함께 먹었다. 하지만 "마이크 결혼식 때 먹었던 치킨 파이"와는 맛이 다르다며 할머니는 실망감을 감추지 않았다.

때로는 죽음조차 노인에게 인간으로서 품위와 평온을 허락하지 않았다. 어느 스코틀랜드 할머니의 임종 순간이 기억난다. "품위를 잃지 않기" 위해 오랫동안 몸부림쳐온 할머니는 지치고 지쳐 임종을 지키는 사람들에게 조롱과 냉소의 말을 유언으로 남겼다. "오늘 아침에는 직접 왔구먼. 어제는 물건만 보내더니만. 의사가 언제 올지는 알고 있겠지? 내 발을 덮으려거든 다른 것 말고 저기 있는 낡은 웃옷으로 덮어. 30년 전 물에 빠져 죽은 내 아들 옷이지만, 당신들의 그 잘난 뜨거운 물병보다는 따뜻한 사람 냄새가 배어 있어 더 따뜻하다고." 가쁜 숨을 몰아쉬며 힘들게 말하던 할머니가 갑자기 조용해졌다. 나는 공포에 몸을 떨며 의사가 오기를 기다렸다.

도시 조례가 제대로 마련돼 있지 않았다는 사실은 이미 언급했다. 게다가 시 차원의 자선 사업도 불충분했다. 또 사람들은 시카고에 심각한 빈곤은 존재하지 않는다고 근거 없이 생각하고 있었다. 20년 전에는 시카고 자선사업협회가 존재하지 않았으며 방문간호사연합도 아직 일을 시작하기 전이었다. 자선단체들이 몇 개 있었지만 그 규모가 불충분했고 그 방식 또한 구태의연했다.

사회 개혁론자들이 일반 원칙에 대한 논의에 몰두하고 있었지만 가난한 사람들은 인간으로서 존엄을 지키지 못하는 현실을 가난 자체의 탓으로 돌렸다.

　비가 내리던 어느 날, 콩과 밀가루가 담긴 종이봉투를 가득 안고 시립 복지원에서 돌아오던 모란 부인이란 사람이 기억에 떠오른다. 콩과 밀가루는 굶주린 아이들의 배를 채워줄 소중한 양식이었다. 차비가 없었지만 소중한 식량을 들고 있던 그 부인은 비 때문에 어쩔 수 없이 전차에 올라탔다. 그런데 갑자기 봉투가 찢어지면서 숙녀들 옷에 밀가루가 튀고 콩이 사방으로 흩어지자 차장은 모란 부인을 격하게 나무랐다. 더구나 차비까지 없다는 사실을 알고 더욱 격분했다. 차장은 강제로 버스에서 부인을 끌어내렸지만 다행히도 그곳은 헐하우스 근처였다. 모란 부인은 버스에서 떠밀려 생필품이 사라지는 모습을 지켜보면서 느꼈던 심정을 우리에게 이야기했다. 부인은 예의범절을 잊고 욕설을 했다고 말하면서도 이상하게도 그날 내린 비나 차장, 혹은 교도소에 있는 남편을 저주하지 않았다. 다만 가난 때문이라며 가난을 저주했다. 모란 부인은 문제의 핵심을 꿰뚫고 있던 것이다.

　자선사업단체들은 빈민들의 실태를 제대로 파악하지 않은 채 애매한 일반론에만 사로잡혀 있었다. 조직 또한 엉성하기 짝이 없었다. 이런 문제점은 세계박람회가 열리고 난 이듬해 참혹했던 겨울[1]에 적나라하게 드러났다. 전국적으로 불황인 때라 박람회의 폐막과 더불어 많은 사람들이 일자리를 잃은 시카고는 상황이 더욱 심각해졌다. 날씨가 차가워지자 경찰서와 시청 복도는 잠자리가 없는 사람들로 가득했다. 그들은 호수 앞 공터에서 대규모 시위를 열었다. 그 모습은 영국 트라팔가 광장의 집

---

1. 1893년에 시카고에서 세계박람회가 열렸다. 박람회 개최는 극심했던 1893년 불황과 시기가 일치했다. 박람회가 끝나자 수많은 사람이 일자리를 잃고 노숙자 신세로 전락했다.

회를 연상시키기에 충분했다.

그해 겨울에 스테드[2]가 시카고 시를 고발하는 글을 썼다. 그가 헐하우스를 찾아왔던 때가 생생하게 기억난다. 그때가 밤 11시에서 12시 사이였는데, 선착장 지역을 조사하고 난 그는 온몸이 흠뻑 젖어 있었고 제대로 먹지 못해 몹시 배고파했다. 그는 거리 청소 일이라도 얻기 위해 외투도 없이 두 시간 동안 진눈깨비를 맞으며 줄을 서서 기다린 일을 난로 앞에 앉아 뜨거운 코코아를 마시며 들려주었다. 또 그는 어느 불량배와 만난 일도 이야기했다. 그 불량배는 스테드가 자신과 같은 부류의 사람으로 잘못 알고서 스테드에게 도박장 바람잡이 일을 제안했고, 스테드는 주저하지 않고 받아들였다고 말했다. 스테드는 시카고에 좋은 면과 나쁜 면이 혼재되어 있는 것을 보고 깊은 인상을 받았다. 높은 지위에 있는 사람들에게서는 정직을 찾아보기 어렵지만 비참한 처지에 있는 사람들에게서는 친절하게 서로를 배려하는 따뜻함이 있었다.

《시카고에 재림한 그리스도If Christ Came to Chicago》를 출간하기에 앞서 스테드는 대규모 집회를 열어 양심의 소리에 귀 기울이는 다양한 집단들을 규합하고자 했고 그 결과로 임시 조직이 생겨났다. 이 조직은 나중에 '시민연맹(Civic Federation)'이란 단체로 발전했다. 임시 조직에서 제안한 안건을 추진하기 위해 5인 위원회가 구성됐고, 5인 위원 가운데 한 사람으로 내가 뽑혔다. 첫 번째 업무는 실업자 문제를 다룰 위원회를 구성하는 일이었다. 빈곤 구제 센터가 시카고 시 곳곳에 문을 열었고 임시 숙소가 여러 곳에 세워졌다. 아무 곳에서도 받아들이지 않은 노숙 여성은 헐하우스가 떠맡기로 했다. 고용 센터가 문을 열어 여성들에게 바느질감을 제공했고 남성들에게는 거리 청소 일을 맡기는 사업이 운영

됐다. 일거리를 제공해주는 사업과 관련해 곤란한 문제가 제기됐다. 신속하게 일거리를 찾아주는 것은 좋지만 그로 인해 임금 수준이 낮아질 위험이 있다는 문제 제기였다. 나는 한나절을 일해서 1달러를 버는 것보다 반나절을 일해서 75센트를 버는 것이 더 낫고, 3일에 걸쳐 3달러를 버는 것보다 이틀 만에 그만큼 버는 것이 낫다고 말했다. 다른 위원을 이해시키려 애썼지만 결국 실패한 나는 거리청소위원회에서 물러났다. 진정한 목적은 거리청소가 아니라 실업자를 돕는 것이기 때문에 그들이 정상적인 직장으로 되돌아갔을 때 예전과 다름없이 업무를 수행할 수 있도록 해야 한다고 나는 생각했다. 이러한 논의로 나는 생소한 상황에 눈떴고 어려운 경제 서적을 탐독하게 됐다.

그리고 자선단체 조합 사무소도 개원해 업무를 시작하기로 했다. 최근에 보스턴에서 온 젊은 남성을 책임자로 두었으며 그는 헐하우스에 거주했다. 그러나 당시에 최초로 과학적 방법을 채택하기에는 어려움이 많았다. 그해 겨울에 경험했던 가장 쓰라린 사건은 세심하게 마련된 지침을 따르려는 과정에서 발생했다. 오랫동안 알고 지내던 화물발송 직원이 직장을 잃었다. 그해에는 그 사람뿐 아니라 수많은 사람들이 직장을 잃었다. 그는 헐하우스에 있는 빈곤 구제 센터를 네다섯 차례 찾아와 도움을 구했다. 어느 날 나는 그 사람에게 하수도 공사 일거리가 있다는 이야기를 했다. 그러면서 우리에게 도움을 청하기 전에 우선 주선해준 일자리를 받아들여야 한다는 규정을 언급했다. 그 사람은 여태껏 사무실에서만 일했기 때문에 겨울에 밖에서 육체노동을 하기에는 체력이 따라주

---

2. 윌리엄 T. 스테드(1849-1912). 영국의 언론인이자 개혁가로 1893년 시카고에 6개월 동안 머물렀다. 시카고의 사회 현실을 고발한《시카고에 재림한 그리스도If Christ Came to Chicago》"(1894)를 발표했다.

지 않는다고 대답했다. 기본 지침을 따르기는 했지만 확신이 서지 않아 나는 냉정한 태도를 취하지 못했는데, 지금 와서 생각하면 매정하게 말하지 않았던 점이 그나마 다행스럽게 여겨진다. 그는 두번 다시 도움을 청하지 않았지만 이틀 간 하수도 공사에 나갔다가 폐렴을 얻어 일주일 만에 죽고 말았다. 나는 그 사람이 남겨놓고 간 두 아이들과 지금까지 인연의 끈을 놓지 않고 있지만, 그들을 바라볼 때마다 양심의 가책을 느꼈다. 한 가정의 희생이라는 값비싼 대가를 지불하고 나는 한 사람의 삶을 규칙이나 규정으로 관리할 수 없다는 사실을 깨달았다. 한 인간이 처한 어려움을 해결하려면 우선 그 사람의 삶 전체를 소상하게 파악해야 한다. 그 사람이 처한 상황이라는 맥락을 이해하지 않고 섣불리 덤벼들면 실패하기 마련이다.

가난한 사람들 사이에 끈끈한 정을 보고 깊은 인상을 받았던 때도 바로 그해 겨울이었다. 아래층 가족의 어려운 처지를 잘 아는 위층 여성이 아침을 그들과 함께 나누는가 하면, 가장이 실직하자 지난 겨울 한집에 같이 세들어 살았던 남자는 한 달 치 월세를 마련해주기도 했다. 도심에 대규모 빵집이 생겨 매우 어려운 형편이었지만, 배가 고파 가게 안을 바라보는 아이들에게 세 덩어리 빵을 내준 길 건너편 빵 가게 주인도 있었다. 경기가 좋지 않은 시기에 어쩔 수 없이 자선 단체의 도움을 청하기는 해도 자신들을 생활보호대상자로 오해하지 않을까 걱정하는 가정들이 있다. 그들 가정은 생활보호대상자 계층에 속하지 않는다. 찰스 부스[3]는 그의 책에서 노동계급의 문제를 무능하고 게으른 사람의 문제로 바라보는 경우가 많다는 사실을 안타까워한다. 노동자와 구호를 필요로 하는 사람들이 같은 지역에 살지만, 이 두 계층은 분명히 다르며 이 두 부류의 문제를 혼동하면 어떤 해결책도 불가능하게 된다.

　그해 겨울에 가장이 실직해 어려움을 겪던 어느 가정이 기억난다. 가구는 모두 저당잡혀 있었고, 아이들은 신발이 없어 학교에 갈 수조차 없었다. 병에 걸린 엄마는 양식이나 의약품을 가지러 올 기력조차 없었다. 2년 뒤 어느 일요일 저녁, 그 여성은 나를 집으로 초대했다. 집은 말끔하게 정리되어 있었다. 그 여성은 나를 초대한 이유를 이렇게 말했다. 내가 자신들을 그해 겨울에 고생하던 모습으로 기억하고 있을 것이라 생각하니 참기 어려워 집으로 초대했다는 설명이었다. 그때까지 12년 동안 결혼 생활을 했지만 당시 그 같은 상황은 처음 경험했다는 것이다. 그리고 나를 이전에 만나본 듯 느껴지는데, 나를 보면 류머티즘으로 관절이 흉하게 뒤틀렸거나 혹은 신경통으로 얼굴이 일그러진 사람이라고 오해하게 된다고 말했다. 그런 오해가 옳지 않듯이 가난한 사람을 잘못 판단하는 일 역시 옳지 않다고 말했다. 그 여성은 빈곤 구제 센터와 빈민의 관계, 그리고 세틀먼트와 이웃의 관계, 이 두 관계의 차이를 예시해준 셈이다. 후자의 경우에는 이웃의 생활 여건이 변해도 관계를 지속해야 한다. 이웃이 어려움에 처해 있을 때도 이들과 함께 해야 하지만, 경제적 여건이 좋아진다고 해서 관계를 정리해서는 안 된다. 경제적 어려움이 없을 때는 친교에 더욱 주력해야 한다.

　도시 지역과 나머지 다른 지역과의 관계와 관련해 균형감각을 유지하기 위해서는 세틀먼트 내부에서도 비슷한 노력이 있어야 한다. 끔찍했던 그해 겨울을 보내고 이듬해 봄, 강연 초청을 받아 캘리포니아로 갔다. 드

---

3. 찰스 부스(1840-1916)는 영국의 사회학자로 런던의 노동자 계급에 대해 연구한 열일곱 권짜리 책 《런던 사람들의 생활과 노동》(1889-1902)을 집필했다.

넓은 전원과 번화한 도시들을 보고 놀라움을 금하지 못했다. 이런 곳이 있다는 사실을 나는 오랫동안 잊고 있었다.

1895년 여름, 나는 시카고 시장의 지명을 받아 시립 요양원의 실태를 조사하는 위원으로 활동했다. 구빈원의 추문이 터지면서 사람들의 시선이 그곳에 집중돼 있었다. 추문은 바로잡아야 하는 문제점을 드러내지만, 한편 문제점을 지나치게 부풀리는 면도 있다. 개혁을 하려면 많은 이들에게 실상을 알리는 일이 필요하고 또 그런 폭로가 정치적 목적을 이루는 데 유용하다고 해도, 사람들의 마음에 깊은 상처를 준다면 이 모든 과정을 견뎌내기란 매우 어렵다. 조사가 진행되는 기간 동안 헐하우스에 들어설 때마다 요양원에 친지를 둔 사람들이 나를 기다리고 있었다. 고통스러워하는 그들을 보면 마치 고문당하는 사람을 보는 듯했다. 대부분의 경우, 나를 찾아온 사람은 요양원에 있는 친지를 다른 곳으로 옮길 형편은 안되지만 들리는 이야기가 사실이라면 무언가 조치를 취해야 하지 않겠냐고 말했다. 많은 환자들이 요양원에서 나왔지만 며칠 후에 어쩔 수 없이 다시 돌아가게 되었고, 이들을 기다리던 것은 직원들의 차가운 눈초리뿐이었다.

가난한 사람들이 자신의 처지를 공무원의 선의에만 의존하는 가슴 아픈 현실을 우리는 독일에서 온 시골 여인을 통해 분명하게 목격했다. 그녀는 미국에 온 뒤 4년 동안 2층으로 물을 길어올리고 주철 노동자의 투박한 무명 겉옷을 세탁하며 고된 생활을 했다. 그녀는 이런 일을 하면서 35센트를 일당으로 받았다. 세 딸은 모두 남자의 꾐에 빠져 신세를 망쳤다. 그녀는 몹시 괴로웠지만 어찌해야 할지 알지 못했다. 우리는 맏딸을 배신한 남자를 찾아가 결혼하도록 설득할 수 있었다. 둘째 딸은 지루한 법정 공방을 거친 후에 남자에게서 양육비를 받아냈다. 셋째 딸의 경우는 아무것도 해주지 못했다. 현재 그 독일 출신 여성은 시카고시에서 17마일 떨어진 작은 집에서 가족과 함께 살고 있다. 얼마 전에 은행 융자를 받아 땅을 구입했고 두 차례 분할 상환금을 납부했다. 기찻길 근처에 소를 방목하고 10에이커 땅을 이용해 돈을 버는 그녀를 이제 사람들은 부러운 시선으로 바라보고 있다. 고된 노동을 견뎌낼 능력이 있어서 그 여성에게는 구호품이 필요하지 않았지만 법률 서비스는 절실히 필요했다. 법을 잘 아는 사람이 있다면 자기 딸과 같은 처지의 여자들을 보호할 수 있을 터였기 때문이다.

일찍부터 우리는 버림 받은 여성이 지원을 받을 수 있도록 주선하고, 남편을 잃은 여인이 보험금을 수령하게 해주고, 또 재해를 입은 노동자는 보상금을 지급받게 하는 등의 일에 많은 시간을 보냈다. 세틀먼트는 정보와 조언을 제공하는 장소로 기능했다. 세틀먼트는 다양한 행정 기관과 그 기관들의 수혜자가 되는 사람들 사이에 서서 이들을 돕는 역할을 한다. 병원과 행정 관청, 그리고 주립 보호소는 정작 그 기관들을 필요로 하는 사람들에게는 먼 나라 이야기로 들리는 일이 많다. 세틀먼트의 또 다른 기능은 운동장에 함께 있는 것만으로도 동생들을 못된 아이에게서 보호해주는 맏형의 역할과 비슷하다.

힘들게 일하는 여성들이 직장 때문에 하루 종일 집을 비우면서 아이들을 이웃에 맡기거나 아니면 집 안에 가둬놓는다는 사실을 우리는 알게 됐다. 우리가 이웃에서 처음 만난 장애아 세 명은 모두 엄마가 직장에 나간 사이에 사고를 당했다. 한 명은 3층 창문에서 떨어졌고 또 다른 아이는 화상을 입었다. 세 번째 아이는 3년 동안 하루 온종일 식탁 다리에 묶여 있다가 점심을 먹기 위해 근처 공장에서 형이 잠시 돌아올 때만 풀려났던 일 때문에 등이 굽었다. 날씨가 더워지면 아이들은 갑갑한 방 안에 있으려 하지 않았다. 그리고 문을 열어 두면 도둑이 들 염려가 있어서 아이들을 밖에 두고 집 안을 자물쇠로 잠그는 일이 많았다. 헐하우스를 개원하고 첫 번째 여름을 보내는 동안 그런 불쌍한 어린아이들이 시원한 헐하우스 현관으로 찾아들었다. 우리는 아이들을 헐하우스에서 놀도록 했고 점심시간에는 먹을 것을 내주었다. 때로 아이들은 그 답례로 "아침에 엄마가 사먹으라고 준 돈"이라며 작은 손에 단단히 움켜쥔 1센트를 내밀곤 했다. 유치원 시간이 끝났을 때는 아이들이 낮잠을 잘 수 있도록 잠자리를 제공했고, 자원봉사 입주자 가운데 지원자가 아이들을 돌보았지만 나중에는 근처 아파트로 옮겨 좀 더 체계적으로 아이들을 보살피도록 했다.

그렇게 해서 헐하우스는 보육원 사업에도 힘을 기울였다. 16년 동안 골목길에 있는 작은 별채에서 운영하다가 보육원 용도로 건물을 지어 어린이집이라고 명명했다. 현재는 시카고 자선단체연합이 헐하우스와 같은 블록에 있는 건물에서 보육원을 운영하고 있다. 건물은 시설이 잘 갖춰져 있으며 아이들뿐 아니라 자녀를 둔 이민자 여성들도 서비스를 받고 있다. 또한 미국에서 큰 불편 없이 살아갈 수 있도록 실용적인 내용들도 가르치고 있다. 보육원을 운영하면서 자연스럽게 우리는 극빈 여성들과 접촉하게 됐다. 그들 가운데 상당수는 아이를 보살피는 일뿐 아니라 방탕하고 무능한 남편까지 참고 견뎌내야 했다. 학대와 방임과 폭행에도 애정을 포기하지 않는 사람들을 보면 기적이 따로 없다는 생각이

들었다. 하지만 이런 애착은 더 많은 고통을 낳을 뿐이다. S부인에게 "바깥양반 돌아오셨다죠?"라고 묻는다. S부인은 8년 동안 과도한 노동에 혹사당하며 허약한 세 아이를 매일 아침 보육원에 맡겼던 사람이다. 생활비를 벌어야 하고 허약한 아이들을 돌보아야 하는 이중고로 굽은 허리를 펼 새도 없다. 마침내 위로 두 아이가 일을 하기 시작했고 S부인은 일주일에 이틀을 쉬는 호사를 누린다. 그런데 무능한 남편이 집으로 돌아왔다. 남편은 이른바 '한량' 타입의 남자다. 하얀 셔츠를 받쳐 입고 금시계를 차고 다니지만 방탕하고 게으른 허풍선이일 뿐이다. 남편의 출현으로 그 집은 얼마나 큰 경제적인 출혈을 감당해야 할지 생각하면 누구나 분통이 터질 만하다. 하지만 S부인은 남편이 돌아온 사실에 반가움을 숨기려 하지 않는다. 그녀는 진지한 표정으로 솔직하게 이야기한다. "그이에 대한 내 감정은 조금도 바뀌지 않았어요. 날보고 어리석다고 하겠지만 그이의 잘생긴 모습과 학식 있어 보이는 외관이 항상 자랑스러웠어요. 아이들이 어려 힘들게 뒷바라지를 해야 했던 지난 8년 동안 나는 외롭고 힘들었지만 그이를 결코 미워할 수 없었어요. 그이가 무사히 다시 돌아오게 해달라고 주님께 기도했어요. 그리고 지금은 감사한 마음뿐이에요." S부인은 당당하게 이야기를 이어나갔고 이를 바라보는 사람은 질긴 사랑의 끈에 대해 다시 생각해본다.

이와 비슷한 처지에 있던 또 다른 여성이 생각난다. 세 자녀를 키우는 5년 동안 허랑방탕한 남편은 술 마실 돈을 끊임없이 요구했다. 아내는 이런 남편의 협박과 폭력에 시달려야 했다. 부활절 전날인 어느 토요일 남편이 긴 방탕의 생활을 끝내고 돌아왔다. 옷은 헤지고 몸은 불결했지만 지난 잘못을 후회하며 눈물을 흘렸다. 불쌍한 아내는 돌아온 남편을 받아들였다. 그녀는 남편이 허랑방탕한 생활을 청산하고 온전히 새 사람으로 살아갈 것이라 믿었으며, 부활절에 아이들과 함께 교회에 가서 남편이 목사 앞에서 서약을 하면 모든 문제가 끝나리라고 확신했다. 아내는 남편에게 목욕과 면도를 해주고 가진 돈을 모두 털어 옷 한 벌도 새로 장만해주었다. 부활절 아침에 남편은 말끔한 모습으로 현관 앞에 앉아 있었다. 봄 햇살을 쬐도록 남편을 현관 앞에 놔두고 아내는 아이들을 씻기고 옷을 입혔다. 세 아이와 함께 현관문을 열고 나와보니 남편은 온데간데없이 사라졌다. 한밤중이 되어서야 돌아왔는데 전처럼 누더기 옷을 걸치고 있었다. 전당포에 옷을 저당 잡혀 그 돈으로 진탕 술을 마신 것이다. 하지만 아내는 아무 말도 하지 않고 남편을 집으로 다시 들였다. 방탕에 그치지 않고 죄까지 저질러 교도소에 들어앉아 있는 남편들도 있었다. 7년 동안 하루도 빼놓지 않고 남편에게 면회를 간 여성이 기억난다. 아이들은 엄마에게 전해들은 아빠의 말을 보육원의 다른 아이들 앞에서 자랑스럽게 반복했다. 아이들은 교도소 생활이 부끄러운 일이라는 것을 전혀 알지 못했는데, 이는 교도소에 남편을 두고도 조금도 주눅 들지 않는 엄마의 영향 때문이었다.

그런 불굴의 여성들에게 탄복하지 않을 수 없었지만 남편들을 무조건 비난하기도 어려웠다. 그들도 나름대로 살고자 발버둥쳤지만 여러 이유로 실패한 사람들이었다. 남편의 실패가 경제적인 실패에만 머물 경우가 있었고, 이때는 남편이 아이들을 부양하지는 못해도 아이들의 뒷바라지나 교육을 맡을 수는 있었다. 초창기 시절에 보육원 시설을 이용한 여성을 몇 달 전 우연히 길에서 만났다. 지난 5년 동안 다른 지역에서 살아 소식을 알 길 없던 나는 다섯 아이들의 소식을 물었다. 그러자 그녀는 "메리만 빼놓고 나머지 아이들은 경찰에 체포돼 별을 달았다"고 씁쓸하게 대답했다. 아이들이 아버지 말이면 꼼짝 못했던 것으로 안다는 내 말에 그녀는 이렇게 말했다. "바로 그 때문에 문제가 생겼죠. 난 남편을 돌보는 데 넌덜머리가 났어요. 건강 때문에 일을 하지 못한다는 남편 말도 믿을 수 없었고요. 그래서 남편을 버리고 떠나면서 아이들만 부양하겠다고 선언했죠. 그때부터 아들 녀석들이 문제를 일으키기 시작했답니다. 직장에 있다보니 아이들이 무얼 하는지 알 도리가 없었어요. 그래서 결국 잭과 쌍둥이는 유료 시설에 맡겼어요. 조는 직장을 얻어 일을 시작했지만 전과 기록 때문에 어려움이 많아요. 여자가 돈을 많이 번다고 해서 아버지와 어머니 역할을 모두 감당할 수 있다는 생각은 옳지 않다는 사실을 깨달았어요."

그녀와 헤어져 길을 걸으면서 나는 어떤 생각이 더 어리석은지 고민하지 않을 수 없었다. 남자의 가치는 오직 돈버는 능력만으로 평가되기 때문에 아내가 무능력한 남편을 버려도 정당하다는 생각이 더 어리석은지, 아니면 여자가 아이들 양육을 모두 감당할 수 있다는 환상을 고집하는 것이 더 어리석은지 알기 어려웠다.

여성이 양육을 모두 감당할 수는 없다는 사실을 우리는 큰 비극을 통해 확인했다. '거위'라는 별명을 가진 아이가 있었다. 깃털로 브러시를 만드는 작은 공장에서 일하는 엄마가 아이를 솔에 감싸 보육원에 데려올 때마다 아이 머리에 항상 작은 깃털이 붙어 있어서 그런 별명이 붙었다. 3월의 어느 날 아침이었다. 거위 엄마는 공장으로 출근하기에 앞서 지붕 위에 빨래를 널고 있었다. 다섯 살 난 거위는 옆에 서서 빨래집게를 건네주고 있었다. 그런데 갑자기 세찬 바람이 불어 아이는 아래로 떨어졌다.

아이는 목이 부러져 얼어붙은 쓰레기더미 위에 널브러져 있었다. 그런데 엄마는 쾌활한 목소리로 "괜찮다. 어서 일어나라"고 말했다. 일 때문에 제대로 돌봐주지 못해도 잘 자랐기에 엄마는 자기 아이가 절대 다치지 않는다고 믿었던 것이다. 장례식이 끝나고 이 불쌍한 아이 엄마는 텅빈 집으로 들어가기가 싫었던지 보육원에서 자리를 뜨지 않고 앉아 있었다. 어떤 위로의 말을 해야 할지 몰랐던 나는 그녀에게 혹 도울 일이 없겠느냐고 물었다. 슬픔으로 가득 찬 아이 엄마는 나를 올려다보며 이렇게 말했다. "앞으로 내게 월급을 주실 수 있다면 공장일은 당장 그만 두고 싶어요. 하루 종일 집에서 내 아기를 안고 있을 거예요. 우리 거위는 엄마와 같이 있고 싶어 했지만 그럴 시간이 전혀 없었어요." 보육원에 아이를 맡기는 상당수 엄마들의 상황이 모두 그러했다. 아이를 돌보면서 얻는 기쁨과 위안조차 가난한 사람들에게는 허락되지 않는다. 아이를 부양하려면 공장에서 장시간 일해야 하는데 그러면 아이에게 애정을 쏟을 시간이 없다.

현대 사회는 젊은이들을 돌보고 교육하는 일에 노력을 기울이면서도 어린아이를 둔 여성들이 거친 노동을 하도록 방치하고 있는데, 이 얼마나 어리석은 일인가! 아이들의 성장에서 모성의 중요성을 강조하는 요새 추세와 완전히 배치된다. 우리는 가장 중요한 자원을 낭비하는 셈이다. 최근에 경험한 일을 떠올릴 때마다 나는 분노를 금할 수 없다. 교육위원회 회의가 길어지는 바람에 나는 밤늦게까지 건물에 남아 있었다. 11시에 회의를 마치고 나오면서 14층 복도에서 무릎을 꿇고 대리석 타일 바닥을 닦고 있는 여성을 만났다. 내가 아는 사람이었다. 내게 인사를 하려고 몸을 일으킨 그녀는 머리에서 발끝까지 완전히 젖어 있었다. 나는 서둘러 어찌 된 일이냐고 물었다. 저녁 다섯 시에 집을 나서는데 여섯 시간 동안 아이에게 젖을 물릴 수 없어서 그렇다고 대답했다. 흘러내린 젖과 청소를 하면서 뒤집어 쓴 물로 한바탕 옷을 적시고 나서야 피곤한 몸으로 집에 가 배고파 우는 아이에게 남은 젖을 물린다는 것이었다.

가난한 사람들이 당면한 많은 문제 가운데 세틀먼트 자원봉사 입주자들이 지속적으로 접하는 문제는 몇 가지에 지나지 않는다.

높은 이상에 도취돼 궁핍 따위에는 무관심한 사람들을 잠시 언급하는 것으로 이 장을 마무리하고자 한다. 그들 가운데는 열광적인 이상주의자, 실패한 예술가, 작가, 개혁론자들이 있다. 헐하우스에서 우리는 유복한 가정에서 자란 어느 독일 여성과 여러 해 동안 알고 지냈는데, 그 여성은 색채를 이용해 악구와 선율을 표현하는 실험에 열중하고 있었다. 그 여성은 작은 몸집에 곱사등을 하고 있어서 밤마다 트렁크 안에 들어가 잠을 잤다. 무명천을 트렁크 네 귀퉁이에 걸어 일종의 해먹을 만들었다. 음식은 죽지 않을 만큼만 먹었다. 하지만 헐하우스를 방문한 사람이 그녀의 책상 위에 돈을 놓고 가면 주로 그 돈을 실험 기자재나 정교하게 염색한 명주실을 사는 데 사용했다. 장애를 겪고 있는 또 다른 할머니는 선장의 미망인으로 값싼 맥아유로만 연명하는 처지였지만 여행하면서 본 아름다운 채색사본(彩色寫本)에 대해 열을 올려가며 이야기했고 직접 제작한 샘플을 보여주었다. 기억에 남는 또 다른 할머니는 발명가였다. 예전에 영국에서 부유한 생활을 한 적 있었지만 연립주택 지하 단칸방에서 살면서 공동난방용 화덕에서 조리한 형편없는 음식과 백화점 시식 코너에서 제공하는 맛보기 음식으로 연명했다. 할머니의 발명품은 실용성이 없었지만 할머니의 발명품을 받아든 전문가들은 도발적이고 독창적이라는 평가를 내렸다. 한번은 발명품에 대한 상찬의 평가를 너무도 진지하게 받아들이는 할머니를 본 적 있었는데, 마침 그때 나는 실용화가 실패한 것을 위로할 생각이었지만 그 모습을 보고 그만 하려던 말을 입속으로 삼키고 말았다.

세 사람의 예만 언급했지만 가난 속에서도 의지를 굽히지 않은 사람들은 적지 않다. 이들은 더 많은 재물을 소유하려는 경쟁엔 뒤처져도 소유욕에서 벗어나면 인생의 참된 의미를 얻는다는 사실을 보여준다.

CHAPTER 8

논쟁의 시간들

헐하우스 자원봉사 입주자들은 주위에서 끊임없이 벌어지는 논쟁에 당혹스러울 때가 많았다. 20년 전 시카고는 하루가 논쟁에서 시작해 논쟁으로 끝나는 그런 분위기였다. 초기 헐하우스 자원봉사 입주자들은 증세만 완화하려는 자선운동의 한계를 인식하고 있었지만, 그렇다고 급진주의자들과 어울린 경험도 없었다. 1890년에서 1900년 사이의 10년 동안 시카고 사람들은 건설적인 사회 개혁 운동보다는 선전 활동에 몰두했다. 실태를 파악하고 법령을 마련하고 시민단체를 조직하는 등의 일보다는 깃발을 들고 행진하고 일반 원칙을 고집하고 시위를 벌이던 그런 시기였다.

1889년에 헐하우스가 개원했을 때는 헤이마켓 폭동 사건[1]이 일어난 지 2년이 지난 시점이었다. 하지만 그 2년 동안에 시카고는 억압적 수단으로 문제를 해결하려는 시기를 거쳤고, 마침내 1889년 말 명망가들의 조언과 참여에 힘입어 무질서한 상황을 해결하는 유일한 방법은 언론의 자유와 열린 토론이라는 결론을 얻게 됐다. 당시 새로 지은 음악당 리사이틀 홀에서는 일요일 저녁마다 토론회가 큰 규모로 열렸다. 라이먼 게이지² 같은 사람이 사회를 보았으며 어떤 의견도 자유롭게 펼쳤다. 토론회에 항상 참석해 발언한 사람이 있었는데, 그는 예전에 유죄 판결을 받은 아나키스트들과 연관됐다는 이야기를 듣곤 했다. 그도 체포돼 재판을 받았지만 폭발 사건이 일어난 시간에 다른 사람과는 달리 밀워키에 있었다는 사실 때문에 풀려날 수 있었다고 했다. 요즘 같으면 시카고에서 그런 토론회가 열렸다는 사실을 상상하기 어렵다. 어떤 이유에서 지금과 같은 상황으로 바뀌었는지 알 수는 없지만, 당시 시민들은 좀더 일찍 자유로운 토론의 자리를 마련했더라면 헤이마켓 사건은 미연에 막을 수 있었을 것이라고 생각했다.

아무튼 사회 이론과 관련해 상이한 의견을 지닌 이들이 토론하는 좀더 작은 규모의 클럽을 사람들은 원했다. 다양한 경제학 학파의 대표자들이 서로 주장을 논박해 의견을 수정하도록 하는 자리, 또 최소한 관용을 몸소 체험하며 한 가지 입장을 모든 이에게 강요하는 것은 부질없다는 점을 깨닫는 자리가 필요했다. 자신의 이론에 모순점을 전혀 찾아내지 못할 때도 그 세계관이 하나의 견해일 따름이라는 점을 숙지할 때만 광신주의는 예방된다. 1890년 봄 영국 출신의 한 노동자가 헐하우스에 '노동자 사회과학 클럽'을 조직했고 이 클럽은 7년 동안 매주 한 번씩 토론회를 열었다. 수요일 저녁 8시에 40명에서 100명 정도가 참석했다. 좌장을 뽑고 나면 좌장은 연사를 소개하고, 연사는 9시까지 강연을 했다.

강연이 끝나면 강연 내용을 두고 활발한 논의가 벌어졌는데 10시가 되면 좌장은 정회를 선언했다. 이 클럽의 열기는 식는 일이 없었다. 토론에 대한 열정은 남달랐다. 토론회를 스터디 그룹이나 독서회로 바꾸려는 시도가 있을 때는 회원들이 이를 단호하게 거부했다.

헐하우스에서 매주 열리는 토론회에서 모든 논의는 일반 원칙으로 거슬러 올라갔고 '사태의 뿌리'를 건드리지 않는 주장은 가치 없다고 여겨졌다. 흥분한 토론 참가자가 "B는 사회주의가 치통까지도 치유한다고 믿는다"며 격한 감정을 드러낸 때가 기억난다. B는 자리에서 일어나 모든 아이들이 어릴 때부터 치아 관리를 받는다면 치통은 지구에서 사라질 것이라고 말했다. 부조리한 중세 봉건제도가 사라지면서 흑사병이 사라진 것과 마찬가지 이치라고 주장했다. 그리고 B는 이렇게 덧붙였다. "하지만 사회 변혁을 이야기하는 자리에서 치통과 같은 하찮은 문제에 시간을 소비해야 할 이유가 무엇입니까? 사회 변혁을 이루면 그런 사소한 문제는 모두 해결될 터인데 말입니다." 익살을 좋아하는 사람도 토론회에 참석하면 곧 진지한 모습이 됐다. 경제 문제를 가장 활발하게 제기한 사람들은 사회주의자들이었다. 그들은 주로 독일이나 러시아 사람으로, 자본 축적과 독점 강화 현상이 사회주의국가로 필연적으로 이행하는 과정이라고 생각했다. 사회주의자들은 소수에게 자본이 집중하면서 이들

---

1. 1886년 5월 4일 시카고 헤이마켓 광장에서 일어났다. 노동자들이 8시간 노동을 요구하던 도중에 폭탄이 터졌고 이어 경찰이 시위대를 공격했다. 그 와중에 열한 명이 사망했다. 폭발과 관련되었다는 증거가 없었지만 여덟 명의 아나키스트가 '폭력을 조장'했다는 이유로 유죄 판결을 받았다. 네 사람이 교수형에 처해졌고 한 사람은 자살했다. 나머지 사람은 7년을 복역한 후에 주지사 존 피터 앨트겔드의 사면으로 풀려났다. 헤이마켓 사건 이후로 시카고에는 진보 단체와 급진 단체에 대한 대대적 탄압이 시작되었다.

2. 라이먼 게이지(1836-1927)는 명망이 높은 시카고 은행가로, 노사 중재에 많은 노력을 기울였다. 1987년에서 1902년까지 재무부 장관을 지냈다.

소수 집단과 이해관계를 달리하는 대중이 늘어나고, 그 결과 축적된 자본은 공동 사회로 흡수된다고 주장했다. 즉 "독점이 종식되면 사회주의가 도래한다"는 것이다. 사회주의자의 의견에 사사건건 반대한 이들은 개인주의자, 즉 사회주의자가 '아나키스트'로 부르는 사람들이었다. 개인주의자들은 사람들이 평등한 기회를 얻지 못하는 한 정의로운 인간관계는 결코 확보되지 못한다고 주장했다. 국가의 유일한 역할은 개인이 자신의 문제를 스스로 해결할 수 있도록 개인의 자유를 확보해주는 일이라고 주장했다.

그해 겨울은 뉴욕에서 헨리 조지의 단일세 운동[3]이 시작한 지 3년이 되는 때였다. 헨리 조지를 추종하는 전국의 지지자들이 성공적으로 선전활동을 펼치고 있었다. 어느 일요일 오후에 헨리 조지가 헐하우스를 방문했을 때 체육관은 "자유사상가가 그리스도를 믿어야 하는 이유"라는 제목의 헌팅턴 신부의 강연[4]을 듣기 위해 모인 사람들로 이미 가득 차 있었는데, 위대한 운동가가 들어서자 장내는 박수소리로 떠나갈 듯했다. 높은 도덕적 열정과 인도주의적 열망으로 가득한 헨리 조지의 연설에 사람들은 열렬한 환호를 보냈다. 세계박람회와 관련해 열린 대회 가운데 단일세 지지자들이 주최한 대회가 열정이란 측면에서 다른 대회를 압도했다. 사회과학 분야의 모든 토론회는 당파주의자들이 조직했다. 시카고 시민으로 구성된 사회과학 위원회도—나도 위원 가운데 한 사람이었다—매주 위원들을 교체했는데, 자신들의 주장을 제대로 수용하지 않는다는 이유에서 당파주의자들의 마음이 크게 상했기 때문이었다. 하지만 같은 건물 안에서 다양한 종교를 지닌 종교인들이 모임을 가졌지만 분위기는 화기애애했다. 종교 문제는 오래 전부터 논의되던 문제라서 사회과학과는 달리 사람들을 자극하지 않는 방식으로 논의를 진행할 수 있었기 때문이었을까, 아니면 사회과학이라는 새로운 학문은 과학이 아니라 산업사회의 문제를 두고 벌이는 논전의 장에 불과했기 때문일까? 사회학이 아직 정립되지 않은 상황이었기 때문에 우리 위원회의 어려움은 더욱 컸다. 세계박람회가 열리기 1년 전에 개교한 시카고 대학이 최초로 사회학과를 개설했다.

한편, 헐하우스 사회과학 클럽은 그 회원수가 불어나고 활동도 활발해지면서 세계박람회를 찾았던 저명한 사람들이 헐하우스를 방문해 강연을 했다. 그런 사람들 가운데 어느 프랑스 여성이 기억에 남는다. 그여성은 매우 남루한 차림의 남자가 쇼펜하우어의 저작을 이야기하는 것을 보고 크게 놀랐다. 그녀는 또 다른 누군가의 언명을 듣고 깊은 인상을 받았다. 그 사람은 어느 자본가를 태운 마차가 지나가자 이제 자본가가 편히 지낼 날도 얼마 남지 않았다고 말했다는 것이다. 그러면서 그 사람은 자본가란 자들은 사회에 공헌하는 바가 전혀 없으며, 바로 그런 점이 자본가라는 존재의 소멸을 재촉한다고 덧붙였다고 했다.

사회과학 클럽 활동을 통해 자원봉사 입주자들은 사회구조의 모순을 가장 뼈저리게 느끼는 사람들은 기층민이라고 확신했다. 기층민은 사회모순을 직접 몸으로 체험하면서 가장 큰 고통을 받기 때문이다. 세계를 돌며 여러 나라의 밑바닥 인생들을 만났다는 어느 뱃사람의 입담이 생각난다. 또 시베리아에서 유형생활을 한 러시아 사람, 자신을 무신론자

---

3. 헨리 조지(1839-97)는 토지에 대한 단일세를 통해 정부 비용을 충당함으로써 부자와 빈자 사이의 격차를 줄이자고 제안했다. 그의 이론은 《진보와 빈곤》(1879)에 상세히 담겨 있다.

4. J. O. S. 헌팅턴 신부는 영국 국교회 신부로 기독교 사회주의자였으며 성 십자가 수도회를 창설했다.

로 내세우지만 흥분했을 때는 세상을 제대로 만들어놓지 못했다며 하느님을 저주하던 아일랜드 사람에 대한 이야기가 기억에 남는다.

초창기에 헐하우스가 급진적이라는 소리를 들은 이유는 주로 사회과학 클럽 때문이었다. 내방객들은 열띤 논쟁을 벌이는 와중에 클럽 회원들이 말한 내용과 자원봉사 입주자 자신들이 견지한 견해 사이에 차이가 있다는 점을 이해하려 하지 않았다. 그 당시 시카고에서 활동하던 급진주의자들은 매우 교조적이었다. 점진적 발전을 전혀 받아들이지 않는 유형, "유토피아가 어느 곳에 있는지 정확히 안다"고 주장하는 유형의 사람들이었다.

1890년대에 시카고는 두 계급으로 양분돼 있었다. 한쪽에는 사회적 통제라는 개념 자체에 거부반응을 일으키는 기업인들이 있었고, 다른 한쪽에는 사회를 변혁할 때까지는 산업사회의 문제를 해결하기란 불가능하다고 주장하는 급진주의자들이 있었다.

세틀먼트는 열정을 지닌 사람들, 평등한 사회를 꿈꾸는 사람들이 집결하는 곳이다. 바로 이런 인간형에 대해 사업가적 기질을 가진 사람은 강한 반감을 느낀다. 그들은 이성적인 사람이라면 마땅히 현실 세계에 맞춰 적응해야 한다고 생각하므로, 결코 세상을 바꾸겠다는 생각에 동의하지 않는다. 사회 변화를 열망하는 사람은 그들에게는 귀찮은 존재이며 무례한 자로 비친다. 그런 사람이 하는 이야기는 귀에 거슬릴 뿐이며 또 위험하기 짝이 없는 주장으로 들린다. 그런 성향의 사업가도 사회는 쉽사리 변화한다는 주장을 시인하고 또한 인간이 세운 제도는 항상 진보한다는 주장에 동의하지만 단지 추상적 명제의 차원에만 머문다. 그리고 기존 체제를 변혁하려는 사람을 불신한다. 이렇게 불신하는 데는 그럴만

한 근거가 있다. 변혁을 주장하는 사람들이 체제의 결함 때문이 아니라 자신의 욕망을 투사하려고 현실을 부정하는 반항아에 불과한 경우가 많기 때문이다. 그런 반항아가 스스로를 개혁가로 내세울 때, 그의 단점은 온 세상에 까발려지고 그의 추락은 현실 세계를 있는 그대로 받아들이지 않는 자들에게 경고의 본보기로 내세워진다.

하지만 사회과학 클럽의 회원들은 토론 중에는 격한 발언을 했지만 매우 친절하고 선량한 사람들이었다. 그들 가운데 가장 과격한 발언을 하던 아나키스트는 그 이후 종교에 귀의했다. 생명을 유지하는 데 필요한 소량의 음식만을 취하고 모든 작위적 행위를 멀리하는 불자(佛子)의 길을 걷고 있다. 예전의 자신을 철저히 부정하는 생활을 하고 있지만 선량한 미소는 여전히 그대로 간직하고 있다.

논쟁이 벌어지는 과정에서 헐하우스는 양측에게서 각각 다른 편에 서 있다고 의심받았다. 반종교주의자들을 상대로 이야기하던 어느 저녁이 기억난다. 그때 험상궂은 남자가 "당신, 지금은 그렇게 이야기하지만 내가 단언하건대 부자들에게서 후원금을 받는 날이 되면 그런 이야기는 감히 입 밖으로 꺼내지 못할 것"이라고 외쳤다. 나는 부자들에게서 후원금 받을 생각이 없고, 또 노동자들의 압력에도 굴복하지 않겠으며, 이 두 집단의 눈치를 보는 일 없이 내 솔직한 의견을 당당히 표명하겠다고 대꾸했다. 그런데 놀랍게도 급진주의자들이 모여 있는 쪽에서 박수가 터져 나왔다. 그리고 논의는 정치적 폭압에 대한 저항의 필요성으로 옮겨졌다. 어느 편에도 기울지 않는 독자적 입장을 견지하려고 노력하면서 나는 이쪽도 저쪽도 아닌 어중간한 자세를 취하고 있는 것은 아닌지 회의가 들 때가 많았다. 결국에는 양쪽에게서 미움받게 될 것이라는 생각이

들어 견디기 힘들었다. 당시에 사회주의 강령을 받아들였다면 좋았을 것이다. 나는 여러 작품을 읽고 사회주의자들과 수많은 토론을 하는 등 진지한 노력을 기울였다. 나는 "맷돌이 봉건주의 사회를 탄생시켰듯이 증기기관이 자본주의를 낳았다"라는 명제에는 동의했다. 하지만 그렇게 해서 성립된 사회 관계가 규범과 사상, 신조를 만들어내고 역사적인 산물로서 잠정적인 것일 따름이라는 주장에는 동의하기 어려웠다.

물론 내가 여기서 사용하는 '사회주의' 의미는 전문 학자들이 사용하는 의미이다. 사회주의는 또 다른 의미로도 사용된다. 이웃이 불행을 겪을 때 어떤 사람도 개인적 안락이나 개인적 발전에서 충족감을 얻지 못한다는 믿음, 그리고 인간의 의식과 신중한 노력을 통해 사회 변혁이 가능하다는 믿음이 바로 그것이다. 그런 정의를 시카고 사회당을 지배하던 러시아 사람들은 받아들이지 않았다. 그들은 계급투쟁이라는 조악한 개념을 받아들이는지 여부로 사회주의자를 판별했다.

할스테드 스트위트에서 생활하면서 나는 인간 본성은 주위의 영향에 따라 쉽게 바뀐다는 사실, 그리고 그런 인간 본성이 주변 환경에 의해 무자비하게 짓눌리고 있다는 사실을 깨달았다. 사회주의자만큼 억압의 문제를 이해하고, 이를 해결하고자 진지한 노력을 기울이는 사람들은 없었다. 사회주의자들이 같은 신조를 가진 사람만 동료로 받아들이는 배타적 태도를 보이지 않았다면 나는 기꺼이 그들의 동지가 됐을 것이다. 그들은 수많은 이들이 평등한 세상을 이루고 억압받는 사람을 해방시키려는 열망을 철학 혹은 종교로까지 승화한 포괄적 사회주의를 인정하지 않았다. 또 그런 모호한 사회주의는 자신들이 지향하는 목표와 다르다고 주장했다.

나 또한 사회주의자들처럼 확고한 신조를 갖고 싶었다. 사회의 혼돈을 설명하고 그 혼돈에서 벗어나 더 나은 사회로 나가기 위한 합리적 방법을 제시하는 그런 신조를 지니고 싶었다. 나는 가난에 다소 부풀려진 책임감을 느끼고 있었다. 가난의 현장 한가운데 살고 있었고, 또 가난한 이들을 위해 헌신하라는 주문을 사회주의자들에게서 끊임없이 받고 있었기 때문이었다. 그때 내가 당면한 어려움은 예정론을 두고 회의하던 어린 시절에 교리를 받아들이는 대신 자유의지의 중요성을 인정했더라면 겪게 됐을 그런 어려움과 유사했다. 경제 결정론을 받아들이기 어려웠던 또 다른 이유는 결정론의 토대가 되는 계급의식 이론이 잘 맞지 않았기 때문이다. 강연을 위해 여러 도시를 돌면서 가난한 사람들뿐 아니라 부유한 사람들도 만날 기회가 많았는데, 그들에게 계급의식 이론은 적용되지 않았다. 부유한 사람들은 미국에 계급이 있다는 생각조차 하지 않았고 이민자들도 새로운 산업사회에서 유례 없는 방식으로 사회적 관계를 맺어야 할 필요성 때문에 계급의식이 빠르게 소멸하고 있었다.

한편, 백인백색의 다양한 생각을 가진 사람들이 헐하우스 토론회에 끊이지 않고 모여들었지만 놀랍게도 이성을 잃고 서로를 헐뜯는 경우는 찾아보기 어려웠다. 급진주의자들은 격렬한 논쟁에 이골이 나있었다. 그들은 아침에 눈을 떠서 저녁에 잠자리에 들 때까지 논쟁을 멈추지 않았다. 헐하우스 사회과학 클럽 창립 7주년을 기념하는 자리에서 클럽 간사가 그간의 활동 보고서를 낭독한 일이 있다. 그는 연사가 이성을 잃고 흥분한 경우가 단 두 차례였던 것으로 기억하는데, 그 두 사람 모두 "말대꾸 하는 사람을 자주 접하지 못한" 대학교수였다고 했다.

또한 그는 클럽 회원 모두가 한 연사에게 일제히 갈채를 보낸 일을 언급했다. 모든 이에게서 갈채를 받은 인물은 바로 나중에 톨레도 시의 "황금률('대접 받고 싶은 대로 남을 대접하라'는 예수의 도덕률을 말한다 —옮긴이)" 시장이 된 새뮤얼 존스[5]로, 그 사람만이 유일하게 여러 회원간 사상의 차이를 극복할 수 있었다. 존스는 학자에게 연구비를 지원하듯이 노동자에게 공장 운영을 맡겨 업무 시간과 급료를 스스로 결정하게 하는 방식을 계획안으로 내놓았다.

시카고 사람들은 이후로도 여전히 경제 문제를 둘러싼 토론에 많은 시간을 할애했고, 1890년대 내내 시카고는 해결책을 찾으려는 활기로 가득했다. 경제 사회 현실에 관한 논쟁에 참여했지만 자신의 교파가 논쟁에 연루되는 것을 원하지 않아 교회 건물에서 근처 건물로 이사간 젊은 감리교 목사가 기억난다. 신도들과 수많은 사람들이 그를 따라 새로 얻은 집회장으로 갔고 나중에 그는 길모퉁이를 토론장소로 삼았는데 가난한 사람들이 그런 장소를 좋아했기 때문이다. 혜론 교수[6]는 시내에 있는 어느 강연장에서 정오에 '카이사르와 예수'라는 일련의 강연을 했고, 강연장은 연일 인산인해를 이루었다. 이 강연에서 혜론 교수는 복음의 가르침을 산업사회의 현실에 적용하고자 시도했다. 노동조합주의자들은 불필요한 혼란이 일어나고 있는 산업 현장에 질서를 세우려 노력했지만 논쟁의 장에 적극 참여하지는 않았다. 밀[7]은 인간의 삶에 만족하지 못하는 사람들을 두 부류로 나누었는데, 노동조합주의자는 두 번째 부류에 속했다. 밀에 따르면 첫 번째 부류는 궁극적 목적인 "인간 삶의 최고 이상"을 이야기하는 반면, 두 번째 부류는 "곧바로 사용할 수 있는 것, 실제로 획득할 수 있는 것"에 관심을 기울인다.

사회과학 클럽의 회합은 첫 번째 부류의 사람들이 주도했다. 그들은 강한 종교적 심성을 지닌 사람들로, 교회를 향해 "절망이 극에 달한 시대"에 찢기고 상처 입은 인간의 영혼을 어루만져야 한다고 끊임없이 목소리를 높였다. 그들은 종교적 친교의 자리를 원했다. 다행이 그 소원대로 여러 젊은 목사들이 그들의 요청을 적극 수용하면서 헐하우스에서는 함께 사회 문제를 살피면서도 논쟁보다는 기도와 명상으로 진행되는 다양한 토론회가 열렸다. 그들 성직자는 자신들의 교파가 노동 문제에 관심을 기울이도록 많은 노력을 기울였다. 그 뒤 몇 년 동안 기독교의 여러 교파들이 교회 안에 노동위원회를 조직했다. 하지만 당시에 어떤 단체도 영국 국교회에서 "노동 상황을 고찰하기 위해" 설립한 연구회를 따라가지 못했다.

1890년대에는 선구자적인 이 연구회도 정의로운 사회에 대한 열망을 설득력 있는 주장으로 구성하지 못했다. 그리고 헐하우스에서 미국 기독교 사회주의자 연례 회의가 열렸을 때 이들은 "전환시대의 전반적 분위기"를 사실 그대로 전하는 데 그쳤을 뿐, 어떤 대안도 내놓지 못했다. 영국 국교회 성직자가 교회와 노동의 관계를 논의하기 위한 토론회를 마련한 적 있었는데, 그 자리에 참석한 나는 노동 문제에 대한 논의는 무성해도 구체적인 대안은 없다는 느낌을 받았다. 참석자들은 교회의 무익함을 주장했고 이에 국교회 성직자는 참석자들을 향해 그렇다면 그들이

---

5. 새뮤얼 존스(1846-1904)는 석유시추 장비를 생산하는 업체의 사장으로 자유주의 성향을 지닌 인물이었다. 그는 오하이오 주 톨레도 시장(1879-1904)을 역임하면서 개혁 정책을 폈다. 그는 경쟁 대신에 협력을 제안했고 황금률에 따라 공장과 톨레도 시를 운영하고자 했다.

6. 조지 데이비스 헤론(1862-1925)은 조합교회 목사로 시작해 아이오와 칼리지(나중에 그리넬로 개명함)의 응용 기독교 신학과 교수가 되었다. 1899년 교수직에서 사임했고 1901년에는 목사직에서도 물러나 사회 개혁 운동에 헌신했다.

7. 존 스튜어트 밀(1806-73)은 영국의 자유주의 사상가이자 경제학자이다. 급진주의자들을 분류한 내용은 그의 《자서전》 제6장에 나온다.

생각하는 미래는 무엇이냐고 물었다. 사람들은 새로운 사회질서에서는 주교를 비롯해 모든 성직자를 자리에서 내쫓되 아름다운 역사적 건물은 그대로 보존하며, 또 학자 한두 사람을 골라 과거 유산을 보존하고 해석하는 일을 맡길 것이라고 대답했다. 국교회 성직자는 조금도 동요하지 않은 채 이렇게 물었다. "그런 다음에는 어떻게 하죠?" 사람들은 "민주적인 사회를 건설해야죠"라고 대답했다. 하지만 민주화를 두고 각론으로 들어가자 논란이 분분했다.

시카고에서 8시간 노동을 주장하는 인쇄노조의 장기 파업과 관련한 에피소드 하나가 기억난다. 그때 파업은 질서 있고 평화롭게 진행됐다. 자신의 주장이 정당하다는 점을 확신하던 노조원들은 시카고 종교 출판사 가운데 하나가 노조의 주장에 계속 반대의 목소리를 내자 크게 상심하고 있었다. 파업 노동자의 주장에 동조하는 교파의 젊은 성직자들이 헐하우스에 열린 오찬에 참석했다. 그 자리에는 사태를 논의하기 위해 각계 대표들이 참석했다. 성직자들은 일리노이 주 노동연맹의 노조간부가 말하는 이상주의에 깊은 관심을 보였고, 성직자들의 관심을 받은 노조간부는 형제애를 실천하는 공동체를 찾고자 애쓴 과거의 이야기를 하기에 이르렀다.

그는 열네 살의 나이에 그런 공동체를 찾겠다는 희망으로 교회에 몸을 담았다. 나중에는 수많은 친교단체와 상호부조 등 여러 단체에 가입했지만 진정한 우애를 발견하지 못해 실망하고 말았다. 마침내 그는 노동조합에서 참다운 우애의 단체, 자신을 희생할 기회를 주는 단체를 발견했다고 했다.

이렇게 시카고는 산업사회의 문제를 논의하고 그 해결책을 고민하는 데만 10년을 보냈다. 10년의 논의 과정이 끝나고 다시 10년의 세월이 흘렀다. 그 기간을 지금 돌아보면 가슴 속에 품고 있던 희망을 현실로 바꾼 사람들은 사색하는 사람들이 아니라 현실에 맞춰 행동하는 사람들이었다. 추상적 사변을 하던 사람들은 세상에 굴복하거나 신념을 꺾었지만 일상적 일에 충실했던 현실적인 사람들은 추상적 사상을 구체적 현실로 만들어냈다.

프레더릭 해리슨이 헐하우스를 방문했을 때 나는 인류애를 열렬히 주장하던 실증주의자들이 영국 사회주의 운동에서 더는 그런 목소리를 내지 않는다는 사실을 알고 몹시 실망한 일이 기억난다. 그리고 그에 못지않게 존 몰리[8]가 방문했을 때 정치 현실 때문에 젊은 시절의 이상에서 멀어진 듯 보이던 그가 반동의 물결이 거센 시기에 여전히 민주주의 투사로 활약하고 있다는 사실을 알고 깜짝 놀란 일도 기억난다. 하지만 이런 내 생각은 지나치게 피상적이었던 것이다. 분명 두 사람 모두 사회 개혁의 철학과 이론에 정통했으며, 이미 오래 전에 그들의 원칙을 체계적으로 마련해놓았다. 그들이 뿌린 씨앗 덕분인지, 여러 이론가들이 등장해 반동의 시대를 몰아낼 새로운 영국 노동당을 건설하고 있다. 10년 동안 격렬한 논쟁을 벌이면서 올바른 이론만큼 중요한 것은 없다는 생각이 든 때가 자주 있었다. 특히 널리 읽히는 《사회 진화》의 저자 벤자민 키드[9]가 당시에 이미 사회당에서 기세등등하게 이름을 날리던 밀워키의 빅터

---

8. 몰리(1838-1923)는 자유주의 성향의 언론인이자 문필가이며 정치가이다. 그는 1904년에 미국을 방문했다.

9. 벤자민 키드(1858-1916)는 영국 공무원이자 아마추어 사회학자였다. 1894년에 출간된 《사회 진화》는 큰 성공을 거두었다. 그 책에서 키드는 종교가 사회 진보의 기반이 된다고 주장하면서 사회주의를 맹렬하게 공격했다.

버거[10]와 헐하우스에서 격론을 벌인 어느 저녁 때 그런 생각이 불현듯 들었다.

도시 빈민의 참상을 목격한 헐하우스의 자원봉사 입주자들은 처음에는 집단을 이루며 사회 이론 논쟁에 가세했으나, 이웃의 고통을 치유하려는 진지한 노력을 기울이면서 서서히 일반 대중 운동에 참여했다. 일반 대중 운동을 벌이는 조직들과 협력해 노력을 기울이면 바라는 것 가운데 극히 적기는 하지만 그래도 쉽게 성과를 낼 수 있다는 사실을 알게 됐다. 하지만 그런 조직들도 열정적 이론가들이 대중을 일깨우는 일을 하지 않았더라면 처음부터 존립할 수 없었을 것이다.

도시 빈민 지역에 사는 비숙련 노동자들을 접하면서 들었던 처음 생각을 지금 되돌아보면 극도로 궁핍한 예외적 사례를 확대해 모든 사람들이 그런 것처럼 일반화하려는 경향이 우리에게 있었음을 깨닫는다. 하지만 자선 활동과 노동 입법에도 불구하고 톨스토이가 30년 전에 모스크바를 두고 말한 내용은 미국의 모든 도시에도 여전히 들어맞는다. "어느 곳에서 살더라도 자신을 중심으로 수천 수백, 아니 불과 수십 킬로미터 반경으로 원을 그리고 나서 그 안에 사는 사람들의 생활을 살펴보면 굶주리는 아이들, 노인, 병약한 사람들이 벅찬 노동에 힘겨워하는 모습을 발견하게 된다. 그들은 충분한 음식과 휴식을 취하지 못해 천수를 누리지 못하고 일찍 세상을 떠난다. 또 위험한 작업을 하느라 불필요하게 재해를 입는 사람, 사망하는 사람들도 있다."

미국 도시들은 문제의 심각성에 눈뜨기 시작하면서 도시 행정의 중요성을 인식하기 시작했다. 특히 시카고는 무질서하게 늘어나는 인구 밀집 지역과 빠르게 성장하는 산업 활동을 연계하는 데 앞장서서 노력을 기울렸다. 시카고가 솔선해서 논의를 이끌어나갔고 그 덕분에 다양한 주체들의 의지를 결집하고 조정하는 계기가 마련됐다. 미국의 20여 개 도시에 초청 받아 그곳을 둘러본 적 있는 어느 영국인이 기억에 남는다. 그는 미국 사람들이 자기 도시에 높은 자긍심을 지니고 있는데 그 점을 이해할 수 없다고 예리하게 지적했다. 그는 서부, 동부, 남부를 막론하고 시민들은 자기 도시를 자랑하지만 산업 규제 법률이 정비되지 않아 본질적으로 모든 도시들이 같은 모습을 하고 있다고 말했다.

이러한 논쟁과 논의는 초기 세틀먼트 운동에서 불가피했다고 나는 생각한다. 왜냐하면 이러한 논란은 여러 사회 개혁 이론들이 서로 각축하면서 필연적으로 생겨난 결과물이기 때문이다. 그때 우리 내면 어딘가에는 불굴의 정신이 숨어 있었던 거 같다. 헐하우스 자원봉사 입주자들은 사회과학 클럽 안의 급진주의 때문에 당혹감을 느끼는 일이 많았고 또 외부의 비판에 시달렸지만, 그래도 우리는 그런 논의가 계속 진행돼야 한다고 굳게 믿었다. 왜냐하면 사회 활동을 통해 세틀먼트 운동을 드러내려면 단순한 사회 불안과 영적 충동 사이의 차이를 알아야만하기 때문이다.

1890년대 말까지 헐하우스 자원봉사자로 살던 사람은 모두 합쳐 스물다섯 명이었다. 사회를 바라보는 그들의 시각은 매우 다양했다. 사회 불안을 곧 무법 상태와 동일시하는 시골 출신의 젊은 여성에서부터 취리히에서 학창시절을 보내며 사회주의 활동을 한 사람까지 구성원들의 사상에는 큰 격차가 있었다. 특히 사회주의자로 활동한 사람은 독일어로

---

10. 빅터 버거는 밀워키에서 언론인으로 활약했다. 그는 사회주의자로서는 최초로 국회의원(1911-13)이 되었다.

된 엥겔스의 《영국 노동계급의 상태》를 직접 번역한 경력까지 있었다. 하지만 그 책을 번역하고 나자 유창한 영어 구사 능력 때문에 러시아와 독일의 사회 개혁 불가론자(Impossibilist)들의 의심을 받아 사회당에서 쫓겨나고 말았다. 생각에는 차이가 있었지만 함께 생활하고 공장 지역에서 공동의 경험을 하면서 자원봉사 입주자들은 하나로 결속됐다. 그러면서 우리는 사회적 규제와 보호 법률의 필요성뿐 아니라 준비 단계로써 논쟁 역시 필요하다는 점을 확신하게 됐다.

오늘날 시카고의 분위기를 보면 1890년에서 1900년에 벌어진 10년 동안의 논쟁을 이미 먼 과거의 일로 여기는 듯하다. 그 시기를 지면에 옮겨놓으면서 만물은 끊임없이 변화한다는 생각을 떨칠 수 없었다.

"세계는 미래를 향해 끊임없이 달려가고, 그리하여 현재라는 공간은 무대에서 말끔히 사라진다." 삶의 현실이 그러하므로 우리는 절망하지만 동시에 앞날에 대한 기대와 희망의 끈을 놓지 않는다.

CHAPTER 9

일리노이 노동법

헐하우스 설립 초기에 아동 노동 실태에 무지했던 우리는 여자아이들에게 크리스마스 선물로 사탕을 내준 일이 있었다. 사탕을 내밀자 아이들은 "사탕 공장에서 일하기 때문에 사탕이라면 신물난다"며 머리를 가로저었다. 우리는 아이들이 아침 7시에서 밤 9시까지 일한다는 사실을 알게 됐다. 따뜻한 온정이 오가는 축복의 시기 한가운데에서 우리는 가난한 이들의 열악한 환경을 깨달았다.

그해 겨울, 헐하우스 클럽 활동에 참가하던 남자아이 세 명이 근처 공장에서 일하다가 기계에 부상을 입는 사고를 당했다. 안전장치 미비 때문이었는데 불과 몇 달러만 들이면 마련할 수 있는 그런 장치였다. 재해를 입은 아이 한 명은 결국 세상을 떠나고 말았다. 당연히 공장주가 아이의 죽음에 큰 책임감을 느낄 것이라 생각했다. 하지만 어이없게도 공장

주는 아무런 조처를 취하지 않았다. 그때서야 우리는 공장에서 일하는 아이들 부모가 '부주의'에 따른 사고에는 어떤 책임도 묻지 않겠다는 서약서에 서명했다는 사실을 알게 됐다.

우리는 봉제 일을 하는 여성들 주변에서 일을 거드는 어린아이들을 자주 볼 수 있었는데, 그 아이들은 눈을 의심할 정도로 매우 어렸다. 한번은 네 살짜리 여자아이가 엄마 발치에 앉아 시침실을 뜯어내는 일을 몇 시간 동안이나 하는 모습을 본 적 있었다. 그러나 그 아이들을 보호할 만한 어떤 법률도 없었다. 일리노이에서 시행되는 아동 노동 법률이 있기는 했다. 하지만 광산 노동조합이 쟁취해낸 법률로, 광산에서 일하는 어린이에게만 적용됐다.

아이들이 벌어온 돈에 의지하는 부모들이 적지 않다는 사실도 우리는 알게 됐다. 이민자 부모보다 아이들이 영어를 잘하고 또 값싼 임금에도 기꺼이 일한다는 이유도 있었지만, 아이들에게 기대어 사는 것을 훨씬 더 편하게 생각하는 부모들이 많았기 때문이다. 걸음마를 시작하던 어린 시절부터 올리브를 따고 상자에 오렌지를 담는 일을 해온 남부 이탈리아 농부는 야외에서 신선한 공기를 마시며 하던 노동과 열악한 공장에서 장시간 단조로운 일만 하는 노동 사이의 차이를 알지 못한다. 맏이를 잃은 어느 이탈리아 아버지가 큰 슬픔에 잠겨 우리를 찾아온 적 있었다. 죽은 아이는 12세 소녀로, 식구 중에서 가장 많은 돈을 벌어다 주는 존재였다. 그는 크게 슬퍼하며 이렇게 말했다. "그 애는 맏입니다. 둘째가 커서 가족을 부양할 수 있을 때까지 내가 다시 일해야 할 형편이 됐어요." 그 사람은 겨우 서른 세 살이었는데도 일을 하기 싫어했다. 최소한 겨울만이라도 일하지 않고 살기를 바랐다. 아무런 기술도 없고 게다가 지능이 떨어지는 사람이어서 그를 쓰려는 공장은 어디에도 없었다. 그 사람이 무거운 쇠를 나르는 일자리를 얻는 것보다 영어를 잘하는 똑똑한 어린 딸이 상자에 상표를 붙이는 일자리를 얻는 편이 훨씬 더 쉬웠다. 그렇게 해서 어린 딸은 나이에 걸맞지 않게 인생의 무거운 짐을 짊어져야 했지만, 어느 누구도 아이의 고통에는 관심을 기울이지 않았다. 세탁소에서 힘에 부치는 일을 하던 13세의 러시아 태생 유대인 여자아이가 자살한 일이 있었다. 친구에게서 3달러를 빌렸는데 부모에게 이를 말하지 못하고 고민해왔다는 것이다. 3달러는 일주일치 봉급이었다. 그 돈이 없으면 일주일 생계가 막막한 형편이었기에 아이는 부모에게 이야기하지 못했다. 판단력이 부족한 어린아이는 결국 석탄산을 마시고 세상을 버리는 극단적 선택을 했다. 우리는 주변에서 아동 노동의 참상을 자주 목격했지만 해결에 보탬이 되는 방향으로 나아가려면 객관적 정보를 세심하게 수집해야 했다.

당시에는 시카고 산업 현황에 대한 통계 자료가 전혀 없었다. 초기 헐하우스 자원봉사 입주자였던 플로렌스 켈리[1]가 아동 노동을 비롯한 시카고 지역 노동 착취 상황을 조사해달라고 일리노이 주 노동부에 건의했다. 일리노이 주 노동부 장관은 이 건의를 받아들였으며 켈리 부인을 조사 활동에 참여하게 했다. 보고서가 일리노이 주 의회에 제출되자 시카고 노동 실태를 파악하기 위한 특별위원회가 구성됐다. 특별위원회 위원들이 헐하우스에 들러 점심을 함께 하던 일요일이 지금도 선명하게

---

1. 플로렌스 켈리(1859-1932)는 필라델피아 태생으로 코넬 대학교와 취리히 대학교에서 수학했다. 이혼문제를 해결하기 위해 비교적 이혼하기 수월한 시카고로 1891년에 이주해왔고 얼마 후 헐하우스로 입주했다. 1894년에 노스웨스턴 대학교에서 법학 학위를 취득해 일리노이 법조계에 몸을 담았다. 열성적 사회주의자였던 그녀는 오랫동안 여성 및 아동을 위한 노동법률 개혁에 힘썼다.

떠오른다. 우리는 이웃 사람들이 마침내 큰 고통에서 벗어나게 됐다고 굳게 믿었다.

조사를 마친 위원회는 의회에 법률 제정을 권고했고, 이 권고안을 바탕으로 나중에 공장의 위생 상태를 규율하고 노동 연령을 14세 이상으로 규정한 일리노이 최초의 공장 법률안이 마련됐다. 법률안 통과를 담보하려면 모든 이해 당사자들에게 법률 제정의 필요성을 알려야 했다. 우리는 석 달 동안 하루도 빠지지 않고 매일 저녁 노동조합, 자선단체, 종교단체, 친목단체 등과 모임을 가졌다. 물론 가장 적극적으로 우리를 지지한 곳은 노동조합이었다. 시카고 노동연맹은 조사위원회를 구성해 노동 착취 상황을 조사하게 했다. 위원회는 노조 인사 다섯 명과 외부 인사 다섯 명으로 구성됐다. 다섯 명의 외부 인사 가운데 두 사람이 헐하우스 자원봉사 입주자였다. 두 사람은 일리노이 주 최초의 공장법[2]이 통과될 때까지 노동조합과 함께 활발한 운동을 펼쳤다. 공공의식이 투철한 다수의 시민들이 공장법을 점차 마련했고, 결국 이런 노력 덕분에 일리노이는 어린이 보호에 앞장서는 곳으로 평가받게 됐다. 그해 겨울, 헐하우스 자원봉사 입주자들은 처음으로 로비 활동에 참여했다. 나는 로비라는 말을 몹시 싫어했고 또 로비를 직접 해야 한다는 생각은 더더욱 참을 수 없었다. 하지만 우리는 시카고의 저명한 여성들에게도 법률 제정 운동에 참여해줄 것을 부탁했다. 함께 주의회 의사당으로 가서 법률 제정을 촉구하자고 했다. 공장법이 통과하기 불과 1년 전에 여성단체연합회가 결성됐다. 제2대 회장인 헨로틴 부인[3]은 법률 제정을 위해 불굴의 의지로 많은 노력을 기울였지만, 당시 여성단체연합은 법률 제정 운동에 소극적이었다. 너무 적극적으로 활동하면 새로 가입한 회원들의 우려를 사게 된다는 두려움 때문이었다.

공장에서 일하는 모든 여성의 노동시간을 제한하거나, 하루 여덟 시간 노동이나 주당 48시간 노동을 규정하는 조항을 최초의 공장법에 삽입하려는 노력은 절실히 필요한 것이긴 했지만 시기상조였던 듯하다. 우리는 헐하우스에서 살았지만 3년 동안 입법 촉구 활동을 하면서 야간근무에 시달리는 다수의 젊은 여성들을 만났다. 남성의 경우에는 야간근무의 필요성을 내세울 수 있을지 모르겠지만 야간근무를 견뎌낼 여성은 흔하지 않다. 야간근무를 해도 남자는 낮에 잠을 자지만, 여성은 쌓인 집 안일을 밀쳐두고 쉴 수 없다. 아무리 철이 없다고 해도 침대 발치에서 빨래하고 청소하는 어머니를 모른 척하고 잠을 잘 수 없는 노릇이다. 근처 공장에서 매일 야간근무를 하던 어린 여성들의 핏기 없는 얼굴을 잊을 수가 없다. 이른 아침에 지친 몸으로 퇴근하는 이들에게는 특별한 위험이 기다리고 있었다. 그들은 근처 무도장에서 간단하게 한잔 하고 춤을 추면서 피로를 풀자는 유혹에 쉽게 빠졌다. 우리가 알고 지내던 클로에라는 미모의 젊은 여성은 어느 날 지친 몸으로 먼 길을 걸어 집으로 가기 전에 피로를 덜어주는 한잔 술이 몹시 마시고 싶었다. 이때 어떤 남자의 꾐에 빠져 술집으로 들어가 첫 잔으로 청량음료를 마셨으나, 곧 수면제가 들어간 술을 마시고 말았다. 깨어나보니, 어느 싸구려 여인숙이었다. 그 여성은 두려움과 수치심 때문에 차마 어머니가 있는 집으로 돌아

---

2. 아동노동을 금지하고 여성의 노동시간을 제한한 노동법이 1893년에 통과되었지만 1895년에 위헌 판결을 받았다.

3. 엘렌 마틴 헨로틴(1847-1922)은 시카고 증권거래소 소장과 결혼한 재력가였지만 노동법 개혁과 사회 개혁에 앞장섰던 사람이다. 1894년에서 1898년까지 여성단체연합회 회장으로 있으면서 여성의 교육 기회 확대와 노동 여건 개선에 힘썼다.

가지 못했다.

육신과 정신은 서로 영향을 주므로, 여러 시간 힘든 노동으로 육신이 몹시 피곤하면 자연스럽게 자극적인 쾌락을 찾게 된다. 육체적 에너지가 고갈하면 그와 더불어 거의 자동으로 유혹을 억제하는 힘도 한계에 달하기 때문이다. 최초의 공장법에 삽입된 8시간 노동 조항은 예상과는 달리 의회에서 큰 반대에 부딪히지 않았다. 하지만 1년 뒤 일리노이 최고 법원은 8시간 노동 조항에 위헌 판결을 내렸다. 8시간 노동 조항이 법률로 시행되던 동안에 여성 노동자들로 구성된 에이트아워 클럽이 헐하우스에 모여 관련 문헌을 함께 읽었다. 8시간 노동에 대한 대중의 이해와 지지를 확보하기 위한 준비 과정이었다. 하지만 위헌 판결로 커다란 실망을 맛보아야 했다. 이 경험으로 나는 충분한 논의와 이해를 거치지 않은 법률 제정 운동을 불신하게 됐다. 하자가 전혀 없는 적법한 절차를 통해 법률로 제정한다 해도, 제대로 가다듬지 않은 것이라면 그 법률은 영속성이 담보된 확고한 법률의 위상을 갖지 못한다. 하지만 한편으로는 법률의 성급한 시행이 일종의 국민투표 역할을 한다. 사람들은 법률이 시행되는 2년 동안 그 법률의 효과를 살펴볼 기회를 갖는다. 만일 사람들이 차기 의회에서 이 문제를 다시 논의하기로 하면, 이때는 경험과 확신을 자산으로 갖고 논의할 수 있게 된다. 바로 8시간 노동을 규정한 법률의 시행이 그러한 국민투표의 기능을 했다.

나는 법 시행 초기에 아동 노동법의 통과가 어려움을 초래할지 모른다는 생각에서 벗어날 수 없었다. 나는 기회가 있을 때마다 부인회 모임이나 여성 노동자 단체에서 법률의 취지를 설명하고, 아동뿐 아니라 여성들에게도 결국 혜택이 돌아간다는 점을 설명했다. 힘들게 일하는 미망인들은 어느 누구랄 것 없이 지지와 성원을 보내주었고, 그 점을 생각하면 지금도 감사할 따름이다. 미망인 어머니들은 "왜 찬성하지 않겠어요? 이렇게 힘들게 일하는 것도 다 아이들을 위해서인데요. 아이들이 나보다는 더 많이 배워야죠"라고 하거나 "미국으로 건너온 이유가 다 아이들 때문이에요. 아버지가 일찍 죽기는 했지만 처음부터 다른 아이들보다 뒤처지게 할 수는 없어요"라거나 "미국은 달라요. 이곳 미국에서는 배우지 않으면 뒤처져요"라며 나를 완전히 지지했다. 어머니들은 아무리 가난해도 아이들을 위해서라면 밤새워 청소하거나 하루 종일 빨래하는 일을 마다하지 않았다.

아동 노동 법률에 가장 크게 반대하고 나선 곳은 유리제조 업체들이었다. 그들은 많은 어린이들을 인부로 사용해오던 터라 아동노동 없이는 유리제조가 불가능하다고 확신했다.

15년 전에는 시카고는 물론 일리노이 주 전체에 개척정신이 왕성했고, "남들보다 앞서 시작한다"는 정신을 성공의 원동력이라며 높이 평가하는 분위기였다. 최초의 노동법 제정으로 일리노이는 다른 여러 선진 산업 국가와 더불어 진보의 발길을 내딛은 곳이 되었다. 하지만 초기부터 이 법률은 인습에 사로잡힌 사람들과 자수성가한 자본가들의 강력한 반발에 부딪혔다.

자본가들은 공장법을 옹호하는 행위를 급진주의로 여겼는데, 그것은 앨트겔드가 주지사로 재임하는 동안에 법률이 제정되고 최초로 시행됐기 때문이었다. 일리노이 최초의 공장법은 '아나키즘'과는 아무런 관련이 없었고 게다가 매사추세츠와 뉴욕에 비하면 크게 후퇴한 내용이었지만, 반대자들은 앨트겔드 주지사가 헤이마켓 폭동으로 형을 살던 아나키스트들을 사면한 사실을 꼬투리 삼아서 아무런 문제없는 법률에 오명을 덧씌웠다. 앨트겔드 주지사의 사면과 더불어 주정부 문서가 공개되면서 비판의 목소리를 더욱 높이는 빌미가 됐다. 주정부 문서를 근거로 개인적 원한 때문에 특정인을 사면에서 뺐다는 주장이 나오면서 주지사의 높은 명망에 흠집이 갔다. 이런 여러 이유로 무소불위의 자본가 권력을 제한하려는 시도는 큰 저항을 겪으면서 극적인 사건과 갈등으로 이어졌다. 법률 제정의 목소리를 처음 낸 곳이 헐하우스였고 또 법률을 널리 알리는 활동의 중심지 또한 헐하우스였기 때문에, 우리는 어쩔 수 없이 온갖 증오와 비난을 받게 됐다. 켈리 부인은 공장법 위반 실태를 조사하는 위원회의 위원장으로, 그 밑에 부위원장과 12명의 조사위원을 거느리고 있었다. 켈리 부인과 부위원장 스티븐 부인은 모두 헐하우스에서 살았다. 사무실은 폴크 스트리트 바로 맞은편에 있었고, 열성적으로 일하는 조사 위원 가운데 한 사람은 헐하우스 제인 클럽의 회장이었다. 게다가 남자 자원봉사 입주자 가운데 한 사람은 법과대학의 학장을 지낸 분으로, 공장법 위반 사건을 기소하는 역할을 맡았다.

여러 해 동안 시카고는 법 집행이 제대로 이뤄지지 않는 곳으로 악명이 높았다. 그런데 탐탐치 않은 법률이 시행되자 대규모 생산업체의 사장뿐 아니라 예전에 노동착취 희생자였으나 자신의 작업장을 마련해 사업을 시작한 사람들도 크게 분개했다. 고용주들이 새로운 법률을 어떻게 생각했든 간에 노동조합은 그 법률을 열렬히 환영했다. 노동조합 덕분에 공장법 제정이 가능했을 뿐 아니라 또 법률로서의 위상을 유지할 수 있었다. 한 영국 정치인은 이렇게 말한 바 있다. "생활수준과 노동 여건에 대한 통례적 기준은 입법을 통해 확보할 수 있지만 그것을 계속 유지하는 역할은 노동조합 운동의 몫이다."

헐하우스 자원봉사 입주자들은 노동착취 현실과 관련해 노동조합의 특별한 의미를 깨닫기 시작했다. 일찍부터 우리는 봉제업에 종사하는 여성에게 특히 도움이 필요하다는 사실을 알게 됐다. 봉제업 종사자들은 전혀 조직되지 않았다. 러시아와 폴란드 재봉사들은 영어를 구사하는 재봉사들과 경쟁했고, 보헤미아와 이탈리아 비숙련 여성들은 서로 경쟁했다. 우리는 노동조합을 만들어 조합원증을 소지한 사람에게만 일감을 주도록 업자들에게 압력을 행사하는 방법이 그 여성들을 돕는 가장 효과적인 방법이라 생각했다. 우리 지역 근처에 거주하는 이탈리아 여성 600명이 봉제 노동조합 결성에 성공하는 쾌거를 달성했다. 그 전까지 그들은 터무니없는 급료를 받고 일감을 가져다가 집에서 옷을 완성하는 일을 했다. 일부 무지한 여성들은 "조합원증이 없으면 괜찮은 급료를 주는 곳에서 일감을 얻지 못한다"는 사실만 중요하게 생각했지만, 대다수 사람들 사이에는 상부상조해야 한다는 새로운 연대의식이 급속하게 퍼져나갔다.

헐하우스에 자리를 잡은 지 4년째 되는 해에 우리는 설저 법안이라는 이름의 연방 법안 통과를 주장하는 대규모 군중집회에 동참했다. 노동착취 제도와 맞서 싸운 기간은 짧았지만, 투쟁의 중심이 워싱턴으로 옮겨진 점을 우리는 전혀 이상하게 여기지 않았다. 그때 이미 우리는 모든 도시와 주에서 기본적으로 동일한 법률을 시행하지 않는다면 아무런 소용이 없다는 사실을 깨달았기 때문이다. 설저 법안이 그 목적에 맞게 주간(州間) 통상법을 활용하는 데 실패하기는 했지만, 다수의 국회의원들은 연방 법률을 통해서만 뉴욕이나 시카고에 창궐하는 전염병에서 외진 시골지역에 있는 자신들의 지역구민을 보호할 수 있다는 점을 처음으로 깨달았다. 많은 의사들이 병균이 가득한 도시 공장에서 만든 겨울 외투를 입고 난 뒤 시골 아이들이 성홍열에 감염됐다고 증언한 것이다.

헐하우스 자원봉사 입주자들은 노동착취 현실을 바꾸려는 노력을 통해 차츰 소비자연맹⁴이라는 단체와 가까워졌다. 여러 해 동안 이 단체는 소비자가 결국 나서야 한다는 관점에서 저임금 여성 봉제노동자 문제를 다루었다. 노동착취 현실을 소비자연맹을 통해 알리는 것이 합당하다는 생각이 들었다. 노동법 실시 확대를 위해 그들과 협력하는 것이 더욱 효과적이기 때문이다.

특히 소비자연맹은 백화점에서 일하는 여성을 보호하는 데 매우 효과적인 역할을 수행할 수 있을 듯했다. 근처 상업지역에서 일하는 몇몇 여성들이 일요일 오후에만, 그것도 격주로 헐하우스 댄스 교실에 참석하겠다며 등록을 신청한 일이 있었다. 그렇게 드문드문 참석하면 곤란하다는 우리의 말에 그들은 주중 이틀 저녁은 일하지 않는 시간으로 정해져 있는데도, 매일 저녁 일을 할 뿐 아니라 일요일 오전에도 일하며 게다가 2주에 한번씩 일요일 오후에 재고정리를 한다고 일러주었다. 판매원 노동조합이 주최하는 모임을 포함해 여러 모임이 헐하우스에서 거듭 열려 그 지역 백화점 노동자들의 장시간 노동을 성토했다. 보헤미아 이민자 지역에 있는 한 대형 상점이 일요일에 온종일 문을 닫고 여러 상점들이 일주일 가운데 사흘 저녁을 쉬지만 헐하우스가 생긴 지 20년이 지난 지금까지 별다른 개선이 이뤄지지 않았다. 일요일에 일해야 하는 나쁜 조건인데도 변두리 지역 백화점에서 일하는 여성들은 시내 백화점보다 자신이 일하는 곳을 더욱 선호한다. 고객과 더욱 친밀한 관계를 유지하고 판매원과 지배인 사이의 신분도 대등하며, 더욱이 여성판매원들은 친구와 이웃들의 보호를 받는다. 도심에서 일하는 여성들의 경우는 '행실이 바르지 못한' 사람일지 모른다는 의심을 받는 일이 많지만, 변두리 백화점에서 일하는 여성들에게는 그런 우려가 전혀 없다.

헐하우스 설립 초기에 우리는 여성 노동자들이 만든 노동조합을 만나보지 못했다. 당시에 시카고에서 유일하게 조합원이 여성으로만 구성된 노조가 제책 기술자 노동조합이던 것으로 기억한다. 그 선구적 노동조합의 위원장[5]이 식사 초대를 받아들여 헐하우스로 온 저녁을 지금도 생생히 기억한다. 여러 주에 걸쳐 저녁 초대에 응해달라고 요청한 터라 그 여성은 다소 목에 힘이 들어간 자세를 취하고 있었다. 그 여성은 단지 우리의 의도가 궁금해 참석했지만 진정성을 확인했고 노동자가 아닌 '외부인들'도 여성 노동자에게 도움을 줄 수 있다는 우리 주장에 공감하게 됐다. 이후로 그 여성은 헐하우스와 긴밀한 관계를 유지하며 우리 일에 적극 협력했다. 나중에 그 여성은 보스턴으로 옮겨가 전미노동연맹의 조직 담당자가 됐다.

셔츠 제조 여성노동자 조합과 외투 제조 여성노동자 조합, 또 도르카스 연합노동조합이 헐하우스에서 조직됐다. 도르카스 연합노동조합은 당시 자원봉사 입주자의 한 사람이던 여성노동자의 노력으로 탄생했다. 도르카스 연합노동조합은 한 달에 한 번씩 헐하우스 응접실에서 모임을 가졌다. 이 단체는 여성을 조합원으로 둔 모든 시카고 지역 노동조합

---

4. 전국소비자연맹은 1899년에 결성되었다. 소비자들의 압력을 통해 노동 환경을 개선하게 하려는 목적에서 만들어졌다. 초대 사무총장이 헐하우스 자원봉사 입주자인 플로렌스 켈리였다.
5. 메리 케니 오설리번(1864-1943)으로 제책 기술자 노동조합을 조직했다. 플로렌스 켈리와 함께 시카고 공장의 노동 상황을 조사했고 1903년에는 전국여성노동조합연맹 설립에 관여했다.

의 대표자들로 구성돼 있었으며, 노조운동에 공감하는 여성들도 회원으로 받아들였다. 이 단체는 시카고 노동총연맹에게서 대표성을 인정받았고, 나중에는 다른 여러 노동단체들과 연합해 여성 노동조합 라벨 연맹을 결성했다. 그런데 활발한 활동을 펼치던 헐하우스 여성 클럽 회장[6]이 도르카스 노동조합연합 회원 가입을 신청했다. 우리는 다른 여러 조직과 연대하려는 노력이라며 높이 평가했다. 회원 승인을 얻으려면 투표 절차를 거쳐야 했지만 우리는 승인을 확신했고, 그 여성은 응접실 문밖에서 투표 결과를 기다렸다. 그런데 애석하게도 그 여성은 회원 승인에 필요한 표를 얻지 못했다. 투표를 한 여성노동자들은 그 여성의 인품과 능력을 불신해서가 아니라 "다른 편에 속하는 사람으로 보이기 때문"에 회원으로 승인하지 않았다고 조심스럽게 설명했다. 다행히도 마음 넓은 그 여성은 승인 거부 결정을 충분히 이해했다. 여성노동자에 대한 그 여성의 관심은 진실한 것이었고, 그 뒤 10년이 채 되지 않아 전국여성노동조합연맹 의장으로 선출됐다. 그 사건과 이후의 사건은 노동운동에 대한 시카고 사람들의 태도 변화를 보여준다. 사람들은 노동운동이 단지 계급투쟁이 아니라 모든 사회 구성원과 관련한 일반 사회운동이라는 사실을 인식했다.

노동운동을 바라보는 이러한 대중의 태도는 시카고 지역에서 일어난 여러 차례의 두드러진 파업을 통해 형성됐다. 그 필요성을 널리 알렸기 때문에 최소한 노동 법률이 두 차례 제정됐다. 풀먼 파업 이후 예기치 않게 여러 다양한 평가가 쏟아져나왔고, 이를 통해 파업으로 드러난 법률 구조의 문제점을 차분하게 살펴보고 그것을 바로잡는 계기가 마련됐다. 시민들은 노사관계 조정과 중재를 위한 대규모 대표자 협의회를 구성했다. 나는 이 협의회 위원회 간사로 일했다. 이러한 운동의 결과로 일리노이 의회가 노사관계 조정 주위원회 설립을 규정한 법률을 통과시키자 우리는 희망으로 한껏 부풀었다. 하지만 주 위원회라고 해도 일반대중이 승인하고 지지하는 것 이상을 성취할 수는 없다. 시카고에 악명을 안긴 노사 갈등 상황을 예측했다면 그렇게 희망을 품기는커녕 암담한 상황에 절망하고 말았을 것이다. 그 법률에는 노사 중재에 관한 기존의 여러 법률에서 정선한 조항들만 있었는데 당시 '중재'란 불가능이나 다름없다고 여겼다. 많은 시카고 시민들은 대립하는 두 세력을 공개적인 장소에서 서로 싸우게 놓아두면 백해무익한 결과만 낳을 것이라고 확신했을 뿐 아니라 올바른 노사관계는 그만큼 더 어려워진다고 믿었다.

풀먼 파업은 수많은 시카고 시민들이 현실을 바로 보게 하는 효과를 낳았다. 그 전까지는 사회 분열이 극명하게 표출된 사례가 없었지만 잠시나마 총파업으로 참모습이 드러났다. 물론 풀먼 파업이 일어나는 동안 계급 적대가 더욱 커진 것은 사실이다. 헐하우스가 노사 양측의 대화 창구를 마련했지만 오히려 이를 계기로 계급 간 증오와 갈등이 표면화한 것 같았다. 나는 이전부터 풀먼이라는 사람을 알고 있었다. 심혈을 기울여 지은 모델 타운에 그가 강한 자부심과 만족감을 보인 사실도 알고 있었다. 나는 많은 풀먼 종업원들과 이야기를 나눌 기회가 있었다. 인근 지역 켄싱턴에서 열린 집합에 '시민중재위원회' 간사 자격으로 참석했고, 모델 타운에 있는 그들 집에 초대받아 조촐한 저녁 식사를 했는데, 이때 그들과 많은 대화를 나눌 수 있었다. 풀먼 노동자들은 사태가 조속히 해

---

6. 마가레트 드라이어 로빈스(1868-1948)를 가리킨다. 그녀는 1917년에서 1922년까지 전국여성노동조합연맹의 의장으로 있었다.

결될 것으로 생각했다. 중간급 임직원들 때문에 생겨난 모든 불만의 원인은 곧 해소될 것이며, 모델 타운을 지어준 풀먼 사장의 선의는 결코 바래지 않을 것이라고 확신했다. 노동자들은 중간급 임직원들이 현실을 위쪽에 제대로 전달하지 않았다고 확신했다. 계급의식에 눈 뜨면서도 한편에서 노예근성이 여전히 팽배했다. 풀먼 파업은 노사 분쟁의 결과가 고용주 개인의 의지나 파업 지도자의 성향에 따라 좌우되는 일이 얼마나 많은지 잘 보여주었다.

파업에 영향을 미치는 수많은 요인들이 있다. 국내 사정, 의견을 달리하는 소수집단의 우려, 고통받는 여성과 아이들, 투쟁이 낳는 격앙된 감정, 종교적 죄책감, 군중심리 등 다양한 요인들이 영향을 준다. 이러한 모든 요인은 또 일반 대중에게도 영향을 주어 파업을 바라보는 시각을 결정한다. 풀먼 파업 초기에 나는 중재위원회 회의를 마치고 오디토리엄 호텔 엘리베이터를 타고 내려오다가 어떤 지인을 만났다. 그 사람은 "파업하는 사람들은 전부 총으로 쏴 죽여야 한다"라고 말했다. 격노한 자본가나 극단적인 사람의 입에서도 그런 잔인한 말을 들어본 일이 없었으므로, 나는 그 사람이 왜 그런 극언을 하는지 이유가 궁금했다. 이유를 알고 보니 열두 살 때부터 시작해 서른이 될 때까지 피땀 흘려 모은 돈 1만 달러를 파업 때문에 모두 날렸다는 것이다. 그는 "이런 상황에서 어떻게 파업에 호의적일 수 있느냐"며 자신의 극언이 전혀 지나치지 않다고 말했다.

파업에 대한 부정적 생각이 퍼져나가지 않을까 노심초사했다. 이런 내 우려를 드러내는 개인적 사건이 있었다. 파업이 한참 진행되던 때 시카고 근처 병원에서 치료를 받던 큰언니7의 병세가 갑자기 나빠졌다. 나는 곧바로 병원에 갈 수 있었지만 다른 주에 있던 형부와 조카들은 교통 대란 때문에 제때 오지 못했다. 임종의 순간은 점점 다가왔고 언니는 형부와 조카가 아직도 도착하지 않았느냐고 몇 번이나 계속 물었다. 언니가 이런 사태를 일으킨 사람들을 원망하며 임종을 맞이하게 될까 봐 매우 염려스러웠다. 가족을 간절히 찾는 마음이 '사람들에 대한 미움으로 바뀌지 말아야 할 텐데'하는 생각뿐이었다. 언니는 내 마음을 훤히 읽고 있던 모양이다. 아직 식구가 도착하지 않았다고 내가 대답할 때마다 "어느 누구도 원망하지 않아. 그 사람들 잘못이라고 욕하지 않아"라고 말했던 것이다. 나는 안심이 되면서도 동시에 마음이 몹시 무거웠다. 그런 슬픈 시간을 맞는 사람들이 파업 때문에 얼마나 더 큰 고통을 겪고 있을까, 그리고 그런 일로 인해 사람을 미워하는 마음이 더욱 강해지지는 않을까, 그래서 서로 용서하지 못하게 되지는 않을까 하는 생각을 떨쳐버릴 수 없었다.

조용한 시골에서 시카고로 돌아온 나는 우체국 근처에서 야영을 하는 연방 방위군을 보았다. 할스테드 스트리트에 있는 사람들 대부분은 하얀 리본을 달고 있었다. 하얀 리본은 파업에 동조한다는 뜻이었다. 헐하우스 자원봉사 입주자들 사이에는 병력 투입의 정당성을 두고 의견이 갈라졌다. 어느 편이 차량을 불태우고 있는지 확인해주는 정확한 정보를 아무도 얻을 수 없었다. 풀먼 파업이 끝나고 나서 그 사건을 분석한 〈현대의 리어 왕〉이란 제목의 논문을 썼다. 풀먼은 자신이 종업원 복지에 힘을 기울였는데도 종업원들은 은혜를 원수로 갚았다고 생각했다. 하지만

---

7. 제인 애덤스의 큰언니 메리 애덤스는 1894년에 위스콘신 주의 케노샤에 있는 요양원에서 사망했다.

종업원들이 풀먼의 복지 계획에 반기를 든 것은 불가피한 일이었다. 풀먼의 종업원 복지 정책 실패가 지닌 사회적 의미와 산업 현장에서 민주적 질서를 요구하는 목소리 사이의 관계 등을 분석하고자 했다. 풀먼 파업이 있고나서 3년 뒤 파업 주동자 한 사람이 나를 찾아온 일을 생생하게 기억한다.

그는 파업 이후 대부분의 기간을 직업 없이 생활했지만 6개월 동안은 가명을 사용해 전차회사 수리 공장에서 일할 수 있었다. 하지만 파업 주동 전력이 드러나 해고되고 말았다. 그는 능력 있는 기술자였지만 블랙리스트에 이름이 올라 다시는 취업할 수 없는 형편이 됐다. 게다가 그의 부인은 정신 질환을 동반한 질병으로 고생하다가 얼마 전에 세상을 떠났다. 살길이 막막한 그는 절망감 가득한 얼굴로 초췌하게 서 있었다. 파업 때문에 한 사람의 삶이 그렇듯 철저하게 파괴된 것을 보고 나는 가슴이 아팠다. 나는 새로운 중재 법률 덕분에 시카고에는 그런 끔찍한 노사 분규가 다시는 일어나지 않을 것이라고 굳게 믿었다. 1896년만 해도 의복 노동자 파업에 중재 법률을 적용하면서 여러모로 큰 어려움을 겪었다. 여러 차례 대규모 집회를 열어 압박을 가한 후에야 겨우 중재에 성공할 수 있었다. 아무리 정당한 요구라 할지라도, 그것을 관철하는 수단으로 폭력적 파업을 택하는 방법은 비효율적이고 몹시 야만적인 수단이라는 사실을 나는 오랫동안 진행된 재단사 파업에서 다시금 확인했다. 재단사들은 여러 부당 행위에 불만을 표시했지만, 특히 그 가운데서도 재단사를 고용한 상인들이 작업장 마련을 재단사에게 부담지우는 현실을 성토했다. 파업 주동자 가운데 한 사람은 여러 해 동안 내가 알던 사람으로, 차분하고 부지런하며 매우 똑똑한 인물이었다. 하지만 힘든 시간이 계속되면서 차츰 몸과 마음이 쇠진해졌고 마침내는 분별력마저 완전히 잃고 말았다.

그는 예민한 성격이었지만 파업 지도자로서 매일매일 조합원들에게 연설하고 밤낮 구별 없이 내방객을 맞아야 했다. 또 힘들어 하는 가족들 때문에 마음 아파하는 파업 참가자들을 다독여야 했다. 그는 점점 궁핍해져만 가는 자신의 집 안을 돌보지 못하고 남들을 챙겨야 하는 처지에 회의를 느끼며 이런 일을 했을 것이다. 게다가 파업이 실패하고 있다는 생각에 더욱 힘든 나날을 보냈을 터이다. 작업대에서 단조로운 생활만 하던 그가 갑자기 새로운 환경으로 던져지면서 여러 신경 쇠약 증세를 보이기 시작했고, 결국 스트레스를 감당하지 못하고 정신을 완전히 놓고 말았다. 파업 이후 그는 종적을 감췄고 10년 동안 나타나지 않았다. 하지만 다시 그 사람이 돌아왔을 때 그는 가슴에 사무친 옛날 일들을 여러 사람들에게 낱낱이 이야기하기 시작했다. 강연회를 열어 자신의 과거 경험을 사람들에게 들려주며 생활을 꾸려나가는 그 사람은 여전히 신경 쇠약 증상을 보이고 있었다. 그가 한 이야기 가운데 다음 이야기는 특히 가슴을 아프게 했다.

한창 일감이 많은 바쁜 성수기, 어느 일요일 오후였다. 그는 어린 자녀 셋을 데리고 링컨 파크에 갔다가 그곳에서 우연히 회사 사장을 만났는데, 사장은 귀한 시간을 낭비한다고 야단치면서 왜 충분한 일감을 집으로 가져가지 않았냐고 화를 냈다는 것이다. 헐하우스 자원봉사 입주자들이, 바쁜 시기에는 눈코 뜰 새 없이 일을 하다가도 일감이 없는 비수기에는 여러 주를 놀고 지내던 그를 여러 차례 본 적 있었기 때문에, 그 이야기는 충분히 신뢰할 만했다. 일반 남성 노동자들이 낮은 임금에 시달리고 또 주기적으로 일을 하지 못하는 상황 역시 여성 노동 착취와 아동 노동과 마찬가지로 심각한 문제임을 우리는 서서히 깨닫게 됐다.

하지만 무엇보다도 실업만큼 비참한 일은 없다. 우리가 사는 지역은 임대료가 낮아 저임금 노동자들, 또 철도 부설과 같은 일을 얻어 집단으로 미국에 이주해온 이민자들이 몰려들어서 주변에는 실업자들이 많았다. 궂은일을 마다하지 않는 억센 농부 출신의 이민자들은 이들의 고혈을 빼는 이민 노동자 왕초의 희생자 신세가 되거나 아니면 파렴치한 직업소개소에 농락당했다. 헐하우스는 인근의 이민 노동자 왕초와 직업소개소를 조사했고, 그 결과 우리의 의구심을 확인할 수 있었다. 우리는 주정부 관할 하에 무료로 직업을 소개하는 기관을 설립하자는 운동을 펼쳐나갔다. 마침내 직업 알선 기관 설립에 관한 법률이 1899년 일리노이 의회에서 통과했다. 이로써 공무원들이 직업 알선 서비스를 제공하고 사설 직업소개소에 행정지도를 할 수 있게 됐다. 이들 주정부 기관의 이후 활동을 살펴보면, 법률 제정 자체를 성과로 생각했을 뿐 그 시행과 결과에는 큰 관심을 기울이지 않는 경향이 우리에게 있었음이 드러난다.

10년 뒤에 상황을 점검한 결과 이민자들의 어려움은 전혀 개선되지 않았음이 밝혀졌기 때문이다. 불가리아 이민자들을 아칸소로 보냈지만 그들을 필요로 하지 않아 낭패를 당한 일이 있었다. 그들은 걸어서 시카고로 되돌아왔다가 오클라호마에 일자리를 다시 소개받아 그곳으로 갔다. 그들은 기차 요금뿐 아니라 수수료도 다시 지불해야 했다. 시카고로 되돌아오지 않고도 오클라호마에 일자리가 있다는 사실을 알려주는 방법도 없었고 게다가 시카고 기관에서 오클라호마에 이미 너무 많은 노동자들을 보내 그곳에서도 허탕치고 다시 시카고로 돌아오지 말라는 보장도 없었다.

시카고 직업 알선 기관에 대한 점검은 이민자 권익 보호 연맹이 맡았다. 헐하우스는 인근 이민자 지역을 점검하는 게 필요하다고 판단하면 언제든지 이 단체와 협력할 수 있었고 얼마 전에도 그리스 이민자들을 점검한 바 있었다. 연맹 의장인 그레이스 애봇[8]은 헐하우스 자원봉사 입주자였다. 이민자들의 권익을 보호하고 기회를 제공하려는 우리 노력은 이 연맹을 통하면 훨씬 더 효율적이다. 시카고 이민자 권익과 관련해 연방 의회 위원회에서 연설할 때, 우리는 헐하우스 이웃 주민뿐 아니라 이민자 권익 보호 연맹도 대표한다.

시카고 지역 노사 분규 가운데 일부는 최근에 미국으로 건너와 처음으로 공장에 취업한 이민자들이 적응에 많은 어려움을 겪고 있는 사정과 관련 있다. 그러한 파업은 노사 분규라기보다는 포괄적 사회 운동이라고 할 수 있는데, 미조직 노동자들이 노동조합에 조직화 지원과 지침을 요청하는 단계에서 성급하게 사용하는 수단이기 때문이다. 그러한 파업은 미숙련 노동자를 위해 노동조합이 벌이는 파업과 닮았다. 두 가지 모두 파업의 열기가 식고 나면 급조된 조직을 유지하기 어려울 때가 태반이었고, 파업을 통해 얻는 성과라고 한다면 노동자의 연대 의식 정도였다. 1905년 시카고 도살장 파업이 대표적인 예라고 할 수 있다. 이민 노동자를 위해 시작한 파업으로 2만 2천 명의 노동자가 여름 내내 일손을 놓고 지내야 했지만, 폭력 사태 없이 진행돼 연행된 사람이 비교적 적었다. 하지만 그 파업에 대한 이야기는 헐하우스보다는 시카고 대학교

---

8. 애봇(1878-1939)은 시카고 대학교 대학원생이었던 1908년에 헐하우스로 들어왔다. 1908년에서 1917년까지 이민자 권익 보호 연맹의 의장을 지냈다.

세틀먼트 쪽에서 하는 것이 합당하다고 본다. 힘들었던 그해 여름 메리 맥도웰[9]은 자신을 돌보지 않고 공익을 위해 헌신했다. 미숙련 노동자 파업을 계기로 도축 산업이라는 거대 산업의 실태가 드러나 정부가 문제 해결에 적극 나서게 되는데, 이런 진전을 이끌어내는 데 미숙련 노동자들의 파업이 얼마만한 역할을 했는지 살펴보는 일은 자못 흥미롭다. 노사 분규만큼 대중의 이목을 끌 수 있는 방법은 없다. 파업은 큰 흥미를 자아내는 사태로, 스포츠 경기의 특징을 갖추고 있다. 도시의 전체 인구가 둘로 나뉘어 각기 한 편을 응원한다. 그러한 때는 심판관의 역할을 해야 할 공정한 대중의 존재는 사라지고 만다. 객관적 자세를 유지하기가 어렵고 설사 유지한다고 해도 양쪽에서 의심의 눈초리를 받기 마련이다. 1905년 격렬했던 화물 운전자 파업 때 시카고 시장[10]이 중재 위원으로 임명한 시민들은 바로 그런 운명의 주인공이 됐다. 어느 일요일 오후, 우리는 시장 집무실에 앉아 노동자 대표와 대화를 나누었고, 그 뒤를 이어 사용자들과 장시간에 걸쳐 이야기를 나누었다. 석탄 화물 운전자 노동조합과 석탄 화주 조합 사이에 은밀한 담합이 맺어져 화물을 독점하고 있었지만, 이런 사정에 어두웠던 우리는 아무 성과를 내지 못했다.

화물 운전자 파업은 표면상으로는 의류 노동자를 옹호하기 위함 이었지만 실제 목적은 떳떳이 드러내지 못할 만큼 부끄러운 것이었다. 화물 운전자 파업은 1900년대 노동조합의 부패를 단적으로 보여주는 사례였다. 때로 부패는 야합의 형태를 띠기도 했다. 선거 때 노동자 표를 몰아주는 조건으로 정치적 거래를 하는가 하면 자본가와 노동자가 결탁하는 일도 있었다. 하지만 이런 부패에 단호히 맞서는 양심적인 노조 운동가들도 끊이지 않았다. 시카고 노동연맹 안에서 일어난 개혁 운동으로 여러 명의 희생자가 생겼다. 그 가운데 어떤 사람은 부패 분자들이 사주한 폭력으로 거의 목숨을 잃는 지경에 이르렀다. 이런 상황에서도 연대의 정신이 전혀 훼손되지 않았음을 확인하게 해주는 가슴 뭉클한 사례들도 있었다.

한번은 빌딩에서 청소 일을 하는 일용직 여성들이 엘리베이터맨과 건물 관리인과 더불어 노동조합을 결성했다. 일용직 여성들의 노동조합은 오로지 석탄 화물 노동자들이 자신들의 목적을 관철하는 데 이용됐다. 그렇게 해서 화물 노동자들은 시내 건물에서 천연 가스를 사용하지 못하도록 압력을 넣었던 것이다. 다른 사람이 자신들의 목적을 관철하기 위해 일용직 여성들을 도구로 이용했지만, 그래도 여성들은 노동조합 활동을 통해 연대 의식을 얻었다. 보호받지 못하는 미숙련 노동자에게는 바로 이러한 의식의 획득이야말로 노동조합 운동을 통해 얻는 가장 귀중한 보물이다. 어느 일요일 오후, 헐하우스에서 열린 모임에서 일용직 여성 대표가 일어나 자신이 경험한 일을 이야기했다. 그 여성은 힘든 노동보다 일자리를 잃을지 모른다는 두려움과 들쭉날쭉한 수입이 더욱 고통스러웠다고 말했다. 같은 빌딩에서 허드렛일을 하는 다른 동료 여성을 적수로 여겼으며, 특히 처지가 가장 어려운 사람을 가장 경계했다고 털어놓았다. 그런 사람은 빚에 시달리기 때문에 더 낮은 급료를 주어도 두말하지 않는다는 이유에서였다. 그런 그녀에게도 변화가 일어났다. 엘리베이터맨과 빌딩 관리인이 노조의 필요성을 언급하며 함께 뭉쳐야 한다

---

9. 헐하우스 자원봉사 입주자였던 메리 엘리자 맥도웰(1854-1936)은 1894년에 가축 사육장 지역인 패킹턴 소재의 시카고 대학교 세틀먼트의 운영 책임자가 되었다.

10. 1905년 당선된 "개혁" 시장 에드워드 F. 던을 가리킨다. 화물 운전자들은 겉으로는 의류 노동자 파업을 지지하는 척했다.

고 그녀를 설득한 것이다. 차츰 해고의 두려움이 사라졌고 일정한 급료도 기대할 수 있게 되면서, 그녀는 주택 구매까지 생각하고 있었다.

노동 문제에 관여하는 일이 세틀먼트 운동의 본래 취지에서 벗어난다고 보는 사람들이 있을지 모른다. 하지만 그런 사람은 바르지 못한 노사 관계 때문에 사회 정의와 사회 질서가 위협받는 상황이라면, 마땅히 그 상황을 이해하고 이를 바탕으로 문제를 시정해나가는 노력을 기울여야 한다는 명백한 사실을 깨닫지 못하고 있다. 그런 시급한 문제를 해결하려면 지역 노동조합과 긴밀히 협력해야 한다. 그런 목표를 세워두면 세틀먼트는 자연스레 노동조합이 내세우는 모든 신조와 운동에 귀를 기울이게 된다. 지금까지 협력은 유사한 신조를 지닌 집단 사이에만 이뤄져 왔기 때문에, 세틀먼트 운동과 노동조합이 서로 채택하는 방식이 크게 다를 때가 많다고 해도 세틀먼트에 대한 대중의 생각은 바뀌지 않는다. 특히 노사분규가 일어나는 시기에는 더욱 그러하다. 이때는 특별히 노동조합 운동가들이 자신들을 제외한 다른 모든 주체들을 의구심 어린 눈으로 바라보지만, 그래도 세틀먼트에 대한 사람들의 생각은 변함이 없다. 파업과 파업 사이에 세틀먼트는 노동조합과 협력해 노동 법률 제정을 활발히 벌이는 등 만족할 성과를 거두었다. 시카고 여성 노동조합 연맹의 간부들은 세틀먼트 자원봉사 입주자들이었다.

어쨌든 파업과 관련해 시카고 지역 세틀먼트 단체에 대한 당시 사람들의 반응을 살피는 일은 흥미로운 사회 심리학 연구 주제가 될 법하다. 사람들은 헐하우스가 파업 노동자와 운명 공동체인지 아닌지 하는 점은 전혀 고려하지 않았다. 노동자들이 욕을 먹을 때면 우리도 항상 비난의 화살을 함께 맞았다. 우리는 중재 임무를 부여받은 것뿐인데도 풀먼 파업 뒤 헐하우스는 많은 친구를 잃었고, 화물 운전자 파업 때도 역시 많은 친구를 잃었다.

하지만 주어진 상황을 두고 정당하다거나 혹은 부당하다는 식으로 판단을 내리더라도 사람의 동정심은 잘못된 행위를 앞에 두고도 변함이 없고, 또 사람은 그런 동정심 때문에 다른 사람이 겪는 고통도 함께 느낀다는 생각을 나는 자주 한다. 나는 그런 생각을 할 때마다 위안을 얻는다. 격렬한 파업이 일어나던 와중에 내게 큰 위안을 준 사건이 기억에 남는다. 그때 나는 어느 오찬에 초대받았다. 그날 아침에 나와는 생면부지인 웨이트리스가, 초대한 여성에게 내가 오찬 자리에 오지 못할 것이라고 확언했다는 것이다. 왜 그런 생각을 했느냐고 내가 묻자, 그 웨이트리스는 아침 신문에 파업 노동자가 파업에 동참하지 않는 '배신자'를 살해했다는 기사를 읽었다며 그런 비극적 사태에 내가 크게 상심하고 있을 테니 약속을 지키지 못할 것이라고 생각했다고 했다. 매우 복잡하게 얽힌 사안이었는데 그 여성은 직접 전해 듣기라도 한 것처럼 내가 폭력 사태에 크게 절망하고 있음을 꿰뚫고 있었다. 때로는 불만족스럽기도 하고 힘에 벅차기도 하지만, 갈등하는 주체들 사이에서 서로 이해하도록 애쓰는 일이 앞으로도 세틀먼트의 역할로 남아 있을 것이다.

시카고에 있는 세틀먼트 단체 사이에 훈훈한 유대감이 서서히 생겨났다. 서로 유사한 경험을 공유하기 때문에 생겨난 동질감이었다. 한 세틀먼트 안에서 함께 숙식을 하며 같은 목적을 위해 다같이 노력하는 자원봉사 입주자 사이에 끈끈한 정이 생기는 이치와 마찬가지였다. 미숙련 이민 노동자들이 미국으로 이주하기 전 유럽에서 겪던 것보다 더 열악한 노동 현실에 맞서 힘든 싸움을 벌일 때만큼 이러한 동료의식이 더 강해지는 때도 없다. 여러 세틀먼트의 자원봉사 입주자들은 노동자 보호 입법의 필요성을 외쳤다. 건강한 시민이 있어야 국가의 존립이 가능하므로, 인간답게 살 수 없게 만드는 산업 사회의 현실을 개선하려면 반드시 노동자 보호 입법이 필요하다고 주장했다. 가축 사육장 파업이 일어나던 때만 해도 그런 주장을 펴는 사람에게는 '사회주의자'라는 딱지가 붙었다. 하지만 변호사 브랜다이스의 노력에 힘입어 여성의 노동 시간을 10시간 이하로 규제한 오리건 주의 법률을 미연방 최고법원이 헌법 합치로 판결[11]하면서 노동법 제정 주장은 정당성을 확보했다.

노동자들은 자신의 어려움을 해결하려는 과정에서 차츰 미국뿐 아니라 전 세계의 노동운동에 눈과 귀를 열기 시작했다. 시카고 지역 세틀먼트의 자원봉사 입주자들은 누구보다 앞장서서 노동법 제정 추진 국제연맹 미국 지부의 회원이 됐다. 노동자의 현실을 직접 목격한 그들은 노동자 보호 법률의 필요성을 절감하지 않을 수 없었다. 연맹의 구성원들이 유럽 산업국가 전역에서 열성을 다해 활동하고 있고 그 결과 유럽의 여섯 개 국가에서 여성의 야간 노동을 금지하는 법률을 통과시키는 성과를 올리는 소식을 접하면서, 우리는 자연스레 세계사적 의의를 지니는 중요한 운동에 동참하고 있다는 의식을 얻었다.

---

11. 밀러 대 오리건 주 사건에서 연방최고법원은, 법규를 통해 산업을 규제할 권리가 주에 있음을 인정했다. 변호사 루이 브랜다이스(후일 연방 최고법원 판사가 되었다)는 법정에 제출한 소송사건적요서에서 사회 경제적 근거를 들어 오리건 주의 입장을 옹호했다.

이민자와 그 자녀들

헐하우스 개원 초기부터 우리는 대도시로 이주해온 1세대가 2세대나 3세대에 비해 상대하기가 훨씬 수월하다는 사실을 깨달았다. 시카고에 거주하는 이탈리아 농민과 보헤미아 농민들은 지금도 일요일이면 화사한 주일 옷을 차려입고 친지를 방문한다. 그들의 걸음걸이에서 신선한 시골 공기를 마시며 밭을 갈던 이력이 묻어난다. 도시 빈민 2세대에게는 주일 옷조차 없는 경우가 많은데, 그들은 '팔자소관'이라며 자신의 처지를 비관한다.

나는 술에 잔뜩 취해 소를 몰던 어린 시절과 고향 어머니를 그리워하며 넋두리를 하는 사람을 본 적 있었다. 그 사람의 어린 아들은 그런 아버지를 잔뜩 비웃었지만 나는 그 아이가 이른 나이부터 아버지처럼 술 마시며 주정을 부릴 것이라는 사실, 하지만 전원생활을 그리워하며 넋두리는 하지 않으리라는 사실을 알고 있었다. 가난한 미국인들 사이에 섞여 살면서 겉으로는 도도하게 행동했지만 외국인들에게는 여전히 따뜻한 정이 흐르고 있었다. 이민자들을 흡족하게 하는 확실한 방법이 있다. 그것은 그들의 전통 가치를 존중하며 품격 있는 미국인들과 접촉할 수 있게 하는 것이다. 여러 해 동안 토요일 저녁마다 우리는 이탈리아 출신인 이웃 사람들을 손님으로 초대했다. 개원 초기 겨울 동안에 헐하우스는 이웃 사람들의 사랑방 노릇을 톡톡히 했다. 다수의 교육받은 이탈리아인들이 우리의 일을 도와주었고, 헐하우스는 언제나 이탈리아인을 반기는 곳, 이탈리아 국경일을 축하하는 곳으로 알려졌다. 그들은 우리를 찾아와 소소한 소송사건이나 말썽을 피우는 아이 문제, 병원비 문제, 이웃과의 불화 문제 등을 의논했고, 때로는 통역 때문에 우리의 도움을 청하기도 했다.

한 이탈리아 신문의 편집자는 이웃에 사는 나폴리 사람들과 시실리 사람들뿐 아니라 시카고 전역의 교육받은 이탈리아 사람들과도 우리가 인연을 맺도록 해주었다. 나중에 그 사람은 남부로 내려가 앨라배마에서 농촌 개척마을을 시작했다. 헐하우스는 개척마을을 세우는 그의 노력에 지원을 아끼지 않았다.

우리는 다른 이민자들보다 남부 이탈리아인들이 교육받지 못한 농촌 출신들로 도시의 좁은 셋방에서 힘들게 생활하는 사정을 잘 알고 있었기에, 이탈리아 농부 출신 서른 가정이 남부로 내려가 몸에 익은 농사일을 하기로 했을 때 매우 기뻤다. 개척민들은 에이커 당 2달러의 저렴한 가격으로 토지를 구매했지만, 그래도 개척 마을을 세우는 일에는 돈이 많이 들어갔다. 땅 이외에도 필요한 것이 많기 때문이다. 첫 해와 둘째 해를 견뎌낼 자금을 마련하는 것은 가능했지만, 제대로 일하려면 영국이 설립한 개척 단체와 같은 단체가 필요했다. 물론 더 바람직한 방식은 연방 이민부(Federal Department of Immigration)의 기능을 확대하는 방법이다.

헐하우스 설립 첫해에 이탈리아인뿐 아니라 독일인들에게도 저녁 모임 자리를 마련해주었다. 독일인들은 교육 수준이 높았고, 또 교양 높은 어느 독일 여성이 모임을 잘 이끌어준 덕분에 마치 그들은 독일 본토에 와 있는 것처럼 편안하고 화기애애한 분위기에서 환담을 나누었다. 그들은 독일 민요를 부르고 독일 역사와 문학을 논하면서 바쁜 생활로 멀리했던 시와 소설을 차츰 가까이 하기 시작했다. 독일 이민자와 영어를 사용하는 자녀는 가족의 유대가 강했지만 서로 여가를 즐기는 방식이 달라 함께 외출하는 일이 거의 없었다. 아마도 그들에게 세틀먼트가 지니는 가장 큰 가치는 음악을 즐길 수 있는 크고 안락한 공간을 제공함으로써 잊었던 과거의 열정을 다시 깨우게 한 점이었을 것이다. 노래를 부르며 박자에 맞춰 뜨개바늘을 놀리거나 독일 시 낭독이 끝났을 때 박수를 치며 세파에 지친 얼굴에 붉은 화색이 도는 어머니들의 모습에, 그들의 아들과 딸들은 놀라 할 말을 잃고 서 있었다. 아이들의 마음속에서 어머니에 대한 존경심이 생겨났고, 가족들 사이에는 독일 문학에 대한 열정과 과거의 유산에 대한 관심이 커져갔다. 전통과 새로운 생활을 조화하려는 노력과 과거 문화를 존중하는 마음이 생기면서 새로운 것이 최상이라는 잘못된 생각에서 벗어났다.

이민자 1세대가 미국 문화의 장점을 받아들이지도 않으면서 유럽 문화의 장점을 잃는 경향에 대해 고국의 뜻있는 인사들은 개탄했다. 시카고 대학에서 강좌를 맡은 프라하 대학의 마수렉 교수는 시카고 지역에 사는 보헤미아 사람들이 물질만능주의에 빠져 있는 현실을 보고 크게 상심했다. 자기 땅 한 뙈기 없이 온갖 설움을 겪었던 슬라브족 이민자들은 토지를 소유할 수 있는 기회 앞에서 평정심을 잃고 오로지 돈 벌 생각만 하기 때문에 다른 모든 관심사는 눈에 들어오지 않았다. 나는 헐하우스에서 개최된 마수렉 교수의 강연에서 매우 감동적인 사건을 목격했다. 그 교수는 보헤미안 동포를 향해 고국 문화를 잊지 말자, 범슬라브 운동에 바쳤던 열정을 다시금 일깨우자며 열변을 토했다. 그러자 청소 일을 하면서 홀로 두 아이를 키우는 어느 보헤미아 여성이 막내아들에게 25센트를 쥐어주고 장미 한 다발을 사오게 했다. 그 돈은 다음날 세 끼를 해결할 돈이었다. 그녀는 민족혼을 일깨운 강연자에게 감사의 뜻으로 장미꽃을 바쳤다.

나는 이민자 부모의 참모습을 자녀들에게 이해시키고 싶었고, 바로 이 소망이 헐하우스 노동 박물관 설립의 원동력이 됐다. 노동 박물관을 설립하자는 생각은 어느 이른 봄날 실 잣는 한 이탈리아 할머니를 보고 처음 떠올랐다. 향수에 젖은 표정을 한 할머니는 물레라는 단순한 물건에서도 자신의 고향인 남부 유럽의 정취를 느끼는 듯했다. 그때 나는 폴크 스트리트를 걸어가고 있었는데, 마음이 심란한 상태였다. 나는 이탈리아 여성들과 깊은 인간 관계를 맺는 데 어려움을 겪고 있었으며, 이탈리아 여성들은 그들대로 미국화한 자기 자녀들을 훈육하는 데 어려움을 겪고 있었기에 나는 그 문제에 대해 고민하고 있었다. 나는 헐하우스가 앞장서 유럽 출신의 부모와 미국화한 자녀 사이의 틈을 이어주는 교육 프로그램을 마련해야겠다고 생각했다. 나는 어느 곳보다도 대도시 이민자 지역에서는 삶을 총체적으로 바라보는 능력이 절실히 필요하다고 생각했다. 사람들이 그러한 능력을 갖추지 못해 이민자와 미국인 사이뿐 아니라 부모와 자녀 사이에도 오해가 생겨난다고 믿었다. 삶의 무게에 힘겨워하는 이민자 아버지와 아들 사이에 그렇듯 뛰어넘기 어려운 오해의 벽이 있어야 할 이유란 무엇인가? 그때 마침 나는 집 앞 계단에 앉아 물레로 실을 잣는 할머니를 보았다. 할머니는 미켈란젤로 〈운명〉의 모델로 나올 만한 외모를 하고 있었는데, 지나가는 나를 보고 환하게 웃더니 조금만 더 실을 뽑아내면 대녀에게 양말을 짜 줄 만큼 충분한 양이 된다고 자랑했다. 실을 잣는 할머니의 모습에서 불현듯 한 가지 생각이 떠올랐다. 인근 방적공장에서 일하는 젊은이들에게 물레에 대한 관심을 불러일으킬 수 있지 않을까, 그래서 부모와 조부모가 해오던 일을 자신도 대를 이어 하고 있다는 의식을 심어줄 수 있지 않을까 하는 생각이 들었다. 듀이 박사[1]는 교육을 "단절 없는 경험의 재구성"이라고 정의한 바 있다. 젊은이들에게 공장에서 사용하는 복잡한 기계가 단순한 도구에서 발전했다는 사실을 인식시킨다면 참다운 교육의 장을 제공하는 셈이다. 또 괴테는 "온고지신이야말로 참된 진보의 기초"라고 했다. 내 생각을 실천으로 옮긴다면 젊은이들에게 과거를 올바로 바라보게 하는 소중한 계기를 마련해줄 터였다.

나는 곧바로 생각을 실천으로 옮기기로 했다. 이후로 여러 차례에 걸쳐 듀이 박사와 대화했다. 헐하우스 자원봉사 입주자 가운데는 듀이 철

---

1. 미국의 철학자이자 교육자인 존 듀이(1859-1952)는 미국 진보 교육의 아버지이다. 시카고 대학교에서 가르치고 있던 듀이는 헐하우스를 자주 방문했고 강연도 여러 차례 했다. 나중에는 헐하우스 이사가 되었다.

학을 신봉하던 교사가 있어 그와도 많은 이야기를 나누었다. 한 달 만에 우리는 공간 하나를 특별 용도로 마련해 오래된 기계나 도구를 소유한 이웃과 이런 도구를 사용하고 싶어하는 사람을 초대했다.

우리는 인근 지역에서 네 종류의 원시적인 방적 도구와 모양이 약간씩 다른 세 가지 물레를 찾아냈다. 시대 순서에 따라 이 일곱 개의 물건을 정리함으로써 공장에서 사용하는 방적기계와의 관련성을 보여줄 수 있었다. 실 잣는 도구뿐 아니라 직조 도구도 수집해 시대 순으로 정리했다. 일요일 저녁마다 직물 산업에 쓰던 물건들로 작은 전시회를 열었다. 한 공간 안에 시리아, 그리스, 이탈리아, 러시아, 아일랜드 여성이 함께 모여 설명을 해주었기 때문에, 별다른 관심 없이 전시회에 들른 사람도 산업이 단절 없이 발전해왔다는 사실을 깨닫기에 충분했다. 나라마다 언어와 종교와 정치 체제가 달라도 한결같이 노동자들의 노력으로 산업이 발달해왔음을 누구나 확인할 수 있었다.

마침내 우리는 산업 역사에 대한 강연을 마련했다. 영국 산업 혁명에 대한 흥미로운 강연과 북부에 있는 방직공장 지역의 열악한 상황에 대한 설명을 듣고 나서, 청중 가운데 러시아 출신의 재봉사가 일어나 발언을 했다. 그는 증기력 방직기의 도입으로 겪은 노동자들의 어려움은 시간이 지나면서 크게 경감된 반면, 증기력을 바느질에 활용하는 기술이 아직 초기 단계라서 홀로 사는 부녀자들이 바느질로 생계를 잇지만 손으로 작업하던 직조공처럼 결국 일감이 없어 생계유지가 어렵게 될 것이라고 말했다. 러시아 재봉사는 이러한 역사적 유추에서 안도감을 느끼는 듯했다. 또 벽에 걸린 도표에서도 재봉사는 위안을 받는 듯했다. 도표는 기계의 도움 없이 일해온 장구한 세월에 비해 증기력을 생산 공정에 활용한 기간이 매우 짧다는 사실을 보여주고 있었다. 인류의 진보 역사에서 산업 발전 시기만큼 가혹했던 적은 없지만 그 사람이 안도감을 느낀 이유는 지금과 상황이 유사한 시기가 이미 있었다는 점, 그리고 사려 깊은 조치를 통해 문제점을 완화할 수 있다는 점을 깨달았기 때문은 아니었을까? 다른 모든 노동자도 그처럼 위안을 얻을 자격이 있다. 소설가나 시인은 현재의 상황을 제대로 묘사한 작품으로 다른 모든 노동자를 위로할 의무가 있지 않을까? 재봉사의 발언이 있던 그날 저녁, 내 마음은 몹시 무거웠다. 조지 엘리엇이 시대에 뒤처진 직조공 사일러스 마너를 훌륭하게 소설로 그렸지만, 열악한 환경에서 착취당하는 도시 노동자를 엘리엇처럼 제대로 묘사한 시인이나 예술가는 전혀 없었기 때문이었다.

직물 박물관은 헐하우스에서 항시 가르치는 바구니 짜기, 바느질, 여성용 모자 만들기, 자수, 옷 만들기 등과 직접 연계돼 있었고, 또 다른 교육 활동과도 최대한 연계되도록 했다. 우리는 여러 다양한 제품과 초기 도구와 교육적 가치를 지니는 사진들을 수집할 수 있었다. 교육적 가치도 가치지만 무엇보다 박물관 덕분에 이민자들을 교사의 지위로 올리는 효과가 있어서 우리는 박물관을 소중하게 생각했다. 헐하우스 근처의 재봉실에서 일하던 러시아 여성들이 기억난다. 어느 해인가 크리스마스 주간에 그들은 헐하우스에서 파티가 열린다는 소식을 들었다. 파티에 참석하려고 어느 오후에 헐하우스로 왔지만 파티는 없었다. 자원봉사 입주자들이 즉흥 연주를 하고 음료를 대접하며 여성들을 즐겁게 하기 위해 최선을 다했지만 실망한 기색이 역력했다. 그때 노동 박물관을 보여주자는 좋은 생각이 떠올랐다. 박물관을 관람하면서 생기를 잃고 있던 서른 명의 여성은 활기 가득한 사람들로 변모하기 시작했다. 그들은 실 잣는 도구의 사용 방법을 알고 있었고, 러시아 방적 도구를 보고 반가워했다. 그들 가운데는 물레를 처음 본 사람들이 많았는데, 러시아 특정 지역까지 물레가 전파되지 않았기 때문이었다. 그들은 물레를 신기한 물건인 듯 바라보았다. 그들은 소매를 걷어올리고 손으로 짠 속옷을 보여주기도 하며, 직접 베틀을 사용해보기도 했고, 전통 의복을 만드는 일이 얼마나 어려운지도 설명했다. 우리가 애쓰지 않아도 그들은 그렇게 스스로 즐거운 시간을 보냈다. 자신이 예전에 체험한 일이었기 때문에 박물관을 방문하는 이민자들은 가르치는 사람의 입장이 돼 헐하우스의 미국인 봉사자들에게 신명나게 설명해줄 수 있었던 것이다.

박물관 운영을 통해 문화는 오래 전 확립된 직업과 사람의 생각을 이해하고 노동의 수고를 달래기 위해 만들어낸 예술을 이해하는 행위임을 사람들에게 인식시키는 계기가 마련됐다. 나는 이웃에 사는 어느 유대인 가정의 유월절 성찬에 초대받은 일이 있었다. 과거에는 살림이라는 기예에는 신성불가침의 가치와 의미가 담겨 있었다. 성찬에 초대받은 그날 저녁에 나는 그 가치와 의미를 다시 회복하고자 하는 열망에 사로잡혔다. 식탁에는 전통에 따라 정갈하게 마련한 음식이 놓여 있었다. 모세의 가르침에 따라 성찬을 준비하는 책임은 부인의 몫이었다. 내 육신의 눈은 엄숙한 성찬 의식을 바라보고 있었지만, 내 마음속에는 세계 곳곳의 노동하는 여성들이 영상으로 떠올랐다. 태양과 비를 찬미하는 노래를 부르며 오두막집 앞에서 곡식을 빻는 인도 여성, 모로코 탕헤르의 한 우물에서 흰옷을 입고 차례를 기다리는 무어 여성들, 개울가에 줄지어 앉아 희고 매끄러운 돌 위에 빨래를 두드리는 남부 이탈리아 여성들, 수많은 촌락에서 우유를 짜고 텃밭을 가꾸는 여성들, 이 모두 근심과 애정으로 가정을 보살피는 여성의 모습이었다.

　나는 노동 박물관이 여성의 본원적 활동에 내재된 매력을 드러낸 사실을 여러 차례 확인할 수 있었다. 안젤리나라는 어느 이탈리아 여자아이가 생각난다. 그 아이의 어머니는 노동 박물관 전시실에서 실 잣는 일을 했다. 그런데 마침 안젤리나는 같은 건물에 있는 요리 교실에서 토요일 저녁마다 요리를 배우고 있었다. 그런데 안젤리나는 항상 어머니를 현관문으로 들어가게 하고, 자신은 빌딩을 끼고 옆으로 돌아가 옆문을 이용했다. 투박한 부츠에 짧은 페티코트를 입고 머리에 천을 두른 이탈리아 여인이 자신의 어머니라는 사실을, 요리를 배우러 오는 사람들에게 알리기 싫어서였다. 그러나 어느 날 저녁 안젤리나는 교육대학에 온 사람들이 어머니 주위에 모여 감탄하고 있는 광경을 보았다. 그 사람들 대화를 들어보니 어머니가 "미국에서 가장 실을 잘 잣는 사람"이라고 말하는 듯했다.

　안젤리나는 내게 사람들이 놀랄 만큼 자신의 어머니가 그렇게 실을 훌륭하게 잣는지 물었다. 나는 마침 기회다 싶어서 안젤리나의 어머니가 태어나 성장한 이탈리아 마을이 어떤 곳이며, 그곳에서 어머니가 얼마나 자유롭게 살았는지 이야기해주었다. 또한 마을이 몹시 가난해서 어머니와 그곳 마을 여성들은 실 잣는 일을 낙으로 삼았다는 사실도 알려주었다. 나는 어머니의 자유롭고 훌륭한 삶을 자세히 설명하면서, 옛 생활을 버리고 방 두 칸짜리 셋방에서 사는 일이 어머니에게 얼마나 견디기 힘든지 생각해보라고 말했다. 또 집에서 짠 아름다운 머리 천을 버리고 가게에서 파는 볼품없는 모자를 쓰기가 쉽지 않다는 점도 지적했다. 나는 이런 외형적인 모습만으로 어머니를 평가하는 것은 온당하지 못하다는 뜻을 넌지시 내비쳤다. 어머니가 새로운 방식을 배우려면 딸에게 의지할 수밖에 없는 상황이지만, 그래도 자신의 딸이 전통을 이해했으면 하는 어머니의 바람은 정당하다고 말해주었다.

지금 사는 셋방과는 전혀 다른 환경에서 자신의 어머니가 살았다는 사실을 안젤리나는 제대로 실감하지 못했다. 하지만 이후로 최소한 두 가지 변화가 일어났다. 촌스럽다며 침대 밑에 숨겨둔 손으로 짠 아름다운 의복을 어머니가 꺼내 입어도 안젤리나는 싫다고 하지 않았다. 또 당당하게 어머니와 함께 빌딩 앞문으로 함께 들어갔다. 사람들이 그처럼 감탄하는 어머니의 솜씨가 자랑스러웠던 것이다.

헐하우스에서 모임을 갖던 어느 클럽은 자신들의 교양 수준을 높이려고 하는 헐하우스 간사를 못마땅하게 생각했다. 넥타이공장 노동자들로 이뤄진 이 클럽의 회장은 "가만히 앉아 따분한 강의만 듣고 싶지 않다"라고 불평하면서 "즐거운 시간을 보내기 위해 클럽 활동을 하는 것"이라고 말한 적이 있었다. 힘든 직장 일을 끝마치고 나서 즐거운 시간을 보내려는 마음은 아주 당연한 것이었다. 어느 날 저녁 나는 클럽 회원들이 노동 박물관에 모여 딱딱한 강의에 귀 기울이고 있는 모습을 목격했다. 강의를 재미있게 듣는 것을 보고 놀랐다고 다소 비꼬는 듯 말하자, 클럽 회장은 자신이 경청한 내용은 강의가 아니라 "하루하루 생활 속에서 여성들이 하는 일을 직접 체험하는 자리"라고 대답했다. 그 여성이 내린 평가는 노동 박물관 운영을 통해 얻은 가장 진솔한 찬사였다.

노동 박물관은 하루가 다르게 더 많은 공간을 필요했다. 시카고 필드 박물관에서 직물 관련 전시물을 대여했고, 또 심혈을 기울여 선정한 바구니 세공품을 필리핀에서 수입해왔다. 또 작업장도 하나 더 늘렸는데,

이곳에서 아일랜드, 이탈리아, 덴마크 여성 서너 명이 상근자로 직물짜는 일을 했다. 이 작업장에서 손수 짠 직물을 판매했고, 얼마 후에는 수익금만으로 작업장을 운영할 수 있었다.

많은 이들이 노동 박물관에 와서 유럽에서 익힌 도기, 금속, 목공 기술 등을 선보이며 그들의 기술과 능력을 활용하는 환경이 조성된다면, 이민자들도 미국 문화를 풍성하게 하는 주역이 될 수 있다는 사실을 보여주었다. 나폴리 지역 성당을 장식하던 솜씨로 셋집 문설주를 장식한 이탈리아 사람이 기억에 떠오른다. 그 사람은 남의 집을 망쳐놓았다며 셋집에서 내쫓기고 말았다. 그는 크게 상심했다. 셋집에서 내쫓겨서가 아니라 정성을 기울여 만든 자신의 작품을 알아주지 않아서였다. 그는 이탈리아를 여행하는 사람들은 목각 제품을 즐겨 보는데 미국에서는 "남을 이용해 돈 벌 생각만 한다"고 말했다.

자신의 능력과 기술을 제대로 발휘할 기회가 주어지지 않을 때 심각한 결과가 일어나기도 한다. 헐하우스 교육 활동에 참가하는 한 여자아이의 아버지는 주기적으로 폭음을 했다. 잔뜩 취한 상태에서 그가 딸을 목 졸라 죽음 직전까지 가게 한 적이 있었다. 그런데 얼마 후에 섬망증 상태에서 스스로 목숨을 끊고 말았다. 불쌍한 그 사람의 아내는 새 집을 구할 때까지 헐하우스에서 일주일을 머물렀다. 어느 날 그녀는 남편이 만들어준 약혼반지를 보여주었다. 반지는 뛰어난 장인의 솜씨를 자랑하고 있었다. 남편은 고향 보헤미아에서 금 세공사로 일했지만 미국에 와서는 20년 동안 공장에서 석탄을 화로에 퍼 넣는 일을 했다고 한다. 그녀는 술 마실 조짐으로 남편이 불안해 어쩔 줄 모를 때는 쇠붙이를 남편에게 주고 집에 머물면서 무언가 만들게 하면 그 기간을 아무런 사고 없이 넘겼다고 말했다. 하지만 그 이외의 방법은 전혀 통하지 않았다는 것이다. 그 이야기를 들으면서 나는 죽은 남편의 처절했던 몸부림과 그를 철저하게 파괴한 주위 환경에 안타까움을 금하지 못했다. 왜 진작 우리는 그 사실을 알지 못했을까? 우리는 그 사람 아들의 뛰어난 음악적 재능에만 관심이 있었기에 아버지의 예술적 재능은 미처 알아채지 못했다. 천직이 바로 사람을 지탱해주는 역할을 하며 자신이 좋아하는 일을 하면서 시름을 잊고 마음의 평화를 얻는다는 사실을 우리는 잊었던 것이다.

우리는 부모에게 효성을 다하는 장성한 자녀들의 훈훈한 사례를 주위에서 적지 않게 목격한다. 자신은 믿지 않으면서도 러시아 태생 유대인 아버지를 모시고 하루도 빠짐없이 회당에 참석하는 젊은이가 있는가 하면, 월요일 아침부터 토요일 저녁까지 속기사로 일하면 훨씬 더 많은 돈을 벌 수 있는데도 토요일에 아버지와 함께 시간을 보내려고 적은 임금을 받고 넥타이공장에서 일하는 여성도 있다. 이러한 젊은이들은 불쌍한 매기 틸리버[2]처럼 수많은 고통스러운 경험을 통해 부모를 측은하게 생각하고 효도를 다하는 것이 자식이 지녀야 할 제일가는 덕목임을 깨달은 것이다.

하지만 이민자 부모 가운데는 자녀에게 무정할 정도로 복종을 강요하는 이들이 때로 있다. 그런 부모는 농촌 사회의 가부장적 태도에 젖어 있는데다가 돈 욕심까지 지나쳐 자식이 벌어온 돈을 모두 빼앗고는 용돈뿐 아니라 여가 시간도 전혀 주지 않는다.

부모가 자식을 가혹하게 다뤄서 청소년 탈선이 일어나는 사례를 나는 적지 않게 보았다. 열일곱 난 폴란드 젊은이가 한번은 헐하우스에 와서 "예전에 헐하우스 클럽에 다니던 아이 장례식이 있는데 그곳에 사용할 꽃이 필요하다"며 50센트를 기부해달라고 청했다. 그런데 몇 마디 질문을 던지자 거짓말이라는 사실이 들통이 났다. 그러자 아이는 여자친구와 함께 가려고 25센트짜리 무도회장 티켓 두 장을 사려는데 돈이 없다며 모든 사정을 털어놓았다. 3년 동안 놋쇠 주물공장에서 일했지만 월급봉투는 뜯지 않고 아버지에게 몽땅 바쳐야 했고, 게다가 두 달 치 봉급을 가불한 상태라 수중에 돈 한 푼 없다는 것이었다. 그러면서 "이 옷 좀 보세요. 아버지가 제게 이런 옷을 입힌다고요"라며 말문을 닫았다.

딸의 경우는 상황이 더욱 심했다. 2백 명의 어린 여성을 조사해본 결과, 5퍼센트만이 급료를 자기 뜻대로 사용할 뿐이며 62퍼센트는 한 푼도 남기지 않고 모두 어머니에게 주었다. 조사 과정에서 우리는 마르첼라를 알게 됐다. 마르첼라는 나이 어린 독일 여성으로, 여러 해 동안 홀어머니와 함께 어린 동생들을 보살피고 있었다. 어머니는 나이 많은 독일인이라 옷은 몸을 가릴 정도면 충분하다고 생각해 딸에게 옷 살 돈을 거의 주지 않았다. 마르첼라는 근처 백화점에서 실크를 판매하는 일을 해서 패션 감각이 뛰어났지만 그래도 별 불만을 품지 않았다. 그런데 마르첼라에게는 자신에게 관심을 보내는 젊은 남자가 있었다. 어머니도 괜찮게 생각해 청년의 무도회 초대를 기꺼이 허락했다. 하지만 초라한 옷을 입고 갈 수 없는 노릇인데도 어머니는 새 옷 살 돈을 한 푼도 주지 않았다. 마르첼라는 한숨도 자지 못하고 밤새 울기만 했다. 하지만 동생들 성홍열 치료비를 아직 납부하지 못한 상황임을 마르첼라는 누구보다도 잘 알고 있었다. 다음날, 그녀는 화려한 핑크 실크 3야드를 자르면서 이

---

2. 조지 엘리엇의 소설 《플로스 강변의 물방앗간》에 등장하는 주인공 이름이다.

옷감으로 블라우스를 지어입고 무도회에 간다면 멋질 것이라는 생각이 불현듯 들었다. 손님은 종이에 싼 실크를 머프(부인들이 손을 따뜻하게 하는 데 쓰는 통 모양의 모피 토시 — 옮긴이)에 아무렇게나 밀어넣었다. 그런데 갑자기 실크가 바닥에 떨어졌다. 하지만 손님은 이 사실을 까맣게 몰랐고 이를 본 사람은 마르첼라뿐이었다. 그녀는 생각할 겨를도 없이 실크를 집어 블라우스 속에 쑤셔넣었다. 하지만 백화점 측 관리요원에게 절도 사실이 발각됐고 백화점은 "본보기를 삼겠다"며 그녀를 고발하고 말았다. 이 사실을 알고 대성통곡하는 불쌍한 어머니를 앞에 두고 어느 누구도 감히 "당신의 생각이 어리석었기 때문"이라고 말하지 못했다.

어느 폴란드 사내아이는 아버지에게 월급을 모두 갖다 바치고 자신은 용돈 한 푼 받지 못했다. 크리스마스 때 어린 두 여동생은 너무 가난해 선물 사줄 돈이 없다는 어머니 말씀을 듣고, 돈 버는 오빠에게 선물을 사달라고 졸랐다. 동전 한 닢 없었지만 그는 오빠로서 자존심을 세우고 싶었다. 그는 크리스마스 전날 밤 근처 백화점에 들어가 동생에게 줄 매니큐어와 목걸이를 훔쳤다. 그러나 문을 나서다가 관리요원에게 붙잡혔다. 백화점마다 크리스마스 때는 매일 여남은 명에서 스무 명 가량의 아이들이 그렇게 물건을 훔치다가 붙잡혔다. 아주 어린 아이의 경우는 법정에 서는 일이 거의 없고 주의를 받고 부모에게 인계되거나 청소년보호위원회로 보내졌다. 아이들 대다수는 미국식 옷이 탐나 절도를 하고 나머지는 장난감 정도를 훔쳤다. 수많은 물건이 화려하게 진열돼 있고 흥청대는 연말연시 분위기에 들떠 아이들은 자제심을 잃기 쉽다.

집에 먹을 음식과 뗄감이 없어 식품이나 연료를 훔치다가 붙잡히는 아이들도 적지 않다. 수레 위에 실린 석탄이나 식료품 가게 앞에 진열된

채소, 헐거워진 도로 포장용 나무 블록과 같이 집에서 쓸모 있게 사용할 수 있는 물건들은 아이들에게 큰 유혹이다. 소년원에서 가석방된 어느 보헤미아 남자아이는 일요일 저녁에 조리해 먹으라며 소년원 원장에게 훔친 닭 다섯 마리를 가져왔다. 그 아이는 "많은 아이들을 재우고 먹이느라 힘든 사정을 잘 알고 있으니 조금이나마 도움이 되기를 바란다"며 닭을 내밀었다. 미국 법률과 시 조례에 무지한 이민자 부모들은 아이들을 내보내 철로에서 석탄을 줍게 하기도 하고 새벽 세 시에 식당 옆문에 서서 팔지 못해 내버리는 음식을 가져오게 하며, 멈춰 선 수송 마차에서 닭 모이를 주워오게 하기도 했다. 이 때문에 많은 아이들이 곡물 수송 마차의 덮개를 뜯어낸 죄로 체포되는 일이 많다. 야적장에 보관된 쇠막대를 가져오면 돈을 주겠다는 고물상의 유혹에 아이들이 넘어간 것도 바로 그런 환경 때문이었다. 최근에 아이 넷이 2톤에 달하는 쇠막대를 훔쳐 고물상에게 팔아넘긴 사건이 있었다.

시카고 소년법원에 불려오는 아이 다섯 명 가운데 넷은 외국인 자녀들이다. 독일 아이들이 가장 많고 폴란드 아이들이 그 뒤를 잇는다. 집과 땅을 마련하려고 애쓰며 절제하는 부모의 노력이 지나쳐서 아이들이 빗나간 것이라고 하면 지나칠 말이 될까? 돈을 모으려고 악착같이 살아온 아버지와 미국화한 아이가 함께 법정에 들어서면서 아이는 아이대로 겁에 질린 유아처럼 아버지 곁에 바짝 붙어 떨어지지 않고, 아버지는 아버지대로 크게 낙담한 모습을 흔히 본다.

그런 아이들 가운데 상당수는 어린 나이에 부모 품을 떠나 비정한 도시의 뒷골목을 체험한 아이들이다. 열두어 살이 되면 남자아이들은 집에 들어가려 하지 않는다. 부모의 간섭을 피해 오래된 포도주 지하보관소나 빈 창고에서 잠을 자며 가정집 현관에 배달된 우유와 빵을 훔쳐 여러 날을 버틴다. 그런 아이들은 집이 "재미없는 곳"이라며 불평한다. 시카고 시 원예협회에서 밭을 받아 가꾸는 어느 어린 친구는 고집스럽게 팝콘용 옥수수만을 키웠고, 그렇게 해서 거둬들인 옥수수를 남김없이 "파티 때 사용하라"며 헐하우스에 한사코 건네주려 했다. 단, "파티를 열 때마다 자신을 초대해야 한다"는 조건을 붙였다. 능력이 있어 일하지 않고도 먹고 산다며 자랑하고, 정직하게 살아가는 이민자 부모를 업신여기는 방탕한 아이들도 꽤 있다. 그런 아이들은 도덕적 해이를 부추기는 골치 아픈 존재들이다. 부모들은 아이가 집을 나가 여러 날, 혹은 여러 달 동안 소식이 없어 애간장을 태우지만, 영어도 못하고 도시 사정도 어두워 어쩔 수 없이 헐하우스를 자주 찾아와 고통을 하소연한다. 자신의 슬픔을 치유할 뾰족한 방법을 찾지 못해 찾아오는 그들의 모습은 참으로 가슴을 아프게 한다. 그동안 아이 도움 없이는 무엇 하나 제대로 하지 못하는 처지여서 그들은 아이를 어떻게 찾아야 할지 막막한 처지이다. 특히 딱한 점은, 나이든 어른이 세상 물정에 어두운 어린 아이에게 의지한다는 사실이다. 바로 그 때문에 아이는 자신이 다 컸으며 스스로를 건사할 수 있다고 잘못 생각하는 것이다.

그런데 공립학교에서 요리를 배운 한 이탈리아 여자아이는 어머니를 도와 가족들이 미국 음식과 미국식 살림살이에 접하게 한다. 어머니는 이탈리아에 있을 때 빵을 구워본 적이 없기 때문에(집에서 반죽만 만들었고 반죽을 가져가면 다른 사람이 마을 공동 오븐을 이용해 빵을 구워주었다.) 복잡한 스토브를 조작하는 딸의 능력은 더더욱 쓸모가 있다. 학교에서 바느질을 배우는 여자아이도 마찬가지이고, 특히 아이 돌보기를 배우는 여자

아이는 집 안에서 더욱 소중한 존재이다. 셋방에서 갓난아기가 혹독한 여름을 무사히 보내려면 아이를 제대로 돌볼 줄 아는 사람의 손길이 필요하기 때문이다. 이런 학교 교육 덕분에 위생 관념을 철저히 익힌 어린 소녀가 기억에 남는다. 그 아이는 이탈리아 출신의 어머니에게 이탈리아에서는 아기들이 매우 건강한 반면, 시카고에서는 아기들이 병치레가 많은 이유를 설명했다. 이탈리아에서는 아기에게 염소젖을 먹이지만 미국에서는 소젖을 먹이기 때문이라는 어머니의 말은 옳지 않고, 단지 이탈리아에서 아기들이 먹는 젖은 깨끗한 반면 시카고에서 먹는 젖은 불결하기 때문이라고 그 아이는 차근차근 설명했다. 그 아이는 집에서 직접 짠 염소젖은 신선하고 깨끗하지만 식품점에서 사는 우유는 수십 킬로미터 떨어져 있는 교외에서 가져온 것이라 아기가 먹어도 괜찮은지 확신할 수 없다고 어머니에게 말했다.

공립학교에서 교육을 받은 딸 덕분에 이탈리아 어머니는 그렇게 도회지 사람으로 바뀌어 갔고 가족들의 생활방식도 차츰 변해갔다. 이민자 거주 지역의 공립학교는 매우 칭찬할 만하다. 또한 실험적으로 실시하는 여름학교와 겨울학교의 교과과정은 의심할 여지없이 이민자 가정에 더 직접적으로 영향을 줄 것이다.

나이든 외국 이민자들과 젊은 아이들 사이의 관계는 글로 옮기기 망설일 정도로 심각하다. "더러운 이탈리아 놈들"이라며 이탈리아 노점상의 과일 수레를 뒤집기도 하고, 러시아 행상인에게 돌을 던져 크게 다치게 하는 일도 있다. 아이들이 떼지어 몰려다니며 다른 나라 사람들에 대한 경멸감을 그렇게 표출한다. 유대인 행상인 보호 협회 회원들은 헐하우스에 모여 불손한 아이들에게 당한 일을 이야기했다. 그들의 이야기를 듣고 있자면 마치 분노로 절규하는 리어왕처럼 느껴진다. 직접 체험한 사람의 소박한 이야기가 격조 높은 어떤 문학작품보다 더 가슴에 다가온다. 그리스 사람들은 모욕적인 말이나 욕설을 들으면 경악과 분노를 억누르지 못한다. 우리가 용기와 지혜를 갖고 이러한 인종 문제 해결에 노력한다면 심각성을 크게 완화할 수 있을 것이다. 그리고 무엇보다도 이탈리아와 그리스를 비롯한 지중해 지역 이민자들이 우리에게 많은 도움을 주는 존재가 될 것이다. 그들은 예전부터 카르타고나 이집트와 빈번하게 접촉했기 때문에, 앵글로색슨족과는 달리 피부색에 따라 사람을 그렇게 차별하지는 않는다. 그들은 링컨 탄생 기념일에 헐하우스에서 행한 뒤보이즈 교수[3]의 강연을 진지하게 경청했는데, 그들은 피부색에 따라 사람을 차별하는 어리석은 생각을 전혀 하지 않았다. 나는 유색 인종 권익 증진을 위해 열린 여러 회의에 참석하고 돌아올 때면 사해동포주의자인 우리 이웃들과 유익한 대화를 나누었다.

우리는 이민자들의 고유 명절이나 국경일을 기리는 행사를 실시했다. 이러한 행사는 이민자들과 근방에 사는 미국인들 사이뿐 아니라 이민자 부모와 그 자녀들 사이에도 서로 이해를 높이는 계기가 됐다. 이탈리아 사람들을 위한 행사로 가리발디의 탄생일을 축하하는 잔치를 마련했는데, 이때 가리발디의 흉상이 헐하우스 현관에 세워져 한동안 헐하우스의 주요한 장식물로 그 자리를 지켰다. 그 행사는 이탈리아 사람들의 열광적인 참여를 이끌어냈다.

저명한 학자들이 그리스어와 영어로 그리스 고전을 설명하는 대규모 행사가 헐하우스에서 열렸다. 이 행사 덕분에 이웃에 사는 그리스 사람들과 돈독한 관계를 맺게 됐다. 그리스 정교회 사제가 앉고 그 오른편에 시카고 시장이 앉자 차례로 미국 국가와 그리스 국가가 연주됐다. 이 광경을 지켜보면서 사람들은 아테네의 전통 문화를 새로 세운 척박한 도시 시카고에 이식할 수 있다는 생각을 하며 가슴 뿌듯했다.

그리스인들은 자신들의 문화 전통을 무엇보다도 소중하게 생각한다. 불가리아의 마케도니아 침략 행위[4]를 규탄하는 모임이 열렸을 때, 그 자리에서 나는 불가리아가 그리스를 보호국으로 삼으려는 것은 눈앞에 놓여 있는 이익 때문만 아니라 "오랑캐 나라"에 불과한 불가리아의 역사를 미화하고 왜곡하려는 의도 때문이라는 이야기를 여러 차례 들었다. 그리스 사람들은 이미 불가리아가 그리스 학교에서 알렉산드로스 대왕이 불가리아 사람이라고 가르쳤고, 조만간에 아리스토텔레스까지도 불가리아 사람으로 가르칠 것이라고 했다. 그리스 사람으로서는 묵과할 수 없는 모욕이었다.

개인적으로는 마치니 탄생 백주년 기념행사[5]가 가장 흥미로웠다. 그날 통일 이탈리아에 희망을 건 전 세계의 이탈리아 사람들이 한 마음으로 뭉쳤다. 그들은 위대한 인물이 이루고자 애쓴 꿈을 다시금 마음속에 새겼다. 그는 조국의 통일을 위해 애썼지만 그보다도 인류를 위해 더 많이 헌신했고, 이탈리아 노동자를 위해 자신을 온전히 내던졌다. 그의 사상과 행동은 정의에 대한 열망으로 가득했기에 국경을 초월해 "인류의 의무"를 힘차게 외치는 나팔이 됐다. 이탈리아에서는 탄생 백주년을 맞

---

3. W.E.B. 뒤보이즈(1868-1963)는 흑인 민권 운동가이자 저술가였다. 1910년에서 1934년까지 NAACP(유색인종 지위향상협회)의 간행지인 《크라이시스》의 편집자로 있었다. 저작 가운데 가장 널리 알려진 책이 《흑인의 영혼》(1903)이다.

4. 오랜 기간 그리스와 세르비아와 불가리아는 마케도니아를 두고 서로 각축을 벌였다.

5. 이탈리아의 애국지사이자 혁명가인 주제페 마치니는 1805년에 태어났다.

아 공립학교 학생들에게 마치니의 글 〈인류의 의무〉를 한 부씩 배부했
다. 청년 이탈리아 당 시카고 지부 회원들이 행진해 와서 마치니의 흉상
을 헐하우스에 전달해주었을 때, 나는 자신의 미래를 이곳 미국에 맡긴
이탈리아 청년들이 세계 평화의 사도가 되어주기를 간절히 바랐다.

톨스토이즘

세계박람회가 끝나고 맞는 겨울은 자선 활동을 하는 우리에게 혹독한 시련의 시기였다. 일자리를 찾아 옮겨왔다가 갑자기 실직해 시카고에 발이 묶인 사람이 수도 없이 많았다. 이들을 돕기 위해 임시로 구호기관이 설립됐고 상당한 규모의 돈이 지원됐지만 일을 하면서 심각한 구호품과 일손 부족을 겪었으며, 아무리 노력해도 우리가 별 도움이 되지 못한다는 생각에서 헤어나지 못했다.

극빈자들이 사는 셋방을 방문할 때마다 곤궁한 이웃을 옆에 두고 나만 편하게 생활한다는 죄의식에 사로잡혔다. 죄의식은 그동안 해온 교육 활동과 봉사활동에 대한 기이한 반작용에서 생겨난 것이었다. 배고픔과 헐벗음 앞에서 그런 일들은 모두 부질없을 따름이었다. 혹독한 시카고의 그해 겨울은 우리가 엄혹한 현실에 눈을 돌리게 했다. 헐하우스에 매일 찾아오는 젊은 내 친구 한 사람은 자신의 아버지가 소유한 종이 보관 창고에 가서 폴란드 여자아이들과 함께 넝마를 주워올 생각이라며 내게 조언을 청했다. 또 어느 젊은 여성은 다른 사람을 대신해 한 달 동안 열악한 공장에서 일하기도 했다. 그런데 그 젊은 여성은 공장 일을 어찌나 잘하던지 가난 때문에 공장에 나온 것이 아니라는 사실을 공장주는 전혀 눈치채지 못했다. 그리고 또 다른 두 여성은 신발공장에서 일하기도 했다. 취재나 저술 목적으로 잠입 취재를 하는 사람들이 생겨나기 전 일이었다. 이듬해 겨울이 돼서야 시카고에서 일자리를 찾으려 했지만 헛수고였던 상황을 담은 월터 와이코프의 저서[1]가 나왔고, 그 책의 출간으로 냉혹한 사업가조차도 "일하려고만 한다면 누구나 일자리를 구할 수 있다"라는 무책임한 말을 할 수 없게 됐다.

세계 박람회 이후 2년 동안 자선활동을 하면서 내 마음에서 계속 떠나지 않는 한 가지 생각이 있었다. 그리고 마침내 톨스토이를 만나게 되면서 그 생각은 더욱 강하게 나를 사로잡았다. 나는 가난한 사람들의 삶 속에 들어가 힘겨운 노동과 배고픔의 고통을 함께 나누지 않는다면 세틀먼트 운동, 아니 최소한 헐하우스 활동은 짐짓 고결한 척하며 "가난한 사람들과 살고 싶다"고 유세하는 위선에 그칠 따름이라고 생각하기에 이르렀다.

톨스토이의 《무엇을 해야 하는가》를 읽고서 나는 그의 생각과 내 생각이 완전히 일치함을 확인했다. 그 책에서 톨스토이는 1881년 겨울 처참한 처지의 모스크바 빈민들을 도우려 애썼지만 아무런 성과를 거두지 못했고, 단지 한 가지 깨달음만 얻었다고 말했다. 그것은 빈민과 함께 먹고 자며 같이 살아야만 진정 그들에게 봉사할 수 있다는 깨달음이었다.

실타래처럼 복잡하게 얽힌 현대 산업도시에 비해 중노동에 시달리는 농민과 땀 흘리지 않고 빈둥대는 귀족이 서로 극명하게 대비되는 농업 국가 러시아에서 "무엇을 해야 하는가"하는 문제는 훨씬 더 간단하다. 하지만 바로 그 이유에서 톨스토이의 명료한 선언은 올바른 길을 찾으려는 사람에게 더없이 소중하다.

대학 졸업 직후에《나의 종교》를 읽은 후부터 나는 꾸준히 톨스토이의 저작을 탐독했다. 그 책을 읽고서 사람이 올바른 일을 하려고 애쓸 때마다 자기 확신이 부족해 쉽게 회의에 빠지게 된다는 사실을 깨달았다. 새로운 사회 질서를 세우려면 앞으로 나아가려는 개개인의 보잘것없는 노력을 하나로 묶어내야 한다고 확신하게 됐다. 그러나 나는 톨스토이가 제대로 먹지 못한 채 힘든 일을 감내해야 하는 농민들과 더불어 하루 노동을 마치고 났을 때 과연 마음의 평화를 얻는지 무척 알고 싶었다.

1895년 가을에 나는 티푸스로 오랫동안 몸조리를 해야 했고, 그 덕분에 여러 가지 일을 깊이 숙고할 시간을 얻었다. 오랫동안 병이 지속돼 그 이듬해 겨울 내 건강 상태는 좋지 못했다. 나는 요양을 하려고 그해 5월에 내 친구 스미스²와 함께 외국으로 갔다.

톨스토이를 만나 복잡한 도시 빈민 문제에 대한 실마리를 얻자는 생각에 나의 마음은 한껏 부풀었다. 당시에는 나처럼 톨스토이에게 매력을 느낀 사람들이 많았다. 톨스토이는 터럭만큼도 자신의 양심에 어긋나는

---

1. 월터 와이코프(1865-1908)는 1891에서 1893년 사이에 단순노동자로 일하며 코네티컷에서 캘리포니아까지 떠돌아다녔다. 나중에 프린스턴 대학교 정치경제학 교수가 되어 그때의 경험을 담은《노동자》(1897-1898)와《부랑자와 보낸 하루》(1901)를 출간했다. 시카고에서 헛되이 일자리를 찾으려 한 내용은《노동자》제2권 1장에서 5장에 등장한다.

2. 매리 로제트 스미스는 시카고의 부유한 상속인으로 1890년대 초에서 1934년 사망할 때까지 애덤스의 둘도 없는 절친한 친구로 지냈다.

일이 없는 삶을 살았고 자신의 사상을 행동으로 옮긴 위대한 인물이었던 것이다.

먼저 영국에서 몇 주를 보내면서 나는 매우 큰 자극을 받았다. 10여 년 전 영국은 "열정을 쏟아부을 새로운 대상을 찾는 젊은 국가"의 흔적을 여전히 지니고 있었지만 사회 개혁의 성공적인 실험에 선행해야 할 면밀한 연구와 자기 검증에 더욱 몰두하고 있었다. 여러 단체와 개인들의 의견과 생각을 들었다. 그리고 나는 그 소중한 가르침을 오랫동안 잊지 않고 간직했다. 하지만 그 가운데서도 새로 구성된 런던 광역의회 의원들 생각이 크게 돋보였다. 런던을 더 나은 도시로 만들려는 야심에 찬 그들의 계획은 사람들의 가슴에 불길을 댕기기 충분했다. 그들은 모든 시민이 부유한 사람들과 마찬가지로 고상한 취미를 즐기고 여가를 선용하는 그런 도시를 꿈꿨다. 그들은 이 가난한 자들을 위한 아파트 건축 계획도 물론 중요하지만 템스 강에 유람선을 띄우는 일 역시 결코 간과해서는 안된다고 생각했다.

"공작(公爵) 옆에 앉아 있는 부두노동자"라고 불린 벤 틸렛[3]은 당시 시의원이었다. 그는 보트에 나를 태워 템스 강을 따라 그리니치에 있는 그의 집으로 향했다. 나는 부두를 지날 때마다 수많은 부두노동자들이 그를 보고 열광적으로 환호하는 모습을 목격했다. 존 번스[4]는 우리에게 배터시(런던의 지역 이름—옮긴이)에서 이룩한 놀라운 성과를 보여주었다. 거리의 쓰레기를 활용하는 도로 포장 재료 생산 공장과 아이들에게 벽돌 쌓기 기술과 배관 기술을 가르치는 기술학교, 공립학교 아이들에게 수영을 가르치는 공공 수영장 등을 보면서 우리는 시카고에도 그런 시설과 학교를 세우겠다는 꿈을 키웠다. 그리고 그 꿈은 15년 뒤 현실이 됐다. 당시 영국 하원에서는 새로운 교육 법안이 논란의 중심에 있었다. 스미스와 나는 그 법안을 만든 존 고스트 경[5]의 안내로 국회 테라스에서 차를 대접받았다. 종교재단 학교와 비종교 학교 사이의 문제를 두고 갑론을박이 벌어져 당황했지만 그 자리에 참석하게 돼 나는 매우 기뻤다.

우리는 캐닝 타운 광장에서 케어 하디[6]의 연설을 들었다. 수많은 노동자가 운집한 광장에서 케어 하디는 노동당의 탄생으로 얻게 될 위대한 성과에 대해 설명했고 우리는 군중들과 함께 매우 열정적으로 노래를 불렀다.

자비로우신 하나님!

언제 저희를 구하시렵니까?

종교적 열정이 넘쳐났기에 우리는 정치 집회에 참석하고 있다는 사실조차도 잊을 지경이었다. 민주주의의 희망이 미국 땅보다 영국 땅에 먼저 생겨날 듯 보였다. 사람들은 로버트 블래치포드의 선동적인 팸플릿[7]을 열심히 읽고 있었다. 독일로 돌아가 대역죄로 형을 살게 될 리프크네

---

3. 벤자민 틸렛(1860-1943)은 런던에서 부두노동자조합을 결성했다. 런던 시의원(1892-98)을 지냈으며 나중에는 국회의원(1917-24, 1929-31)이 되었다.

4. 영국의 사회주의자인 존 번스(1858-1943)는 벤자민 틸렛을 도와 1889년의 유명한 런던 부두노동자 파업을 일으켰다. 그는 영국 내각에 진입(1905)한 최초의 노동자였다.

5. 존 고스트 경(1835-1916)은 1866년에서 1906년까지 국회의원을 지낸 보수당 의원이다. 그는 특별히 어린이 건강과 교육에 깊은 관심을 기울였다. 자신의 견해를 담은 책《나라의 어린이》(1906)를 출간했다.

6. J. 케어 하디(1856-1915)는 전직 광부로서 노동운동의 지도자가 되었고 이후에 국회의원이 되었다. 1906년에 하원에서 노동당을 최초로 이끈 인물이기도 하다.

7. 로버트 블래치포드(1851-1943)는 19세기 말과 20세기 초에《클래리온 팸플릿》을 연이어 썼다. 그 가운데 하나인《영국인을 위한 영국》(1902)은 "이 책자의 목적은 독자를 사회주의자로 만드는 것"이라고 선언하고 있다.

흐트[8]를 위해 카를 마르크스의 딸인 아벨링 부인이 베푼 환송 행사에서 나는 버나드 쇼의 신랄한 조롱에도 전혀 꿈쩍하지 않는 정통 마르크스주의자의 굳건한 모습도 목격했다.

옥타비아 힐[9]은 임대료 징수 원칙을 친절하게 설명해주었으며 레드크로스 광장을 자랑스럽게 안내해주었다. 광장 양쪽으로는 그림 같이 아름다운 집들이 들어서 있었고, 또 다른 광장 한 편에는 모든 세입자들이 공동으로 사용하는 회관이 서 있었다. 회관에는 월터 크레인(1845-1915. 영국 화가―옮긴이)의 학생들이 노동자의 영웅적 모습을 그린 프레스코 벽화가 내부를 장식하고 있었다.

그뿐 아니라 우리는 경제학 연구를 통해 사회 문제에 접근하는 사람들과 만날 기회도 있었다. 그들 가운데는 산업 민주주의를 연구하는 시드니 웹 부부[10]와 현대 자본주의의 발전 과정에 대해 강연 활동을 하던 존 홉슨[11]이 있었다.

우리는 공장 검사관을 따라다니며 그들의 업무 수행 현장도 직접 살펴보았다. 검사관들은 업무 능력이 뛰어났을 뿐 아니라 일처리도 철두철미했다. 우리는 여러 세틀먼트도 방문했는데 세틀먼트마다 그 형식이나 내용이 다양하다는 사실을 확인할 수 있었다. 나중에 런던 주교가 된 잉그램[12]은 당시에 옥스퍼드 하우스의 책임자로 있었다. 무엇보다도 우리는 성직자가 세틀먼트를 운영하고 있다는 사실에 더욱 기쁜 마음이 들었다. 옥스퍼드 하우스는 토요일 저녁마다 베스날 그린에 있는 콘서트홀들을 모두 임대해 사람들이 가볍게 즐길만한 공연을 열었다. 주민들이 프로그램 내용을 직접 점검했는데 인기를 잃지 않도록 세심한 주의를 기울였다. 이런 노력 덕분에 토요일 저녁이면 수많은 노동자들이 베스날 그린에서 질 높은 공연을 관람했다.

어느 날 저녁, 유니버시티 홀에서는 이탈리아에서 돌아온 험프리 워드 부인[13]이 이탈리아의 소금세가 가져온 파장을 설명하고 있었다. 브라우닝 하우스에서는 행상으로 생활하는 이웃 사람 중에서 당나귀를 가장 잘 관리한 사람에게 상을 주었다. 또한 버몬지 세틀먼트에서는 부설학교 학생들이 런던대학교 입학시험에 합격해 잔치 분위기로 들떠 있었다. 이때 영국에서 받은 인상은 1900년에 다시 방문했을 때 받은 인상과는 극명하게 대비된다. 남아프리카 전쟁으로 전에 본 열정은 소진되었고, 사람들은 대영제국의 문제점과 그릇된 행위를 애써 외면했다.

물론, 런던은 러시아와는 사정이 완전히 달랐다. 러시아에서는 온갖 사치스러운 생활을 하는 자와 굶주려 죽어가는 자로 극명하게 나뉘어 있었다.

니주니 노브고로트(러시아에서 네 번째로 큰 도시─옮긴이)의 시장은 너무도 생소한 모습이라서 우리는 문명의 변방에 서 있는 듯했다. 상인들

---

8. 빌헬름 리프크네흐트(1826-1900)는 독일의 사회주의자로서 카를 마르크스와 가까운 사이였으며 독일 사회민주당을 창당했다.

9. 옥타비아 힐(1838-1912)은 영국의 주택 개혁가이자 열린 공간 운동(open-space movement)의 리더였다. 그녀가 쓴《런던 빈민의 집》(1875)과《우리 공동의 땅》(1877)은 국제적으로 많은 관심을 끌었는데 특히 미국 도시 개혁가들의 주목을 받았다.

10. 시드니 웹(1859-1947)과 베아트리스 웹(1859-1943)은 영국의 사회주의자로 파비안 서사이어티의 초기 멤버였다. 런던 정치경제학 대학의 공동설립자이기도 하다.

11. 존 앳킨슨 홉슨(1858-1940)은 영국의 경제학자이다. 강단에 서지는 않았지만 35권에 이르는 저술 활동을 통해 경제학, 윤리학, 정치학을 결합한 자신의 이론을 펼쳐나갔다.

12. 아서 폴리 위닝턴 잉그램(1858-1946)은 성공회 신부로서 1888년에 옥스퍼드 하우스 총책임자가 되었다. 옥스퍼드 하우스는 이스트런던에 위치한 지역 센터이며 옥스퍼드 대학 출신자들이 운영했다. 잉그램은 1901년 런던 주교가 되었고 1939년까지 주교직을 수행했다.

13. 험프리 워드 부인(1851-1920)은 기독교를 옹호하는 내용의 교훈적 소설을 20권 이상 집필했는데 신학적 문제보다는 사회 문제를 파헤치는 내용이었다. 그 가운데 가장 널리 알려진 것이《로버트 엘스미어》(1888)이다. 또 그녀는 사회봉사 활동에도 적극적으로 참여했다.

은 낙타를 이용하고 드넓은 볼가 강에 낯선 모양의 배를 띄워서 진기한 물건을 싣고 오기도 했다. 하지만 그곳에서도 소설가 코롤렌코[14]에게서 가져온 소개서 덕분에 먼 과거와 현재가 혼재한 러시아를 우리는 더 깊이 이해할 수 있었다. 러시아는 여러 이질적 요소들이 극명하게 대비되는 사회였다. 피가 흐르는 발을 헝겊으로 감싸 가죽 샌들을 신은 수도원과 성지를 찾는 신심 깊은 순례자들이 있는가 하면, 한편에서는 공화정을 세우려는 혁명가들이 있었다.

우리는 소개서를 갖고 모스크바의 에일머 모드 부부에게 갔다. 부부는 《부활》을 비롯해 톨스토이의 여러 소설을 번역해 명성을 얻고 있었다. 그때 마침 두 내외는 러시아를 떠날 채비를 하고 있었다. 영국 남부 지역에 농장을 세워 스스로 일하며 살 계획을 세워놓았다. 야스나야 폴리아나(톨스토이가 살던 지역의 이름 — 옮긴이)로 우리를 데려가 톨스토이에게 소개해주겠다는 모드의 제안을 우리는 기쁘게 받아들였다. 하지만 스미스와 나를 톨스토이에게 소개하면서 모드는 헐하우스의 활동을 지나치게 부풀리고 미화했다.

농부 옷을 입은 톨스토이는 진지하게 모드의 말을 듣고 있었지만 내 윗옷을 못마땅한 듯 쳐다보았다. 내가 입고 있던 옷은 사이즈가 몹시 컸다. 톨스토이는 한쪽 소매를 길게 잡아 끌어내리더니 "팔 한 쪽만으로도 작은 여자아이 옷을 만들겠다"면서 그런 옷 때문에 다른 사람들과 거리감이 생기지 않겠냐고 단도직입적으로 물었다. 소매가 터무니없이 길기는 해도 시카고의 여성 노동자의 옷과 비교해 크기에서 차이가 나지 않으며, 품에 꼭 맞는 블라우스를 입으면 오히려 다른 사람들과 거리감이 생기게 될 것이라는 사실을 말하려 했지만, 너무 당황한 나머지 명료하게 설명하지 못했다. 톨스토이처럼 농부 복장을 하려 해도 우리 주위에는 서른여섯 개 국가 출신의 농부들이 있어서 어떤 복식을 골라야 할지 결정해야 하는 어려움이 따른다. 그런데 다행히도 톨스토이 부인이 옷자락에서 옷감을 잘라내어 여자아이 옷을 지은 경험을 이야기하며 당혹스러운 분위기를 누그러뜨렸다. 하지만 내 자신의 생계와 숙식 문제는 어떻게 해결하느냐는 질문이 나오자 톨스토이 부인도, 나를 톨스토이에게 안내해준 모드도 내게 도움을 주지 못했다.

시카고에서 백마일 떨어진 농장에서 생필품을 제공해준다는 대답에 톨스토이는 "그렇다면 당신은 부재지주란 말씀인가요? 땅을 자기 손으로 경작하는 것보다 사람 많은 도시에서 사는 것이 사람들에게 더 많은 도움을 준다고 생각하는 것입니까?"라고 물었다. 내가 스스로 땅을 경작해 자신의 생계를 해결하지 못하는 변변치 못한 존재라는 불편한 생각은 톨스토이의 둘째 딸을 보고서 더욱 증폭됐다.

아침 다섯 시부터 농부들과 함께 수확하는 일을 하다가 오후 다섯 시가 돼서야 나무 아래 차려진 소반 앞에 모습을 드러낸 둘째 딸은 그날 발을 다친 아낙네가 있어서 대신 일했을 뿐이라고 말했다. 딸은 몹시 지쳐 있었지만 가족들의 위안이나 동정을 기대하는 눈치가 조금도 보이지 않았다. 가족들은 불편하고 피곤했지만 자신의 신념을 행동으로 옮기는 모습에 서로 익숙해서 위안을 기대하는 것은 사치였다. 불편함을 참아내는 삶도 톨스토이가 매일 순교자와 같이 인내하며 살아가는 삶에 비한다면 훨씬 더 수월하게 여겨졌다. 닳아빠진 책이 작은 책장에 꽂혀 있고 낫과

---

14. 블라디미르 코롤렌코(1853-1921)는 저명한 역사 소설가로서 자유주의 사상을 설파했다.

가래가 벽에 기대어 있는 지하 서재에서 톨스토이는 작품을 썼지만, 그런 작품을 조롱하고 비웃는 사람들이 있었다. 그런 조롱을 견뎌내며 살아간다는 것은 가장 혹독한 고통을 견디는 순교자의 삶이었다.

그날 여름 저녁에 우리는 독일, 영국, 미국 등지에서 온 방문자들과 함께 뜰에 앉아 있었다. 톨스토이에게 가르침을 얻고자 외진 러시아 마을까지 찾아온 사람들이었다. 거기 모인 사람들은 하나같이 톨스토이가 현인이자 성자로 추앙받는 이유를 알고 싶어했다. 톨스토이는 자신의 가르침을 행동으로 보였고, 우리는 삶으로 드러내는 그의 설교에 강하게 이끌렸다. 그는 밑바닥 사람들과 함께 흙을 밟으며 밭을 갈고 외양간을 청소했다. 단언하건대 우리가 짊어진 가장 무거운 짐은 생각과 실천의 괴리에서 오는 자책감이다. 노동자도 사회의 지적 자산을 이용하고 향유할 권리가 있다는 이론을 말하지만, 실제로는 지나치게 힘겨운 노동에 시달려 노동자에게는 마음을 경작할 여유나 힘이 없다. 생각과 행동 사이의 괴리에서 오는 갈등으로 우리는 끊임없이 괴로워한다. 그런데 톨스토이라는 사람은 "농부의 등에서 무거운 짐을 덜어내고자" 애썼다. 그는 자신의 손으로 밭을 일구며 소박한 삶을 살았고, 그래서 그 시대 사람들의 본보기가 됐다.

그날 저녁 뜰 안에 앉아 있던 방문자들은 육체노동보다 더욱 가치 있는 일로 사회에 공헌하고 있다면서 그때까지 스스로를 합리화해왔을 것이다. 톨스토이처럼 그런 합리화를 그토록 단호하게 거부한 사람은 우리의 동시대인 가운데 어느 누구도 없다. 톨스토이를 앞에 두고서 지적 활동을 통해 사회에 공헌한다는 주장을 내세우며 육체노동을 피하는 자신을 합리화하기란 어렵다. 우리는 밭을 갈고 신발을 만드는 데 힘을 쏟기에는 그의 시간이 너무도 소중하다고 생각했지만, 삶의 참모습을 알고자 열망하는 그는 함께 노동하면서 나누는 친교와 우애를 포기하기 어려웠다. 우리보다 러시아 사람이 이런 결론에 쉽게 다다른 이유를 우리는 어렵지 않게 파악해냈다. 러시아 농부들 사이에는 이런 속담이 있다. "노동은 사랑이 깃들어 사는 집"이다. 함께 일하지 않고서는 사람들 사이에 애착이 생기지 않는다는 의미이다. 그런데 러시아 농부들에게 노동이라는 말은 땅을 가는 일, 혹은 농부이자 위대한 사상가인 본데레프[15]의 표현을 빌리면 "밥값을 하는 노동"을 뜻한다. 브룩 농장을 비롯한 여러 곳의 실험은 바로 이러한 진리를 행동으로 실현하려는 노력이다. 톨스토이는 여러 차례 그의 신념과 노력을 글로 썼지만, 그 가운데서도 레빈이 밭에서 아침을 보낸 장면을 묘사한 글[16]만큼 우리 마음을 사로잡는 글은 없다. 레빈은 자신의 슬픔과 외로움을 잊고 농부들에게서 새로운 형제애를 느낀다. 다른 이들과 함께 박자에 맞춰 낫질을 할 때마다 형제애는 더욱더 깊어간다.

뜰 안에 놓인 기다란 저녁 식탁에 세계 각지에서 온 방문자들과 장성한 톨스토이의 딸들, 그보다 어린 자녀들과 그들의 가정교사가 자리했다. 톨스토이의 부인은 남자들이 시중을 드는 유럽식 저녁식사를 주재했지만, 톨스토이와 하루 종일 밭에서 일한 딸은 건초 만드는 일꾼이 먹는 죽과 검은 빵과 크바스만을 먹고 마셨다. 물론 우리는 가장 힘들게 일하는 사람들이 가장 거칠고 소박한 음식을 먹는다는 사실에 익숙해져 있

---

15. T. M. 본데레프는 러시아 농부이자 종교 사상가이다. 《노동과 나태함 ─ 농부의 승리》(1888)라는 책을 썼고 이 책에 톨스토이가 서문을 썼다.
16. 레빈이 밭에서 아침을 보낸 장면을 묘사한 글. 톨스토이의 《안네 카레니나》(1875-77)에 등장한다.

다. 하지만 그런 그들을 바로 곁에 두고서 우리 자신은 다른 사람의 노동으로 마련된 기름진 음식을 먹는 경우는 흔하지 않다. 톨스토이는 다른 가족과 방문자들이 먹는 음식에 대해 아무 말도 하지 않은 채 소박한 음식을 먹었다.

그날 저녁, 톨스토이 가족은 시골 교사로 위장해 톨스토이에게 접근했던 러시아 젊은이를 화제로 올렸다. 청년은 검열로 출간이 금지된《인생》의 원고를 빼내기 위해 톨스토이에게 접근했다. 톨스토이와 이야기를 나누며 밤을 보낸 뒤 그는 원고를 훔쳐 달아났다. 하지만 톨스토이의 사상에 감화된 그는 당국에 자수했고, 결국 그 죄로 시베리아로 유형을 갔다. 톨스토이는, 책을 쓴 자신에게는 아무런 형벌을 내리지 않으면서 그 주장을 따른 사람에게는 유형을 내린 처사가 매우 부당하다며 모스크바에 있는 어느 신문사에 공개편지를 보냈다고 했다. 그 청년 이야기를 하다가 우리의 대화는 비폭력의 문제로 넘어갔다. 그런데 나는 톨스토이의 생각에 다소 실망했다. 나는 도덕률을 앞세워 다른 생각을 억압하고 회의의 여지를 인정하지 않는 것도 물리력 행사와 다를 바 없다고 생각했지만, 그는 그 두 가지가 완전히 구별된다고 생각했다.

나는 견디기 힘든 당혹감과 수치심에 어쩔 줄 몰랐다. 절대 권위와 불화할 때 느끼는 감정이었다. 그러면서 내 머릿속에는 초기 헐하우스 봉사자들이 가슴에 새겼던 각오가 떠올랐다. 우리는 세틀먼트 사업을 하면서 어느 누구와도 좋은 관계를 유지하자고 다짐했다. 우리는 아무리 악해 보이는 사람일지라도 그에게서 좋은 면만 보자고 했다. 물론 그 원칙을 제대로 지키지 못한 때가 많았지만, 그런 원칙을 세워둔 것은 다른 사람과 적대적 관계를 맺을 때 우리의 열정과 능력이 헛되이 소진되기 때문이다.

대화는 진지하고 활기차게 이어졌지만 내 마음속에 막연한 의혹이 일었다. 과연 톨스토이는 자신의 논리로 인생의 문제를 남김없이 해결할 수 있을까? 대가를 바라지 않는 노동으로 삶의 질곡에서 벗어날 수 있을까? 사람들 각자가 생명을 유지하는 데 필요한 만큼만 일하면 모든 문제가 사라질까? 톨스토이처럼 자연주의적 관점에서 바라보면 삶은 그다지 복잡할 것이 없어 보인다. 하지만 역사주의적 관점은 어찌하란 말인가? 삶의 뜻을 알고자 할 때 역사주의적 관점은 필수적이다.

스미스와 나는 야간열차를 타고 모스크바로 돌아갔다. 마음은 걷잡을 수 없을 만큼 혼란스러웠다. 존재의 신비, 세계의 신비를 캐내려 할 때 자신의 깊은 내면과 대면하면서 겪는 마음의 동요였다. 우리를 당혹스럽게 하는 질문, 행복한 순간에 섬광처럼 스쳐지나가 우리를 놀라게 하는 실존적 질문이 줄곧 우리를 놓아주지 않고 괴롭혔다.

밀밭으로 덮인 남부 러시아의 대평원을 지나고, 사람으로 북적대는 바르샤바의 게토를 지나고, 마침내 농부들이 추수하고 있는 독일의 들판에 다다를 때까지 우리는 그 화두를 내려놓을 수 없었다. 일하는 농부를 보면서 나는 신학적 문제로 고민하던 마틴 루터가 추수철 들판을 보고 마음의 평안을 느꼈다는 이야기가 생각났다. 그때 나는 톨스토이가 주장하는 노동과 루터가 느꼈던 평안 사이에는 서로 연관성이 있다는 생각이 퍼뜩 들었다. 갑자기 루터를 괴롭히던 모든 신학적 문제가 머릿속에서 말끔히 사라지고 빵을 내려주신 하나님께 감사하는 마음이 그의 가슴에서 북받쳐 올라왔다. 루터는 이렇게 외쳤다. "가느다란 줄기 위에 영근 황금빛 밀알을 보라! 자비로우신 하나님의 영으로 온유한 대지는 다시금 곡식을 지어냈도다!" 땅을 일구는 가난한 사람은 최소한 그런 평안을 누렸다. 땀흘려 일하기만 하면 아무리 고통스러운 현실이라고 해도 어느새 평안이 찾아왔다. 자신의 이론에 부합하지 않는 경험과 현상을 외면하는 경향이 이론가에게 있는 법이다. 그래서 나도 이미 잘 아는 사실을 애써 무시했다. 가난한 이들은 버거운 노동 때문에 고통 가운데 평안이 깃드는 체험조차 할 여유가 없다는 사실을 굳이 외면한 것이다.

그때 내 자신도 최소한의 시간과 에너지를 투입해 그런 위안을 얻고 싶었던 모양이다. 독일에 머무는 한 달 동안, 영어와 독일어와 불어로 번역된 톨스토이의 저작을 모두 읽으면서 나는 헐하우스로 돌아가면 커피하우스에 부대시설로 새로 채려놓은 작은 빵집에서 아침마다 적어도 두 시간씩 일하겠다고 다짐했기 때문이다. 하루 두 시간 노동은 어쭙잖은 타협안이 될 테지만, 그보다 더 많은 시간을 떼어내기는 곤란했다. 나는 어린 시절에 빵 굽기를 배웠다. 단순히 살림살이를 배우는 차원이 아니었다. 평생 방앗간 일을 해온 아버지는 우리 딸들에게 각기 열두 살 생일이 되는 날에 맛 좋은 빵을 구워서 가져와야 한다고 했다. 아버지가 요구하는 수준은 꽤 높았다. 그런 집 안에서 자라서 내게 빵 굽기보다 더 적합한 일은 없었다. 독일 제빵사가 헐하우스 빵집을 맡아서 그와 어떻게 일을 배분해야 할지 알지 못했지만, 그런 문제는 부차적인 것으로 충분히 해결할 수 있었다. 내가 이런 생각을 한 것은 어쩌면 바이로이트에서 바그너의 〈니벨룽겐의 반지〉를 마음 편하게 감상하기 위해 내 양심을 달래는 것이었는지도 모른다.

"밥값을 하는 노동"이란 말에 내 자신이 사로잡혔던 것 같다. 고국으로 돌아오기까지 나는 그 결심을 마음에 단단히 새기고 있었다. 하지만 시카고에 도착했을 때 갑자기 그 계획은 실현가능성이 전혀 없다는 사실을 깨달았다. 아침 식사가 끝나면 항상 대여섯 명의 사람이 나를 만나기 위해 찾아온다. 읽고 답장을 해야 할 편지도 한 아름이다. 급하게 처리해야 할 일도 끊이지 않는다. 과연 내 영혼을 구원하기 위해 다른 모든 일을 뒤로 밀어두고 두 시간 동안 빵을 굽는 일이 가능할까?

내 결심을 포기하기는 했으나 톨스토이의 주장을 더욱 용감하게 실천하고자 노력한 사람들의 이야기를 이 자리에 기록하는 것이 좋을 듯하다. 톨스토이는 자신이 태어난 고향에서 최대한 가까운 곳에 살아야 한다고 주장했지만, 톨스토이의 사상을 실천하기 위해서는 공동체 설립이 필수적이었다. 1,2년 뒤 스미스와 나는 미국 남부 지역에 있는 코먼웰스라는 이름의 공동체를 방문한 적 있다. 그곳에서 우리는 톨스토이 사상이 지닌 취약점과 더불어 기이한 고결함을 생생하게 확인했다. 공동체 구성원들은 간결한 신조만을 마음에 지니고 있었다. 그들은, 어려운 문제는 진리를 언어로 표명하는 것이 아니라 윤리적 신념을 실제 생활에 적용할 수 있게 하는 일이라고 주장하며 이렇게 선언했다. "노동과 소유의 문제에서 철저히 예수님의 가르침을 따른다." 그들은 이렇게 신앙을 증언하는 자리를 교회에서 넓은 들판으로, 도그마에서 체험의 현장으로 옮겼다.

스미스와 내가 60명의 주민이 사는 코먼웰스 공동체를 방문했을 때, 마침 사람들은 다리 한쪽을 잃은 한 남자의 가족을 위해 집을 지어주고 있었다. 그 남자는 부인과 아홉 자녀를 거느리고 아칸소에서 포장마차를 타고 일주일 전에 그곳으로 왔다. 대가족이라 새로 짓는 집은 마을에서 가장 큰 집이 될 터였다. 원하기만 하면 누구나 음식과 주거지를 마련해주는 모습에 우리는 놀라움을 느꼈다. 신념이나 능력을 검증하지 않은 채 신청자에게 음식과 거주지를 마련해주는 정책을 시행하면, 근처 구빈원 사람들이 공동체로 모두 이주해오는 결과를 빚지 않겠냐고 물었다. 그들은 실제로 그런 일이 겨울에 일어났다고 대답했다. 하지만 옥수수 죽과 동부를 먹는 게 고역이라 걸인들도 전부 되돌아갔다는 것이다. 가장 형편이 어려운 남부 구빈원에서도 괴혈병을 예방하기 위해 옥수수 빵에 베이컨을 지급하지만, 그곳 공동체 주민들은 괴혈병에 시달리고 있었다. 구빈원 빈민들이 몰려드는 문제는 공동체의 극심한 궁핍으로 자연스레 해결됐다. 너무도 고통스러워 확고한 신념을 가진 사람만이 이겨낼 수 있는 그런 궁핍이었다.

들판과 밭에서 일하는 이들은 장인과 노동자를 비롯해 기자, 교수, 성직자들이었다. 밭에서 나온 소출로 그들뿐 아니라 아칸소 등지에서 온 사람들도 배고픔을 달랬다. 공동체 구성원들은 가족 문제에서는 전통을 철저히 따랐고 오로지 노동과 소유의 문제에서만 기존 사회의 통념을 따르지 않았다. 우리는 그날 일정을 마치고 근처에 있는 도회지로 마차를 타고 가면서 기이한 경험을 했다. 우리는 호텔에서 함께 식사를 하자며 코먼웰스 공동체 회장의 부인을 모시고 갔다. 회장 부인이 좋은 음악을 몹시 듣고 싶다고 이야기했기 때문이다. 회장 부인은 비프스테이크를 간절히 먹고 싶은 것만큼이나 겨울 내내 음악이 듣고 싶어 견디기 힘들다고 했다. 마차를 타고 가던 우리에게 이상한 기분이 들기 시작했다. 분명 그들이 시도하고 있던 실험은 막을 내려야 할 시점에 다다르고 있었지만, 그런 혹독한 궁핍 속에서도 그들은 자신만의 삶의 이유를―그것이 사리에 맞든 불합리하든 간에―굳건히 마음에 새기고 있었고 그 가운데서 마음의 평안을 얻고 있었다. 그들이 얻고 있는 평안은 자신의 열광적 신념을 행동으로 옮길 때만 얻는 마음의 평안이었다. 보통 사람들이 사는 평범한 남부 도회지에 다다른 우리는 큼지막한 건물, 단단한 벽돌로 지어진 교회, 잘 정비된 도로, 부유한 사람들이 사는 곳과 가난한 사람들이 사는 곳으로 나뉜 모습을 보면서, 오히려 이런 도회지의 실상이 궁핍 속에 어려워하는 시골 공동체보다도 훨씬 더 비현실적으로 느껴졌다. 우리는 살아가면서 판단을 내리고 결정을 내려야 하는 때에 그 결정에 대한 합리적 근거를 구하려 해서는 안 된다고 서로 되뇌었다. 결정을 내리는 순간마다 합리적 근거를 찾으려 한다면 우리는 결코 앞으로 나아갈 수 없다. 그렇지만 현대의 경이로운 모습에도 꿈쩍하지 않는 우리도 오로지 양심과 신념에 따라서만 행동하는 사람들을 볼 때 감탄하게 된다. 코먼웰스 공동체 사람들이 영적 충만을 추구하는 과정에서 엄혹한 현실의 모습을 보지 못한다고 해도, 그것은 부차적인 문제에 불과하다는 생각이 들었다.

모드 씨가 펄리(영국 에섹스에 위치한 지역―옮긴이)에서 러시아에서 쫓겨난 톨스토이 추종자 몇몇 사람들과 더불어 공동체를 시작했지만, 나는 그에 대해서는 자세히 알지 못했다. 모드 씨가 마니토바를 거쳐 시카고에 들렀을 때야 그를 다시 만날 수 있었다. 그때 모드 씨가 마니토바로 간 이유는 정착을 도우려고 기독교의 한 교파인 두호보르파 신자들 제2진을 이끌고 갔던 것이다. 두호보르파는 톨스토이가 강력하게 옹호하는 비폭력주의를 비롯해 여러 기독교 교리를 글자 그대로 받아들인다는 점 때문에, 톨스토이 추종자들이 관심을 기울였다. 톨스토이가 소설을 쓰지 않겠다는 오랜 결심을 깨고 《부활》을 탈고해 출판한 것은 그들을 도우려는 것이었다. 두호보르파 신자들이 캐나다에 자리잡은 뒤,《부활》기금에서 5백 달러가 남았고 그 가운데 절반을 헐하우스에 기부했다. 이 기부금은 가장 궁핍한 가정에게 음식과 잠자리를 제공하는 데 사용해야겠다고 생각했다.

CHAPTER 12

공공활동과 조사활동

20년 전 우리가 사는 지역에는 특별히 눈에 거슬리는 것이 있었다. 보도 위 곳곳에 설치된 커다란 나무 쓰레기통이었다. 쓰레기통에는 매일매일 쓰레기가 가득 쌓여만 갔다. 시카고의 쓰레기수거 시스템은 전반적으로 엉망이었지만, 특히 우리 지역은 이탈리아와 그리스 청과상이 내버리는 썩은 채소와 과일, 또 넝마주이가 다른 곳에서 주워와 골라내고 버린 더러운 넝마로 쓰레기양이 훨씬 더 많아서 문제가 더욱 심각했다.

우리 지역의 아이들은 커다란 쓰레기통 주변에서 놀았다. 유아들이 처음으로 기어 올라가는 법을 배우는 곳도 바로 그곳이었다. 조금 더 큰 아이들은 전쟁놀이를 하면서 몸집이 큰 쓰레기통을 엄폐물로 삼았고, 그 안에 있는 내용물은 팔매질의 무기로 사용했다. 또 다정한 연인들은 걸 터앉아 사랑을 속삭이는 곳으로 활용했다. 게다가 아이들은 그곳에서 음식을 뒤져 먹기도 했다. 마침내 헐하우스 자원봉사 입주자들은 쓰레기통을 철거하고 더 나은 쓰레기수거 시스템으로 개선해야겠다는 강한 의지를 다지기에 이르렀다.

시카고 시민 가운데 아무리 시민의식이 강한 사람이라고 해도 근처에서 살지 않으면, 간혹 맡는 가축 집결지와 쓰레기더미에서 나오는 냄새를 잊고 지내기 쉽다. 하지만 세틀먼트의 자원봉사 입주자들은 그런 지독한 냄새에 둘러싸여 있기 때문에 도무지 그 냄새에서 놓여나지 못한다. 할스테드 스트리트에서 보낸 첫 3년 동안 우리는 헐하우스에 작은 소각로를 마련해 사용했고, 수없이 우리 동네의 열악한 상황을 개선해달라고 시당국에 진정했다. 또 우리는 이민자들과 여러 차례 대화하고 협조를 구하기도 했다. 고국에서는 집을 치우면서 나온 쓰레기를 자연스레 썩어 사라지게 바깥에 버려두어도 좋을지 모르지만, 인구가 많고 또 제대로 수거하지 않아 쓰레기가 가득 쌓이는 도시에서는 그렇게 하면 아이들이 고약한 질병에 걸려 사망할 위험이 있어서 집 안뿐 아니라 당국에 협조해 도시 전체를 깨끗하게 해야 한다고 그들을 설득했다.

우리의 노력으로 조금 나아졌는지는 몰라도, 상황은 견디기 힘들만큼 여전히 열악했다. 네 번째 여름을 맞던 때였다. 나는 내 보호를 받게 된 허약한 어린 조카가 냄새를 해결하지 않고서는 헐하우스에서 함께 살지 못할 상황을 맞고서야, 어떻게든 문제를 해결해야 한다는 절박한 마음이 들었다. 질병으로 죽어간 주변의 불쌍한 아이들을 두고서도 오랫동안 별다른 조치를 취하지 않다가 그때서야 부랴부랴 문제 해결에 나선 나를 돌아보면 부끄러움을 금할 수 없다. 최초로 헐하우스 자원봉사 입주자로 봉사한 남성의 지휘 아래 우리는 시카고의 쓰레기수거 시스템을 조직적으로 조사하기 시작했다. 우리는 다른 지역의 실태, 그리고 수거 시스템과 사망률 사이의 관련성을 면밀히 살펴보았다.

그 한 해 전에 헐하우스 여성 클럽이 조직됐다. 클럽 결성을 이끈 사람은 최초로 자모회를 시작했던 헐하우스 유치원 담당 자원봉사자였다. 하지만 그해 여름, 우리 지역의 높은 사망률에 대해 여성 클럽의 새 회원들과 의논했을 때, 그들은 이전의 우리와는 달리 완전히 새로운 방식으로 문제 해결에 힘을 쏟았다. 사망률 문제를 두고 클럽에서 논의를 거친 뒤, 대다수 아일랜드 여성 회원들이 사는 곳이 아니라 외국인 밀집 지역에서 사망률이 가장 높았는데도 회원 가운데 열두 명이 자원봉사 입주자들과 협력하여 우리 지역 골목길의 상태를 세밀하게 조사하기 시작했다. 8월과 9월 두 달 동안 헐하우스에서 보건 당국에 보낸 위법 사례 보고 건수가 1천 37건에 달했다.

빨래와 다림질로 하루를 보낸 클럽 회원 여성이 지저분한 골목길을 오가며 쓰레기통을 두고 이웃과 실랑이하는 것은 쉽지 않은 일이었다. 1년 중 제일 더운 때 일주일에 세 번씩 이런 수고를 마다하지 않으려면, 확고한 시민 의식과 도덕적 신념이 없이는 불가능하다. 그럼에도 자원봉사 입주자와 더불어 그런 어려움에도 굴하지 않고 몇몇 여성들은 열심히 일했고, 그 결과 세 명의 시 검사관이 만족스럽지 못한 업무 수행으로 연이어 전보 조치 당했다. 하지만 사망률은 여전히 높았고, 그 다음 겨울에도 상황은 별로 좋아질 기미가 보이지 않았다. 이듬해 봄에 잘 알려진 사업가 두 사람의 지원을 받아 시 당국이 쓰레기통 철거 계약을 맺었을 때, 나는 제19지역의 쓰레기통 철거를 요구하는 청원서를 제출했다. 청원서는 휴짓조각 취급을 받았지만, 그 일을 계기로 시장¹은 나를 우리 지역의 쓰레기처리 검사관으로 지명했다.

쓰레기처리 검사관의 1년 급료는 1천 달러로 사람들 사이에서는 "넝쿨째 굴러온 호박"이라는 소리를 듣는 자리였다. 하지만 그 자리는 한직과는 거리가 멀었다. 아침 여섯 시에 일어나 미화원들이 제대로 일하는지 살펴야 했고, 중간 중간에 오물을 흘리며 하치장으로 향하는 쓰레기차의 뒤를 따라가야 했다. 또 쓰레기차를 열세 대에서 열일곱 대로 늘려야 한다는 내 요구에 여윳돈이 전혀 없을 뿐 아니라 전임 검사관이 일곱 대만 남겨주었다는 쓰레기처리 도급업자의 하소연을 들어야 했으며, 적절한 쓰레기 저장 용기를 마련하지 않은 무책임한 주택임대인을 법정에 세우는 일도 해야 했다. 게다가 마구간에서 나온 오물을 쓰레기차에 실으려는 주민을 체포하는 일도 해야 했다.

자원봉사 입주자 두세 사람과 함께 우리는 소각로 여섯 개를 설치해 골목길에서 수거한 쓰레기를 소각했다. 양철 폐품을 활용할 만한 공장이 한 군데 있었지만, 폐품은 처리 가능한 양의 열배나 돼 우리는 골머리를 앓았다. 우리는 도급업자에게 죽은 동물을 치워달라고 닦달해야 했다. 시 당국한테서 동물 사체 처리 명목으로 꽤 많은 돈을 받았지만, 도급업자는 사체를 항상 경찰 앰뷸런스가 처리하게 했다. 동물 사체는 인디애나에 있는 비누공장으로 실려 갔고 그곳에서 꽤 높은 값을 받고 팔렸다. 우리가 이룩한 가장 큰 성과는 어느 좁은 거리에서 50센티미터 아래에 묻혀 있던 포장도로를 발견한 일이었다. 나중에 시립 문서보관소에서 포장도로에 관한 기록을 발견했지만, 어쨌든 놀라운 발견이었다. 그 거리에 사는 이탈리아 사람들은 그 발견에 관심을 표시했지만 그다지 놀라워하지는 않았다. 아마도 이탈리아에서 땅속에 묻혀 있던 도시가 발굴되는 경우를 흔히 보았기 때문인 듯했다. 포장도로를 두고 나와 도로국장 사이에 다툼이 일었다. 20센티 깊이의 쓰레기를 걷어내고 나서 나는 도로 복원 책임이 도로국장에게 있다고 주장한 것이다. 결국 이 분쟁은 시장 덕분에 해결됐다. 내 요청을 받은 시장이 마차에 올라 그 거리까지 함께 갔고, 그곳을 보고 나서 그는 내 편을 들어주었다.

시카고와 피츠버그에서 자원봉사로 검사관 업무를 훌륭하게 수행한 경험이 있는 위스콘신 주립대학교 출신의 한 사람[2]이 내 보좌역을 맞아 3년 동안 철두철미하게 일했다. 둘째 해와 셋째 해에는 공무원 신분으로 일했는데, 1895년 일리노이 의회에서 제정해 많은 시민들의 환영을 받은 법률 덕분이었다.

우리 지역에 사는 외국 출신 여성 가운데 다수는 갑자기 남자처럼 행동하는 우리 모습에 큰 충격을 받았다. 이집 저집을 다니며 병든 사람을 간호하는 것이 여성이 해야 할 일이듯 "오물로 인한 질병"을 예방하기 위해 이곳저곳 활보하는 것 역시 여성의 일이라고 힘들게 설명해야 했다. 차츰 나아지는 상황에 일부 여성들은 큰 호응을 보내면서 근처 골목이나 거리에도 신경쓰는 것이 주부의 의무라고 생각했지만, 많은 이들은 여전히 '여염집 아낙네의 일거리'가 아니라고 생각했다. 이런 사람들의 태도를 검사관이 어느 날 세탁소에서 직접 들은 적 있다. 세탁소 직원 한 사람이 세탁소를 그만 두면서 이렇게 말했다. "이런 곳에서 일하느니 차라리 골목길을 배회하며 이곳저곳 뒤지는 여자가 되는 게 낫지."

---

1. 조지 스위프트로 1895년부터 1897년까지 시카고 시장을 지냈다.
2. 아만다 존슨은 1894년에서 1898년 초까지 쓰레기수거 조사관으로 일했다. 우리에게 반감을 갖고 있던 조니 파워스가 1898년에 존슨을 직위해제했다.

여덟 시간 노동, 공정한 법집행, 임차인 보호 등과 같은 성과를 사람들은 높이 평가했다. 공무원 입장에서 시정(市政)에 대한 설왕설래보다는 그 같은 가시적 성과가 더욱 값지게 여겨졌기 때문이다. 우리의 세심한 조사와 점검으로 위생 상태는 획기적으로 좋아져 시카고 전체에서 세 번째였던 우리 지역 사망률이 일곱 번째로 낮아졌다. 이 성과를 여성 클럽에 보고하는 우리는 열렬한 갈채를 받았다. 우리는 시민으로서 참여를 통해 얻은 결과에 자부심과 뿌듯함을 느꼈다. 하지만 이런 성과에 대한 좋은 평판이 여기저기서 나오자 우리 지역 시의원은 이를 달가워하지 않았다. 우리는 순진하게도 검사관이 공무원이므로 신분이 보장될 것이라고 생각했다. 그런데 그 시의원은 그 자리 자체를 없애는 방법을 찾아냈다. 그는 쓰레기수거와 도로 청소 및 보수 전부를 한 사람에게 맡기는 조례를 도입했다. 물론 새로 만들어진 자리는 공무원 임용 조례에 따라 채워지게 했지만, 남성만으로 자격이 제한되어 있었다. 여성을 차별하지 못하도록 나중에 조례가 개정됐지만, 먼 뒷날의 일이라 우리 지역의 위생 상태를 점검하는 자리는 없어지고 말았다.

위생 실태 점검 업무를 수행하면서 열악한 주거 환경의 심각성을 더욱 절실하게 인식하게 됐다. 세계박람회가 열리던 여름이었다. 헐하우스 자원봉사 입주자 가운데 한 사람이 연설하면서 게딱지만한 셋집들과 마구간들이 들어차 있는데도 하수도를 갖춰 놓지 않은 무심한 소유주를 실례로 들었다. 연설에서 그는 번지수나 소유주의 이름을 구체적으로 언급하지 않았다. 그런데 그 지역을 소유한 젊은이는 공개적인 비난에 분개했고, 곧장 우리에게 달려와 자기 소유 구역의 위생 상태를 함께 점검하자고 했다. 우리는 셋방과 마구간이 몰려 있는 구역을 돌아보았다. 그 실태를 눈으로 본 우리는 남부 이탈리아 출신 농부들에게 위생 설비를 제공하는 일이 쉽지만은 않다는 그의 주장에 동의하지 않을 수 없었다. 하지만 그는 그 구역을 열악한 상태로 방치해두는 것도 마음 내켜하지 않았다. 결국 그는 그 구역 전체를 헐하우스에 무상으로 임대해주겠다는 성급한 제안을 했다. 그러면서 그는 월세에서 나오는 돈으로 위생 환경을 개선하려 한다면 돈을 내버리는 일이 될 것이라는 경고도 결코 잊지 않았다.

우리는 가옥 개량을 떠맡기에는 상태가 너무 좋지 않다는 판단을 내렸지만, 그는 무상 임대해주겠다는 제안을 고집스럽게 거두지 않았다. 우리는 결국 집을 허물고 그 자리에 놀이터를 세운다는 계획안을 제출했다. 연간 2천 달러에 달하는 수입원을 내던졌다는 이야기가 퍼지면 우리가 사람들에게 헐하우스에 기부를 요청할 때 제대로 논리가 서지 않을 것이라는 조심스러운 충고가 있었다. 하지만 논리가 서지 않는 한이 있더라도 열악한 환경을 놓아둔 채 임대 수익을 챙길 수는 없다는 판단을 내렸다. 상태가 심각한 집들은 모두 허물었고, 상태가 괜찮은 세 채는 고물수집이나 술집으로 쓰지 말아야 한다는 조건을 달아 매각했다. 그리고 마침내 놀이터를 세웠다. 향후 10년 동안 헐하우스는 놀이터 관리를 책임졌고, 그 후에는 도시놀이터관리위원회로 관리가 넘어갔다. 헐하우스가 관리를 책임지는 동안에도 시 당국은 경찰관을 파견해 치안을 담당하게 했고, 그 경찰관은 헐하우스의 소중한 자원이 됐다.

15년 동안 공익적 가치를 소중하게 여기는 소유주는 모든 세금을 부담했다. 또 그 구역이 매각되었을 때 그는 근처 학교 운동장에 놀이터 시설을 세워주었다. 한편, 셋집을 빼 다른 곳으로 이사해야 했던 거주자들은 옛집을 몹시 그리워했다. 마구를 만드는 이탈리아 노인을 길에서 만난 일이 있는데, 그처럼 "고향 이탈리아와 꼭 닮은" 곳을 찾아내지 못했다고 하소연했다.

다양한 축제가 놀이터에서 열렸다. 5월이면 오월제를 열어 메이퀸을 뽑는 행사를 했다. 거리에 버려진 종잇조각을 가장 많이 주운 여자아이를 메이퀸으로 뽑았던 때가 기억난다. 그해 봄 우리는 아이들을 모아 꼬챙이를 하나씩 쥐어주며 휴지를 줍게 했다. 헐하우스 앞에 큰 통을 놓고 그 안에 휴지를 하나씩 세며 넣게 했다. 메이퀸의 영예를 거머쥔 이탈리아 여자아이는 엄숙하게 수상했고, 우리는 모두 깨끗한 거리를 만들겠다는 일념뿐이었으므로 "사랑과 미의 여왕"인 메이퀸의 자리를 쓰레기 잘 줍는 아이에게 수여하는 일이 엉뚱하다는 생각을 조금도 하지 않았다.

헐하우스를 세우고 두 해가 지날 즈음, 토인비홀 소장과 그 부인이 세계를 두루 돌아보고 영국으로 돌아가던 길에 우리를 방문했다. 두 사람은 오랫동안 이스트런던에서 살았고, 사람들은 두 사람을 사회 개선 운동의 상징으로 여기고 있었다. 두 사람은 유연함과 희망 가득한 새 나라에서 사회 개조를 위한 실험과 노력에 별다른 관심을 기울이지 않고 있다는 데 큰 충격을 받았다. 두 사람은 도서관에서 영국 도시의 상황을 조사해 기록한 책과 정부 보고서를 구해 보려 했지만 헛수고였다.

이후로도 영국에서 온 방문자들은 시카고의 많은 문제는 공공의식의 부재 때문이 아니라 현대 도시에 걸맞은 제도와 행정의 부재 때문이라는 의견을 피력했다. 항상 그런 것은 아니었지만 잠시 방문한 사람이 새로 생긴 도시에서는 그런 세부적인 일들을 그다지 중요하게 생각하지 않는다는 점을 깨닫기는 어려웠다. 가장 눈에 띄는 문제점은 좁은 지역에 몰려 사는 이민자들의 주택 문제였다. 이민자들 열에 아홉은 시골 출신이었고, 좁은 셋집에 살면서 온갖 허드렛일을 했다. 세심한 도시 행정에 익숙한 방문자는 그리스 사람들이 지하실에서 양을 도축하고 이탈리아 여자들이 쓰레기장에서 옷가지를 골라내고 제빵사가 불결한 곳에서 빵을 만들도록 놔두는 당국을 도무지 이해할 수 없었다. 존 번스가 두 차례 이탈리아 이민자 지역을 방문한 일이 생각난다.

번스는 첫 번째 방문을 하고 13년 뒤 다시 그 지역을 방문했다. 두 번째로 방문했을 때, 그는 어느 부유한 이탈리아 사람 소유의 집이 그대로 남아 있는 것을 보고 믿을 수 없다는 반응을 보였다. 그는 그 구역에 있던 집들의 위치를 정확하게 기억해냈다. 심지어 앞쪽 셋방과 뒤쪽 셋방 사이에 얼마만한 공간이 있었는지도 기억했다. 그는 13년 전에 자신이 충고한 대로 어두운 방에 창문을 냈는지 물었다. 집주인이 허락하지 않는다는 점을 어쩔 수 없이 밝혀야 했지만, 도시주택협회가 이미 10년 전에 생겼다는 이야기는 할 수 있었다. 헐하우스 자원봉사 입주자 한 사람이 시카고의 임대 주택 상황을 점검해 보고서를 작성했고, 그 보고서를 참고해 도시주택협회는 표준 임대주택 법률을 제정했다. 협회 의장은 시의회에서 너무 많은 예외를 둬 법률의 효과를 반감시키지 못하게 여러 해 동안 애썼다. 하지만 번스에게는 우리의 개선 속도가 여전히 느리다고 생각했다. 왜냐하면 런던에서는 오래전에 불법으로 규정한 특성들을 시카고 주택은 여전히 그대로 지니고 있었기 때문이었다. 근래에 들어서야 소 잃고 외양간 고치는 격이기는 하지만 마침내 법률이 기존 주택으로도 확대됐고, 성실한 검사관들이 유능한 기관장의 통솔을 받으며 문제점들을 없애나갔다.

우리의 일관된 법률 집행 요구로 인해 최소한 일시적으로나마 헐하우스와 이웃 사이에 갈등이 생겨나는 일이 적지 않았다. 법률 적용을 피하려고 낡은 집을 옮겨 새 집의 뼈대로 삼는 집주인들과 끊임없이 싸워야 했던 일도 기억나고, 새로 얻은 셋집이 불법 가옥이라는 사실을 발견하고 속상해하던 이탈리아 이웃 사람도 기억난다. 그 이탈리아 사람에게 저렴한 월세도 중요하지만 임대인의 건강도 마찬가지로 중요하다는 사실을 이해시키기가 불가능했다.

좁은 주거환경에서 생겨나는 문제점들을 다른 도시에서는 미리 예견해 해결하지만, 시카고에서는 그런 문제가 끊임없이 생겨났다. 한 가족이 생활하기에도 좁은 셋집에 하숙생들까지 몰려들었고, 많은 여자아이들이 삼촌이나 심지어 아버지에게 추행을 당했으며, 조용히 공부할 장소가 없는 어린 학생들은 밤마다 거리를 배회했다. 또 좁은 거주 환경으로 인해 결핵이 크게 번졌다. 결핵 치료 분야의 권위자로 우리 지역을 위해 많은 시간을 할애하는 어느 의사의 지침을 받아 헐하우스 자원봉사 입주자 한 사람이 결핵과 주거환경 사이의 관계를 조사했다. 결과는 뉴욕시의 "폐결핵 지역" 조사 결과만큼 충격적이었다.

이런 열악한 주거 환경으로 끔찍한 결과가 빚어지는 일이 많았다. 1902년 여름에 티푸스가 창궐했을 때 우리 지역의 인구는 전체 도시에서 서른여섯 번째였지만 사망자는 여섯 번째로 높았다. 헐하우스 자원봉사 입주자 두 사람이 유난히 발병률이 높은 지역에 인접한 주택의 배관 방식을 조사했다. 감염된 이들 가운데서 두 사람은 여러 해 동안 작지만 쾌적한 집에서 살던 미망인의 사례를 알게 됐다. 주위에 이탈리아 이민자들이 살고 있었으나, 미망인은 자녀 교육을 마칠 때까지는 다른 곳으로 이사가지 않을 생각을 하고 있었다. 그런데 미망인은 이웃에 사는 이탈리아 사람들과는 전혀 어울려 지내지 않았고, 위생 상태를 개선하려는 운동에 관심을 기울이지 않았다. 두 딸은 동부에 있는 대학에 다니고 있었다. 큰딸이 졸업을 하고 작은딸은 졸업을 두 해 남겨 놓은 어느 6월, 두 딸 모두 집에 돌아와 여름을 보내고 있었다. 그런데 미망인의 노력에도 감염을 막지 못해 두 딸은 티푸스에 걸렸고, 그중 하나가 죽었다. 미망인의 사례는 동네의 위생 상태가 좋지 않으면 개인이 아무리 조심하고 노력해도 아무런 소용이 없다는 점을 잘 보여주는 사례였다.

또 다른 자원봉사 입주자인 닥터 엘리스 해밀턴[3]이란 사람이 티푸스 발병과 하수관 시설 사이의 연관성을 면밀히 조사한 자료를, 그 질병이 파리에게서 옮겨졌을 가능성을 연구하는 기초 자료로 사용했다. 닥터 해밀턴의 연구는 신빙성이 높아 파리 매개체 이론을 뒷받침하는 과학 데이터로 활용되었지만, 연구조사 덕분에 실질적인 성과도 얻어낼 수 있었다. 전염병 확산의 온상인 불결한 공중 시설이 그대로 방치되고 있는 것은 시청 담당 공무원이 근무에 태만하거나 아니면 임대인들의 주장에만 귀를 기울이기 때문임을 깨닫게 된 것이다.

결국에 위생과 소속 공무원 가운데 절반이 공무원 인사 위원회의 징계 심리 절차를 거쳐야 했고, 마침내 담당 공무원 24명 가운데 11명이 자리에서 쫓겨났다. 우리 지역을 담당한 공무원은 마음씨 좋은 노인이었다. 그는 어느 때 집주인에게 현대적 하수 시설을 마련하도록 할지 담당

---

3. 엘리스 해밀턴(1869-1970)은 1897년에 노스웨스턴 대학교 여성의과대학의 병리학 교수가 되었고 곧이어 헐하우스 자원봉사 입주자로 들어왔다. 닥터 해밀턴은 산업의학 분야의 선구자가 되었으며 유독물질에서 노동자를 보호하는 일에 힘을 기울였다.

공무원이 재량껏 판단할 수 있어야 하는데, 왜 그렇게 못하게 하는지 도무지 수긍하지 못했다. 임대인이 "너무 가난"하거나 혹은 "집을 팔려고 내놓았거나" 아니면 "공장을 짓기 위해 곧 집을 허물거나" 할 경우라면 굳이 불편을 끼칠 이유가 무엇인가? 그 공무원은 징계 절차가 끝난 직후에 세상을 떠났다. 세상을 떠나면서도 자신은 부당한 대우를 받았다고 생각했으며, 왜 공무원들의 징계가 필요한지 이해하지 못했다. 우리는 시청에 깊숙이 뻗어 있는 이권 개입 세력에 놀랐고, 또 우리가 그 세력을 건드려 생겨난 그들의 분노에 또한 놀랐다. 조사 활동 탓에 헐하우스는 상당한 재정 지원을 잃었다. 큰 타격이었지만 우리로서는 충분히 이해할 만한 사태였다. 또 우리는 배관 기술자 조합의 이권 개입도 우연히 알아냈다. 어느 배관 기술자의 용감한 증언이 있었지만, 재판에서 원하는 판결을 이끌어내지 못했다.

또 헐하우스 자원봉사 입주자들은 코카인 판매를 막으려고 애썼고 이 때문에 불가피하게 약사들과 불화를 겪었다. 우리 지역 외곽에 살던 이탈리아 약제사는 여러 이탈리아 사람들과 합심해 우리에게 대항했다. 그는 우리에게 무언가 불순한 의도가 있지 않고서는 그런 일을 할 리 없다고 믿었다. 지루한 재판이 이어졌다. 하지만 제대로 된 법률이 없어 우리는 패소하고 말았다. 코카인 판매에 관한 법률을 제정하려고 많은 노력을 기울인 후에야 여러 기관의 협조 아래 새 법률이 1907년에 마련됐다. 그러는 동안 그 이탈리아 약사는 아이들에게 코카인을 팔아 막대한 이윤을 챙겼음에도 자신이 부당하게 공격받았다고 생각했다. 그때 일을 생각하면 열일곱이라는 나이로 코카인에 희생된 이탈리아 아이가 떠오른다. 헐하우스가 운영하는 유치원에 다닐 때는 잘생기고 쾌활한 아이였고

자라나서 클럽 활동을 할 때는 활달한 아이였지만, 어느 때부터인가 점차 표정이 어두워지기 시작했다. 끝내 관 안에 누워 있는 여윈 몸에서는 예전에 내가 알던 아이의 모습은 온데간데없었다.

우리는 시카고 의학협회와 협력해 산파들의 실태도 조사했다. 무지한 어머니들과 아이들을 위해 관련 법률 제정이 절실히 필요하다는 점을 사람들에게 알리려고 했지만, 오랜 관습과 맞서야 하는 쉽지 않은 싸움이었다. 이를 낡은 것과 새로운 것 사이에 벌어지는 끊임없는 갈등의 한 사례로 보아야 할까? 아니면 "한 사물을 두고도 보는 각도에 따라 모습이 달라진다"는 지혜의 말을 새기며 예기치 못한 사람들의 저항과 반대를 그러려니 하고 넘겨야 할까? 우리가 벌인 여러 조사활동 가운데는 "무단결석 집중 조사"처럼 훌륭한 성과를 낸 것도 있었다. 헐하우스 자원봉사 입주자인 브리튼 부인이라는 분이 교육위원회 의무교육부서와 방문간호사협회와 협력해 이룬 성과였다. 브리튼 부인은 여러 해 동안 어린이 클럽을 책임져왔기 때문에, 우리 지역에 사는 아이들을 많이 알고 있었다. 부인은 300여 가정을 대상으로 상습적 무단결석을 낳는 경제적 요인과 사회적 요인을 상세히 파헤쳤다. 그 조사는 나 자신이 위원으로 참여하는 시카고 교육위원회에서 무단결석에 대한 흥미로운 학술회의를 연 뒤에 나온 것이었다. 학술회의는 무단결석에 관한 법률을 집행하는 곳뿐만 아니라 자원봉사자들이 긴밀히 협력하는 데도 많은 영향을 주었다.

우리는 작은 규모지만 철저하게 준비된 조사활동을 계속해나갔다. 신속한 행동으로 이어지게 한 조사활동이 여럿 있었는데, 그 가운데에서 특히 브리튼 부인이 최근에 주관한 두 가지 조사를 꼽을 만하다. 하나는 학교 어린이 독서 실태에 대한 조사로, 이 조사 후 어린이 클럽 도서관에 비치할 도서를 구입하게 됐고, 또 다른 하나는 학교 어린이 결핵 감염 비율에 대한 조사로 헐하우스 발코니에 실험 야외 학교를 여는 계기가 됐다. 조사활동 가운데는 생각하는 것과는 상반되는 결과가 나온 것도 있다. 우리는 언제인가 여공들이 얼마나 일에 시달리는지 조사한 적 있었다. 여공들 사이에 결핵 감염률이 놀랄 만큼 높아서 과로와 결핵 사이의 상관관계를 밝혀 보고 싶었다. 사용할 수 있는 측정기로는 유일하게 에르고그래프(근육의 작업 능력을 측정하는 기기―옮긴이)가 있었다. 에르고그래프는 값비싼 정밀 기기였지만 고맙게도 시카고 대학교 생리학 연구소가 대여해주었다. 공장주의 허락을 받아 검사를 실시하려고 우리가 헐하우스에서 출발해 여직공들로 붐비는 공장을 향해 열지어 가며 사람들의 이목을 끌던 광경이 눈에 선하다. 먼저 손수레 위에 값비싼 기기가 놓여 있고, 불안한 표정을 한 젊은 대학생과 매일 오후마다 검사를 실시할 젊은 의사가 기기를 보호하려고 옆에 바짝 붙어 있다. 그 뒤로 조사를 주관한 닥터 해밀턴이 쫓아가고 있고, 옆에는 기기 설치를 담당할 과학자가 함께 걷는다. 나는 맨 뒤에서 그들을 따르며 공장주에게 검사 허락을 한 번 더 확인한다. 하지만 이렇게 소란스레 준비했는데도, 아침보다 일과가 끝났을 때 피로도가 오히려 더 낮다는 결과가 나왔다. "파김치가 되도록 일한다"는 여직공들의 말이 거짓이어서가 아니라 기기가 피로 정도를 제대로 잡아내지 못했기 때문이었다.

여러 해 동안 우리는 헐하우스에 미연방 우정국 출장소를 운영했다. 처음에는 우리 동네 사람들이 중개인을 통해서 유럽으로 송금하면서 적지 않은 돈을 허비했기 때문에, 출장소 운영을 지원했던 것이다. 체신 업무를 수행하면서 우체국 예금 업무의 필요성을 깨달았다. 미연방 우정국에서는 예금 업무를 하지 않는다는 소리를 듣고 당혹해하며 발길을 돌리는 사람들이 한둘이 아니었다.

하지만 우리는 최선의 결과를 얻으려면 공공기관이나 연방기관과 협력해야 한다는 점을 깨닫기 시작했다. 시카고 지역에 있는 모든 세틀먼트들은 신문팔이 소년들의 처지에 안타까워하고 있었다. 신문팔이는 고용된 노동자가 아니라 사업자로 취급받아 일리노이 아동 노동법의 보호를 받지 못했다. 세틀먼트들은 서로 협력해 24시간 동안 1천 명 가량의 신문팔이 소년을 인터뷰했다. 다수의 아이들이 조사 활동에 참여한 10개소 세틀먼트 인근에 살고 있어서, 학교환경과 가정환경을 쉽게 파악할 수 있었다. 우리는 조사 결과를 담아 보고서를 작성했다. 우리는 보스턴 시와 버팔로 시 조례의 핵심 내용을 담은 조례를 제정하라고 권고했다. 조례안이 마련됐고 시의회 의원들의 관심을 촉구하는 노력을 기울였지만, 언론의 지원이 없어 시의회에 조례안을 제출하려는 의원은 한 사람도 없었다. 우리는 1908년 시카고에서 열린 전국아동노동위원회 연차총회에서 이 문제를 부각할 수 있었다. 물론 그 내용은 전국에 걸쳐 신문 지상에 보도됐다. 연차 총회를 통해 우리는 입법 운동도 전국 단위의 단체와 협력할 때 특별히 효율적일 때가 있다는 사실을 깨달았다. 총회에서 오간 논의는 지금까지 일리노이 법률의 시행과 그 현황을 두고 진행된 모든 논의 가운데 가장 훌륭한 것이었다. 일리노이 아동의 처지를 나라 전체의 아동에 견주어 살펴보았고, 일리노이의 앞선 의료 체계를 다른 주와 비교도 해보았다.

이렇게 해서 헐하우스의 조사활동은 규모가 큰 조직과 합쳐지는 형태를 취하기 시작했다. 1896년에 50인위원회를 위해 실시한 선술집의 사회적 가치에 대한 조사부터 1909년 미국과학아카데미를 위해 실시한 유아 사망률 조사까지 모든 조사활동이 그러했다. 헐하우스의 공공 활동도 마찬가지였다. 그중에는 시카고 사회사업 양성소와 같이 다른 세틀먼트의 자원봉사 입주자들이 추진한 공공 활동도 있었다. 시카고 도시사회사업 양성소는 여러 해 동안 시카고 의회 의장을 지낸 닥터 그래엄 테일러의 노력에 힘입어 탄생한 단체이다. 헐하우스 자원봉사 입주자 가운데 여러 명이 이 단체에 관여하고 있으며, 최근 들어 우리가 실시한 주거 환경 실태 조사는 모두 이 단체의 주관 하에 이뤄졌다. 또 주거 환경 개선을 위한 우리의 활동은 도시주택협회의 협력과 여러 해 전 도시 위생 검사관으로 일한 적 있는 헐하우스 자원봉사 입주자의 협조를 받으며 진행됐다.

세틀먼트의 공공 활동이 지니는 귀한 가치를 가장 잘 보여준 이는 아마도 닥터 테일러일 것이다. 최근에는 일리노이 주지사의 지명을 받아 산재보험 마련에 참여하기도 하고, 또 직업병 조사에 착수하도록 영향력을 발휘하기도 하는 등 공익을 위한 그의 활동은 다방면에 걸쳐 있다. 직업병 조사에서 공장을 대상으로 직접 조사를 도맡아 실시한 사람은 헐하우스의 자원봉사 입주자인 닥터 해밀턴이었다. 오랜 산업 현장 경험과 더불어 전문 과학 지식까지 갖췄기에 그만한 적임자는 없었다.

그런데 세틀먼트가 구체적 사안에서 벗어나 추상적 공론에 솔깃할 우려는 언제나 있다. 여러 해 전 헐하우스에서 재봉사 노동조합 모임이 열린 적이 있었다. 이 자리에서 노동조합은 남성 외투의 각 부분마다 외투를 제작한 사람들에게 얼마나 지불했는지 꼬리표를 달도록 하는 데 힘을 보태달라고 요청했다. 재단한 사람에게 지급한 금액을 적은 꼬리표, 단추 구멍을 만든 사람에게 지급한 금액을 적은 꼬리표, 마무리 작업에 지급한 금액을 적은 꼬리표 등을 달아놓아 외투의 최종 판매 가격과 비교할 수 있게 하자는 것이었다. 그렇지만 판매, 임대, 관리 등에 얼마만큼 비용이 들었는지 계산하기란 곤란하다는 점을 곧 깨달았다. 결국, 견본용으로 꼬리표를 여기저기 달아놓은 외투는 마치 실패로 의기가 꺾인 사람처럼 초라한 모습을 한 채 벽장 속에 처박히고 말았다. 그러나 일하는 사람 입장에서 자신이 투입한 노동이 전체 노동에 견주어 얼마만큼의 가치가 있는지 알고자 하는 욕구는 정당할 뿐 아니라 그러한 정보는 품질 개선에 긴요한 기초 자료로 활용된다.

헐하우스 자원봉사 입주자들은 1900년에 봉제업계의 혁신을 기대하며 미연방산업위원회에 증인으로 참여했다. 또 한참 뒤에는 노조 관계자를 비롯한 여러 운동가들과 함께 산업전시회를 열어 노동 현장의 실태를 시각적으로 알리는 자리를 마련하기도 했다. 산업전시회가 열린 카지노 빌딩은 2주 동안 연일 사람들로 북적거렸다. 시각적으로 전달하면 그러한 정보도 얼마든지 사람들의 이목을 끌 수 있다는 점을 보여준 사례였다. 소규모 조사에서 벗어나 대규모 조사로 이어진 사례로는 시카고 대학교 세틀먼트의 미스 맥도웰을 비롯한 여러 사람들이 산업 현장에서 일하는 여성과 아동의 실태에 대해 특별 조사를 실시하도록 의회에 촉구한 일을 빼놓을 수 없다. 일리노이 주 노동부의 지원 아래 네이버후드 하우스의 반 데어 바르트 부인과 시카고 대학교의 미스 브레킹리지가 실시한 조사활동처럼 주목할 만한 것도 있었지만, 어쨌든 소규모로는 제대로 된 조사를 하기에 어려움이 많다는 사실을 우리는 깨달았다.

미국의 초기 세틀먼트 운동에서 자원봉사 입주자들은 때로 기존의 자선활동 방식에 갑갑함을 느끼곤 했다. 세틀먼트 운동에 참여하는 사람들은 공장 지대에 함께 살면서 산업화의 부작용으로 생겨난 가난의 문제를 서로 협력해 처리하는 진일보한 방법을 찾고자 했다. 하지만 20년 동안에 세틀먼트 운동가들은, 자선단체를 통해 구빈활동을 하는 사람들이 가난한 이들의 현실을 알게 되면서 예전에는 급진적이라고 딱지 붙였던 방식으로 서서히 근접해가고 있음을 목격했다. 세틀먼트 자원봉사자들은 자선단체의 빈민구호 방식을 경원시하기는커녕 정확한 정보를 바탕으로 일관되게 추진하는 구빈활동이 빈곤 퇴치에서 매우 중요하다는 연방의회 청문회 증언에 공감을 표시했다. 아동국 설립을 위해 마련한 청문회에서 자선단체 활동가들은 관련 정보의 수집과 전파를 담당하는 기구의 설치가 필요하다고 역설했고, 세틀먼트 자원봉사자들은 그 주장에 적극 동조했다.

하웰스[4]는 우리가 소설 읽기에 취한 채 낭만을 찾기 때문에 삶의 현실을 제대로 바라볼 능력을 상실했다고 말한다. 그 말은 초기 미국 세틀먼트 운동에 해당할지는 모르지만 이후의 사정을 살펴보면 실제 현실은 예기치 않게 발견한 낭만적 사례들로 가득하다. 그런 낭만적 발견 가운데 하나를 언급하자면 여러 나라 출신의 사람들이 모여 사는 우리 지역에서 목격하는 국제주의적 연대를 소개할 만하다. 가톨릭 신앙을 지닌 남부 이탈리아 사람이 출신 국가도 다르고 종교도 다른 오스트리아 태생 유대인과 어쩔 수 없이 상대해야 하는 상황일 때, 두 사람 사이에는 서로 오랫동안 쌓아온 편견을 고집하기 어렵다는 사실을 발견한다. 그리고 차츰 그런 편견에서 벗어나는 자신을 발견한다. 불구대천의 원수로 여겼던 사람이 옆에서 함께 일하며 친구가 되는 현실 앞에서 출신지를 중요시하는 지역주의는 바뀌기 마련이다. 평화를 염원하는 국제회의와 전국회의에 참여하면서, 나는 미국 도시의 이민자 거주 지역에서 피어나는 국제주의가 평화를 낳는 효율적인 발판임을 인식했으면 하고 희망했다. 1904년 보스턴에서 열린 회의에서 나는 처음으로 그런 염원을 주저하며 사람들에게 밝혔다. 그런데 윌리엄 제임스 교수[5]는 내 주장에 전폭적 지지를 보냈고 그때를 생각하면 지금도 기분이 몹시 좋아진다.

나는 우리에게 붙여진 '사회 실험실'이라는 말을 좋아하지 않는다. 왜냐하면 세틀먼트는 그런 말이 내포하는 것보다도 훨씬 더 인간적이고 자연발생적이기 때문이다. 세틀먼트 자원봉사 입주자들은 다른 누구보다도 지역 사람들을 잘 알게 되며, 또 그렇게 얻는 경험은 그들의 신념에 영향을 준다.

여러 해 전, "토인비홀의 성장"이란 내 글을 두고 토론하던 중 시카고 여성 클럽의 열성적인 어느 회원이 들려준 이야기를 인상 깊게 들은 적 있다. 그 여성은 어렸을 때 모친이 가꾸는 정원에서 놀다가 작은 두꺼비를 발견했다고 말했다. 외로운 두꺼비를 위로해주고 싶었지만 방법을 몰라 그 자리에 그대로 둔 채 자리를 떠났다. 나중에 그 여성은 정원 가장자리에서 가족도 없고 친구도 없는 듯 보이는 큰 두꺼비를 발견했다. 불쌍한 마음이 들어 나뭇가지를 이용해 작은 두꺼비를 큰 두꺼비 쪽으로 몰고 갔다. 뜻대로 잘 되지 않았지만 인내를 갖고 최대한 정성을 기울인 끝

---

4. 윌리엄 딘 하웰스(1837-1920)는 소설가이며 비평가이다. 애덤스가 기술하고 있는 그의 견해는《비평과 허구》(1893) 제23장에 등장한다.
5. 철학자 윌리엄 제임스(1842-1910)를 가리킨다. 그의 사상인 실용주의는 애덤스와 존 듀이에게 영향을 주었다.

에 마침내 원하는 곳에 도착했다. 그런데 큰 두꺼비는 작은 두꺼비를 날름 삼켜버리고 말았고 그 모습을 보고 큰 충격을 받았다고 했다. "본래 자신이 속하지 않는 곳"에 사는 사람에게 이 이야기가 던지는 교훈은 명백하다. 하지만 나는, 바로 인민이라는 바다 속에 우리가 삼켜지고 용해되기 원한다고 항변했다.

20년이 지난 지금, 오랜 세월 산업 지역에서 사람들과 동고동락한 뒤 위에서 말한 일이 일어나고 있다는 사실을 이 자리에서 기꺼이 밝혀두는 바이다.

CHAPTER 13

시민의 협동

헐하우스를 시작하면서 깨닫게 된 사실 가운데 하나는 도시 빈민 숫자
가 엄청나기 때문에 민간 구호 활동으로는 별다른 성과를 내기가 어렵
다는 점이었다. 민간 자선 단체로서는 도무지 감당할 수 없는 비참한 처
지의 사람들이 부지기수였다. 오직 카운티 병원만이 방탕한 생활로 폐인
이 된 사람들을 치료하고 격리 병원에서만 천연두 환자를 수용한다.

잘못된 길로 들어서 몸을 망치고 병까지 들어 딸이 집으로 돌아오자
상심한 어머니가 이렇게 한탄하는 소리를 들은 적 있다. "이제 갈 데라고
는 카운티 병원 꼭대기 층뿐이다. 거기로 가는 도리밖에 없어." 그 어머
니는 여러 방도를 고민했지만 카운티 병원 외에는 선택이 없었던 것이
다. 국가의 책무가 중요하다고 생각하게 된 계기는 세계박람회를 뒤이어
유행한 천연두 때문이었다. 헐하우스 자원봉사 입주자이자 주정부 공장

검사관으로 일하는 켈리부인은 천연두 발병을 알리지 않은 가정을 찾아내어 의복을 소각하는 일에 힘을 쏟고 있었다. 환자 가정을 족집게처럼 잘 찾아내던 부검사관은 자기 가족에게 질병을 전염시킬까 우려해 헐하우스에 기거했다. 또 다른 자원봉사 입주자이자 일리노이 주 구호 담당국 위원인 줄리아 C. 래스롭'은 격리 병원을 계속 오고갔다. 격리 병원은 도시 서쪽 초원 지대에 급하게 지어진 건물이었다. 헐하우스는 이미 질병에 노출됐기 때문에 보건 담당국에서 나온 특별 천연두 조사관이 환자들에게 집으로 돌아갈 때까지 음식을 지어주고 의복을 갈아입히는 것이 최선일 듯했다. 담당 공무원들은 그 일을 두말없이 받아들였다. 민간 자원봉사자들이라면 선뜻 나서기에 위험하고 힘든 일이지만 공무원인 그들은 공복으로서 마땅히 해야 할 일이라고 생각했다.

할스테드 스트리트에서 두 번째 겨울을 맞던 즈음에 줄리아 래스롭이 쿡 카운티 사무관의 지명을 받아 카운티 관청 방문 직원의 지위를 얻었다. 그녀는 매일 아침 카운티 관청에 출근했고, 헐하우스를 중심으로 열 블록 안에 있는 지역에서 일어나는 모든 일들을 조사하는 것이 담당 업무였다. 그 덕분에 래스롭은 우리 지역에서 제일 가난하게 사는 사람들과 접촉하는 기회와 카운티 관청에서 실시하는 공공 구호 활동을 파악하는 기회를 얻었다. 처음에 행정관들은 그런 방문 직원의 효용성에 의구심을 품었고, 래스롭은 카운티 물품을 마구잡이로 낭비하는 '밑 빠진 독'이 될 것이라고 예상했다. 하지만 차츰 그들은 래스롭의 제안과 조언에 귀를 기울이며 신뢰하기 시작했다.

1839년 줄리아 C. 래스롭은 주지사의 지명으로 일리노이 주 구호 담당국 위원이 됐다. 래스롭은 두 차례 연이어 위원으로 봉사했고, 나중에 다시 세 번째로 위원에 임명됐다. 래스롭이 일리노이 주 자선단체들의 확대와 재정비에 크게 기여할 수 있었던 것은 수혜자들의 사정을 가까운 거리에서 파악했기 때문이다. 래스롭의 사례에서 볼 수 있듯이 오랜 기간 가난한 사람들 사이에서 함께 생활할 때만 담당 공무원의 임무를 제대로 수행할 수 있다. 관리하고 감독하는 사람이 아니라 가까운 친구의 입장이 돼야 하는 것이다. 이렇게 초기부터 헐하우스 자원봉사 입주자들은 카운티 기관과 주 정부 기관에서 도시 행정 개선을 위해 많은 시간을 보냈다. 간질병 환자를 위한 주정부 보호시설 설립에 참여했고, 자선사업과 입법 활동 사이의 경계에 위치한 10여 개의 사업에 관여하기도 했다. 우리는 이렇게 다수의 도시 행정 사업에 참여했다.

내 친구 스타는 액자 사진 여러 점을 소장하고 있었다. 주로 미술 시간에 배우는 그림이 담긴 사진이었다. 처음에 이 사진들은 헐하우스 학생들을 위해 대여했고 나중에는 공공 학교로도 대여됐다. 이러한 대여 활동은 나중에 설립한 공립학교 미술교육 협회의 핵심 사업이 됐다. 스타는 그 단체의 초대 회장으로 활동했다.

첫해 여름과 둘째 해 여름에 우리는 동네 사람들을 위해 세 개의 욕탕을 운영했다. 이를 통해 최초의 시카고 공중목욕탕 설치 주장에 필요한 근거와 경험을 얻을 수 있었다. 시카고 공중목욕탕은 헐하우스 인근에 세워졌고, 시 보건위생국의 관리 하에 운영을 시작했다. 목욕탕이 세워진 땅은 헐하우스에 도움을 주던 어느 독지가의 소유였다. 그는 임대료

---

1. 줄리아 클리포드 래스롭(1858-1932)은 일리노이 토박이로서 1880년에 바사 칼리지를 졸업했고 1890년에 헐하우스로 입주해 평생 아동복지에 헌신했다. 래스롭이 사망하자 애덤스는 《나의 벗 줄리아 래스롭》(1935)이라는 회고록을 썼다.

를 받지 않고 땅을 시에 제공했고, 그 덕분에 시 당국은 1만 달러라는 작
은 예산으로 최초의 공중목욕탕을 세울 수 있었다. 관계 당국에서는 사
람들이 목욕탕을 이용하지 않을 것이라는 우려의 목소리가 높았다. 그들
은 예전에 모델 타운에서 목욕탕이 석탄 저장소로 전용된 사례를 들었
다. 하지만 1892년 당시, 인근에는 목욕탕이 세 곳뿐이었고 셋방살이하
는 사람들의 불만이 높다는 점을 들어 우리는 주장을 굽히지 않았다. 이
민자들의 독서 욕구가 크다며 헐하우스에 공공도서관 열람실을 개설하
자고 했을 때처럼, 이번에도 우리 주장은 옳은 것으로 밝혀졌다. 공중목
욕탕을 열자마자 사람들이 몰려든 것이다.

우리는 도로 포장이라든지 도박장 폐쇄, 퇴직 경찰관의 복직 등을 추
진하면서 이런 협력 활동을 통해서만 이웃과 끈끈한 연대의식을 확보할
수 있다는 사실을 발견했다.

이러한 초기 활동 가운데 몇몇은 헐하우스 남성 클럽과 연계해 수행
되었다. 헐하우스 남성 클럽은 1893년 봄에 조직됐고 체육관 건물에 클
럽 룸을 마련했다. 헐하우스 남성 클럽은 우리 지역의 정치 현안에 개입
해 일찌감치 성과를 얻어냈고, 이로써 정치적 영향력을 꽤 발휘한다는
소리를 들었다. 하지만 결국 조직을 장악하려는 두 파벌 사이의 불화로
남성 클럽은 분열하고 말았다. 남성 클럽은 지금도 존속하지만 초기 5년
간 누렸던 위상을 다시는 되찾지 못했다. 그 단체가 일찍이 거둔 정치적
성공은 제19지역구에서 20년 넘게 시의원을 지내면서 막강한 힘을 행사
하는 어느 인사에 맞서 헐하우스가 벌인 선거 운동에서였다. 그 사람은
부패로 악명이 높았지만 여전히 선거구민의 지지를 받으며 건재함을 과
시하고 있었다.

헐하우스는 그 사람에 맞서 지금까지 세 차례의 선거 운동을 벌여야 했다. 첫 번째 선거 운동을 하던 때는 그는 우리의 주일학교 활동을 가소 롭게 여겼고, 헐하우스 남성 클럽의 한 회원이 시의원으로 선출됐지만 그에게 아무런 방해 활동도 하지 않았다. 하지만 이듬해 봄에 그 사람 자신의 재선을 반대하는 활동을 하면서 헐하우스는 단호하면서도 교활한 저항에 맞닥뜨렸다. 반대 운동을 하면서 우리는 지나치게 이상주의적인 주장을 내세웠다. 구직과 생계에 정치인의 입김이 직접적으로 작용하는 우리 지역 같은 곳에서는 고려해야 할 현실적 요소가 있었지만, 우리는 그것을 제대로 파악하지 못했다.

제19지역구 선거구민 다섯 가운데 한 명 가량은 그 시의원의 뜻에 따라 채용과 해고가 결정되는 일터에서 일하고 있었다. 시의원의 전횡을 막을 어떤 규정도 없었다. 미숙련 노동자로서 거리를 청소하고 하수관을 매설하는 선거구민과 숙련된 노동자로서 교량 건설을 책임지거나 시청에서 사무직으로 일하는 선거구민이 적지 않았기 때문에, 그만큼 시의원은 건재할 수 있었다. 게다가 시의원은 독점을 원하는 기업들과도 손이 닿아 있었는데, 우리는 어째서 우리 지역 사람들 가운데 많은 이들이 전차 회사 직원인지, 또 여성 전화교환원으로만 구성된 대규모 클럽이 존재하는지 이해하는 데 꽤 오랜 시간이 걸렸다. 시의원에게는 스스로를 보호할 여러 장치가 마련되어 있었다. 적지 않은 사람들이 경찰서와 법원에서 그의 신세를 졌다. 왜냐하면 당시에 아일랜드 사람들이 소란을 일으키는 사례가 많았고, 또 소년법원이 생기기 전에는 사소한 법 위반

2. 애덤스는 책에서 그 사람의 이름을 언급하지 않고 있다. 그의 이름은 존 파워즈로 제19지역구의 시의원 이었다. 막강한 힘을 발휘하던 부패한 정치인이었다.

에도 아이들이 체포되곤 했기 때문이다. 게다가 무료 허가증을 얻은 행상인부터 뉴욕 행 기차표를 받은 사업가까지 많은 선거구민들이 그에게 신세를 졌다. 세 번째 퇴출 운동에서 우리는 많은 사람들의 이목을 끌었지만 그의 심복들은 적의를 드러냈다. 자기 일자리를 차지하려는 사람에게 파업노동자가 가질 만한 그런 적의였다. 게다가 낯선 외부 세력이 자신들을 개혁하려고 나선다는 데 더욱 강한 반감을 드러냈다.

퇴진 운동으로 생겨난 또 다른 결과가 있었으니, 그것은 우리가 얻은 새로운 정치적 동지들 사이에서 헐하우스가 자신들을 챙겨줄 것이라는 기대가 생겨났다는 점이다. 하지만 많은 경우에 우리로서는 그 시의원처럼 사람들의 뒤를 봐줄 의향이 없었기 때문에 끝없는 혼란과 오해가 생겨났다. 시의원이 범법자를 보호해줄 때면 그러한 행위는 막강한 권한을 행사하는 정치인의 친절한 호의로 비쳐졌다. 반면 법률을 반드시 지켜야 한다는 주장을 헐하우스가 할 때면 사람들은 냉혹하게 범법자를 처벌하라는 소리로 받아들였다.

우리는 경직된 일관성이나 개인적 성취에 연연하지는 않았지만, 더 높은 정치적 도덕성을 유지하고 또 우리의 기준을 낮추지 않으려는 바람을 지니고 있었으므로 우리는 기존 정치 관행과 끊임없는 갈등을 빚었다. 또한 우리는 주변의 문제를 파헤치고 이를 널리 알리면서 시의원의 영향력 아래에 있는 여러 주체들, 예컨대 은행가, 성직자, 언론인들과도 마찰을 빚었다. 지금은 폐간되고 없는 시카고의 어느 일간지[3]는 폐간되는 날까지 여러 달 동안 하루도 거르지 않고 헐하우스를 공격한 일도 있었다.

세 번째 선거 운동을 벌이던 때 나는 수많은 사람에게서 익명의 편지를 받았다. 입에 담기 어려운 욕설을 퍼붓는 편지를 보내온 사람도 있었고, 매춘 사업과 저급한 공직자들 사이의 검은 거래를 폭로하는 여성의 편지도 받았다. 출소시켜주면 제대로 투표하겠다는 제소자도 있었고, 표를 대가로 무엇을 줄 것인지 묻는 숙박업소 주인들의 편지도 받았다. 자신의 생계 수단에 위협이 가해질 때나 생겨나는 그런 적의가 우리를 항상 둘러싸고 있었다.

그때를 뒤돌아보면 키플링의 소설[4]에 등장하는 신문기자들이 생각난다. 소설에서 기자들은 해양 화산 폭발 현장을 목격한다. 기괴한 모습의 심해 생물들이 수면으로 떠올랐고, 그 가운데는 엄청나게 큰 흰 뱀장어가 있었다. 눈이 없는 뱀장어는 지독한 냄새를 풍기고 있었다. 죽음의 고통에 몸부림치는 뱀장어로 바다는 요란하게 출렁거렸다. 기자들은 직업적 본능을 잃지 않고서 기괴한 동물을 찬찬히 살폈다. 하지만 며칠 뒤 사우스햄튼에서 런던으로 향하는 열차의 안락한 이등칸에 몸을 실었을 때, 그들은 영국 독자에게 내용을 전하기에는 그때 상황이 너무 기이하다는 결론을 내렸다. 이제는 그들 자신에게도 한바탕 악몽을 꾸고 난 듯 느낀 것이다.

친절한 우리 지역 주민들과 여러 해를 함께 살아온 덕분에, 내 경우에도 안락한 기차에 탑승한 기자들처럼 과거의 기억이 더는 고통스럽지 않게 됐다. 정치에 관여하면서 겪은 여러 일들이 기억에 희미해졌을 뿐 아니라, 이제는 아예 현실에서 있을 법하지 않은 꿈처럼 느껴진다. 그래도 정치 참여를 통해 얻은 것도 없지 않다. 먼저 우리 지역의 많은 시민

---

3. 존 R. 월시가 편집장으로 있던《시카고 크로니클》을 가리킨다.
4. 키플링의 단편소설 A Matter of Fact(1892)를 가리킨다.

들, 특히 젊은 유권자들과 친분을 쌓을 수 있었다. 이후로 그들은 헐하우스를 위해 많은 헌신을 했다. 또 우리는 공익을 위해 정치적 부패 척결에 금전과 시간을 선뜻 투자하는 사람들과 한마음 한뜻이 되는 소중한 경험을 했다. 자기 부인과 함께 헐하우스로 와서 살던 젊은 시카고 대학교 교수가 있었다. 그는 봄에 실시되는 선거에서 제19지역구의 유권자가 되기 위해 두 계절 내내 먼 거리를 오갔다. 그는 투표소 참관인으로 활동했다. 하지만 헌신으로 얻은 보상은 피습이었다. 당시에는 그렇게 폭행당하는 일이 자주 있었다. 이렇듯 우리 운동에 동조하고 헌신한 사례는 많았다. 하지만 그 어떤 것보다도 소중했던 것은 시카고 시민들과 우리는 한마음으로 뭉친 공동운명체라는 의식을 얻었다는 사실이다.

지역 주민들에게 진정으로 필요한 것이 무엇인지 제대로 파악하고, 시 당국에 적극 도움을 주어 그런 요구를 충족시킬 수 있게 하는 것이 세틀먼트의 가장 가치 있는 기능이다. 우리의 도로 포장 개선 노력을 실례로 들어보자. 우리가 토지 소유자 대다수의 동의를 얻어냈지만, 시의원은 재포장 비용 평가액을 낮춰 달라는 사람의 청탁을 받고 사업 계획 전반을 조사했다. 잔뜩 젖어 헐어빠진 삼나무 블록을 그대로 방치해 거리는 오랫동안 엉망인 채로 남아 있었다. 아이들은 빗물로 가득한 곳에서 남아 있는 블록으로 놀이를 하다가, 사람들이 땔감으로 빼내간 자리에 블록이 박혀 진창에 나뒹구는 일이 자주 있었다. 우리는 근처 공장의 무거운 짐마차로 인해 삼나무 블록이 못쓰게 됐으니 토지 소유자가 아니라 공공 자금으로 포장비용을 부담해야 한다고 주장했다. 그러자 사람들은 모두 한 목소리로 재포장 비용 부과 방식의 개혁을 옹호했고, 시의원 자신도 다수의 주장을 따르지 않을 수 없었다. 제19지역구 환경개선 협의회가 발족해 그해 겨울과 그 이듬해 겨울 동안에 헐하우스에서 모임을 가졌다. 지역 도로 포장 문제에 영향력을 발휘하는 최초의 시민 조직이었다. 협의회는 전문가를 확보해 비용이 제대로 지출되는지 확인하게 했다. 재산 가치가 올라갈 것으로 믿어서 가난한 사람들뿐 아니라 인근의 부유한 사람들도 공동의 목표 아래에서 뜻을 같이 했다.

　시의원을 상대로 두 번째 선거 활동을 하던 때에 미시건 주지사인 핑그리[5]가 헐하우스를 방문한 일이 있었다. 주지사는 우리 지역 시의원 같은 사람이 강력하게 권력을 틀어쥔 곳에서 쇄신 운동을 시작하는 것은 적당하지 않다고 말했다. 가능성이 높은 선거구에서 훌륭한 의원을 선출하는 것이 우선이며, 그렇게 해서 마침내 시의회에 깨끗한 사람들이 다수를 차지해 부패한 인사들이 발을 못 붙이는 환경이 되게 해야 한다고 말했다. 우리는 시카고를 좋은 지역구와 나쁜 지역구로 나누기는 곤란하다고 대답했지만, 도시유권자연맹이라는 새로운 단체는 각 지역구의 유권자에게 후보자와 주요 현안에 대한 후보자의 입장에 대해 정확한 정보를 제공하고자 애쓰고 있었다. 연맹 결성에 적극 참여했던 우리 헐하우스 이사 한 사람은 제19지역구에서 얻은 경험 덕분에 시정(市政)의 일관성이 중요하다는 점을 확신하게 됐으며, 부정부패가 덜한 지역구에 사는 사람들을 대상으로 운동을 펼칠 때도 우리 활동을 모델로 삼고 있다고 입버릇처럼 말했다.

　여러모로 시정 협력 활동의 필요성은 분명했다. 특히 그 가운데서도 도시에 사는 청소년들을 보호하는 데는 조직적 노력이 절대적으로 필요

---

5. 헤이즌 스튜어트 핑그리(1840-1901)는 미시건의 "개혁" 주지사라는 칭호를 받으며 1896년에서 1900년까지 일했다. 부패와 특권에 맞서 싸웠는데 특히 철도산업 개혁에 힘을 쏟았다.

했다. 헐하우스와 청소년보호연맹 사이의 협력은 점차 시작했지만, 이제 그런 협력은 거의 필연적인 것으로 보인다. 처음부터 우리는 많은 아이들이 체포되는 모습을 목격했다. 임종을 맞으며 경찰서에 갇혀 있는 아들을 "돌봐달라"고 간청하는 아일랜드 어머니의 딱한 모습을 지켜봐야 했던 일도 적지 않았다. 아주 어린 남자아이들이 돈벌이에 혈안이 된 두목을 따라 몰려다니며 놋쇠나 쇳조각을 찾아다니는 광경을 보고 우리는 큰 서글픔을 느껴야 했다. 때로 아이들은 고물상에 높은 값으로 팔려고 빈집에 침입해 수도꼭지나 납 파이프를 훔쳐오기도 했다. 그렇게 해서 얻은 돈으로 아이들은 담배와 맥주, 사탕 등을 구입했고 의심스럽게 이들을 바라보는 '짭새'들의 눈초리에 오히려 스릴을 느끼며 골목에서 담배를 피우고 맥주를 마시고 사탕을 먹었다. 헐하우스를 세우고 3년째 되던 해부터 자원봉사 입주자였던 스티븐스 부인[6]이 근처에 있는 경찰서에서 반(半) 공식적으로 경사의 직위를 얻게 됐다. 경사가 된 그 부인은 사소한 일로 붙잡힌 아이들을 선처하겠다고 약속했다.

스티븐스 부인은 이 일을 여러 해 동안 수행했고, 1899년 쿡 카운티에 소년법원이 설립됐을 때 최초의 보호관찰관이 됐다. 처음에는 부인만이 유일한 보호관찰관이었으나, 부인이 헐하우스에서 사망한 때인 1900년에는 여섯 명으로 늘어났다. 열셋의 나이로 뉴잉글랜드에 있는 방적공장에 들어간 부인은 곧바로 오른쪽 집게손가락을 잃고 말았다. 하지만 공장 측은 '부주의'한 탓이라며 모든 책임을 부인의 잘못으로 돌렸다. 근심 걱정 없는 생활이 어린 시절의 특권이라는 것을 이해하는 사람은 아무도 없었다. 나중에 부인은 식자공이 됐고, 미국에서 여성으로서는 최초로 식자공 노동조합의 조합원이 됐다. 이후 편집자로 일하며 당당하게 명함을 내미는 존재가 됐다. 공공정신이 투철한 시민들로 구성된 위원회는 처음에 스티븐스 부인의 급료만 부담했지만, 소년법원이 자리를 잡아가면서 스물두 명의 보호관찰관도 책임졌다. 보호관찰관 가운데 몇 명은 헐하우스 자원봉사 입주자였으며, 이들은 여러 해 동안 온갖 문제로 시달리는 아이들을 하루가 멀다 하고 헐하우스로 데리고 왔다. 보호관찰관의 급료를 카운티 당국이 지불하도록 하는 법률이 제정되자 타인의 신뢰를 얻어야 하는 보호관찰관이라는 어려운 업무를 수행할 사람을 어떻게 하면 제대로 뽑을 것인가 라는 문제가 골칫거리였다. 보호관찰관 선정 위원으로 나를 포함해 다섯 사람이 위촉됐다. 나는 비정치적 방식으로 공복을 임명하는 최초의 방식이 시작했다고 확신했다. 또 심사 과정이 융통성 없이 경직됐다고는 해도 여전히 정치 혁신을 기대해도 좋다고 생각했다.

1907년에 소년법원은 자체의 건물을 확보했다. 그곳에 소년원이 마련됐고 유능한 직원들이 확보됐다. 시민들로 이뤄진 위원회는 이런 결실을 일궈내자 법원 기록을 바탕으로 청소년 비행과 범죄를 낳는 상황을 파악하기 시작했다. 그들은 청소년보호협회를 조직했다. 스물두 명의 간사가 헐하우스에 매주 모여 그간 파악해낸 관련 사항들을 보고하고, 어린이와 청소년 생활에 영향을 주는 도시 환경에 대해 논의했다.

청소년보호협회는 평범한 어린아이로는 버티기 어려운 여러 유혹이 존재한다는 사실을 발견했다. 현행 법률을 제대로 집행해야 할 뿐 아니라 새로운 법률도 제정해야 할 당위성을 일깨워주는 많은 자료가 수집

---

6. 엘지나 파슨스 스티븐스(1849-1900)은 1877년에 시카고여성노동자조합을 조직한 인물로 헐하우스와 노동운동단체를 직접적으로 연결하는 고리 역할을 했다.

됐다. 또한 수집된 자료에서 길거리를 배회하며 스스로를 망칠 위험에 노출된 수많은 아이들에게 보호와 선도가 절대적으로 필요하다는 점도 인식하게 됐다.

세심한 배려와 이해로 도시 청소년에게 다가가려는 협회의 노력은 전혀 기대하지 않던 단체들의 협조를 이끌어냈다. 생활에 꼭 필요한 물품은 정당한 사업으로 돈을 버는 정직한 사람들이 생산하는 반면, 사람들의 욕망을 강렬히 자극하는 물품은 도덕적 품성이 결여된 사람들이 만든다는 통념이 있다. 하지만 청소년보호위원회가 현장에서 부딪혀 본 결과, 이런 통념은 여지없이 무너졌다. 처벌이 지속되고 또 여러 차례에 걸쳐 직접 얼굴을 맞대고 설득하자 약사협회는 점잖지 못한 엽서를 판매하는 협회 회원을 징계하기로 했다. 주점운영자협회는 청소년에게 주류를 판매하는 회원의 보호를 거부할 뿐 아니라 이제는 그러한 불법적 판매를 방지하는 조치를 강력하게 취하고 있다. 소매식료품상 협회는 미성년자에게 담배를 판매하지 못하도록 하고 있다. 백화점 경영자 협회는 더 많은 경비원을 두어 휴게실에서 탈선이 일어나지 않도록 했을 뿐 아니라, 청소년보호협회에도 정기적으로 기부하고 있다. 철도 경비원들은 무단으로 침입한 아이들을 붙잡으면 청소년보호협회에 알리기로 했다. 활동사진을 제작하는 기업들은 자원봉사자들로 이뤄진 심의위원회에 활동사진을 제출할 뿐 아니라 새 활동사진과 관련해 조언을 구한다. 또 여러 극장들은 여흥거리를 보여주는 자리에서 공중보건과 윤리 문제를 다루도록 해 오락과 교육을 동시에 제공한다.

경쟁업소가 득을 보지 않는다는 점을 믿게 한다면, 바텐더나 당구장 주인들에게 청소년 보호에 협조하겠다는 생각을 일깨우는 일은 어렵지 않다. 공정한 법 집행으로 그런 난점을 제거하면 아이들을 보호해야 한다는 선량한 생각은 들불처럼 번져나간다. 청소년보호협회의 경우에서 보듯, 사회봉사활동을 하면서 가장 큰 보람을 느끼는 때는 전혀 기대하지 않던 사람들이나 단체들이 따뜻한 마음으로 협조해 주는 때다. 청소년보호협회의 제안으로 도시 여러 곳에 주민센터가 문을 열었다. 사용하지 않던 건물이 레크리에이션을 위한 공간으로 바뀌었고, 공터가 정원이 됐다. 교외로 떠나는 도보여행단이 조직됐고, 호숫가에는 해수욕장이 마련됐다. 또 공립학교도 문을 열었다. 공공의식이 투철한 시민들의 노력 덕분에 시카고 소년법원과 협조 체계를 마련한 클리닉과 정신병원이 생겨났다. 또한 법원 기록에 대한 방대한 연구조사도 완료됐다. 비정상 아동에 관한 상세한 자료와 더불어 청소년보호협회는 열악한 도시 환경에서 자라는 정상 아동에 대해서도 자료를 수집할 요량으로 있다.

무단결석을 바로 잡지 못하는 교육 환경 때문에 청소년 탈선이 심각하다고 판단한 나는 1905년 7월에 시카고 교육위원회 위원이 됐다. 그때 상황을 자세히 이야기한다면 구체적으로 거명하지 않는다 해도 누구나 알 만한 몇몇 사람들의 행적이 드러나므로, 상세한 내용을 기술하기란 곤란하다. 하지만 민주적 자치의 어려움과 한계를 잘 보여주는 사례이므로, 시정 협력 활동을 다룬 이 장에서 개략적이나마 언급하지 않고 넘어가는 것은 온당하지 못하다.

간략한 설명이라고 해도 몇 해 전부터 전개돼 온 상황을 언급해야 한다. 교원연맹이라는 단체를 조직한 시카고 지역 교사들은 10년 동안 급료와 교육 자율권을 두고 교육위원회와 갈등을 빚어왔다. 적절한 봉급을 요구하는 과정에서 교사들은 탈세자들에게 공격의 화살을 겨누었다.

1899년 교사들은 세밀한 조사를 통해 2억 3천 5백만 달러 상당의 자산 가치를 지닌 공익사업체들이 세금 한 푼 내지 않았다는 점을 알아냈다.

교원연맹은 소송을 냈고, 이어서 일리노이 최고법원은 소장에 언급된 기업체의 세금 부과를 명하는 결정을 일리노이 주 조세형평국에 내렸다. 피소된 기업체들은 연방법원에 상고해 일부 세금은 납부하지 않아도 좋다는 판결을 얻어냈지만, 어쨌든 1900년 이후 시카고 교육위원회는 25만 달러 이상의 예산을 더 얻어낼 수 있었다. 이런 결과는 순전히 교사들의 힘으로 얻어낸 것이었지만 당혹스럽게도 교사들의 급료는 전혀 인상되지 않았고, 이에 교사들은 크게 분개했다. 교원연맹은 3년 전 약속한 봉급 인상을 요구하며 교육위원회를 상대로 소송을 제기했다. 하급심에서 교원연맹의 손을 들어주었지만 교육위원회는 항소했다. 바로 이런 상황에서 1905년 던 시장이 새로 일곱 명의 위원을 지명했다. 보수적인 사람들은 신임 위원들이 단순히 교원연맹을 대변하는 사람들이라고 의심했다. 이런 의심은, 던 시장이 교사들 손을 들어주는 판결을 내린 판사였고, 또 교사들의 열성적 선거 운동 덕분에 시장으로 당선했다는 사실에 근거를 두고 있었다. 교육위원회에 자신들을 대변하는 사람을 심기 위해 정치 현장에 뛰어든 것으로 보였다. 새로 구성된 위원회가 전임자들이 낸 항소를 취하하고 하급법원이 내린 판결을 수용하기로 결정하자 의심은 확신으로 바뀌었다. 한편 교사들은 법정에서, 또 일리노이 주 조세형평국과 주의회에서 "학교를 정치판으로 만든다"는 비난에 맞서 오랫동안 벌여온 그간의 노력이 정당하다고 옹호했다. 정치인의 무관심과 탐욕을 폭로하는 일이야말로 시민이면 마땅히 들어야 할 회초리라고 선언하면서 학교를 재정파탄의 지경까지 몰고 간 사람들은 바로 그런 비리 정치인들이라며 목소리를 높였다. 또한 교사들은 과세와 징수, 공무원 임용, 공무원 연금 등의 사안에서도 많은 갈등과 문제점이 드러난다고 주장했다. 그들의 눈에는 이런 갈등이야말로 민주 정치와 금권 정치 사이의 싸움으로 보였다. 새로 임명된 교육위원들은 특정 단체를 대표하는 사람들이 아니라 새로운 교육을 지지하는 사람들이었다. 파커 같은 교육자가 옹호하는 원칙이 자신들의 주장과 동일하다고 확신한 교사들은, 새로 임명된 교육위원들의 계획이 교원연맹의 계획과 일치할 수밖에 없다고 믿었다. 어떤 점에서 그때 상황은 던 시장의 전반적 정책을 단적으로 보여주는 사례였다. 그에게는 사회적 이상과 개혁 원칙을 대표하는 시민들을 임명하면 공공복지는 반드시 달성된다는 신념이 있었다.

교육위원으로 있는 동안, 나는 교원연맹의 간부들과 여러 차례 대화했지만 대부분 그들의 제안을 따를 수 없었다. 연금 제도 개선 계획안을 비롯해 여러 계획안에 기꺼이 협조했으나 교원연맹의 정책에 영향을 끼치려 시도했던 적은 단 한 차례뿐이다. 밀린 월급이 마침내 교원연맹 대표자에게 지급되고, 이 돈은 오랜 법정 다툼을 벌이는 동안 경제적으로 어려움을 겪은 연맹 소속 교사들에게 분배됐다. 하지만 나는 연맹 소속이 아니더라도 월급을 제대로 받지 못한 교사들이 있다면, 그들에게도 모두 나눠줘야 한다고 생각했다. 내게는 교원연맹이 자신들의 이익만을 좇는 집단이라는 비난을 잠재울 아주 좋은 기회가 왔다고 생각했다. 오랜 기간에 걸친 교원연맹의 활동이 공익을 위한 것임을 대중 마음에 심어주기에는 더할 나위 없이 좋은 방법이라고 보았다. 하지만 생각만큼 호응은 적극적이지 않았다.

교원연맹의 두 번째 요구도 많은 갈등과 소용돌이를 몰고 왔다. 예산이 절대적으로 부족했던 시절에 교육위원회는 이른바 승진 시험을 통과하는 교사에게만 월급을 인상해주었다. 승진 시험 가운데 절반은 대학 수준의 전문 교과과목으로 오랜 준비 과정이 필요했다. 교사들은 두 가지 근거를 들어 이 제도를 강력하게 성토했다. 첫째, 교사로서 능력이 아니라 학습자로서 능력을 요구한다는 점에서 능력 있는 교사를 양성한다는 취지와 맞지 않는다고 주장했다. 둘째, 이미 격무에 시달리는 터에 불필요한 부담만 가중한다는 주장이었다. 한편, 교육 행정 당국은 공교육 현장의 교사들에게는 유연성과 열린 마음을 잃을 위험성이 상존한다고 말하면서, 이미 많은 교사들이 타성에 젖어 있는 상태라고 주장했다. 보수적 대중은 승진 시험을 교육 수준 향상의 상징으로 보았고, 또 교원연맹이 시카고 노동연맹에 가입한 것을 몹시 못마땅하게 여기던 터라 교육행정 당국의 주장에 더욱 강한 공감을 나타냈다.

교원과 노동조합의 결합은 탈세 기업체를 상대로 한 오랜 싸움에서 더욱더 큰 힘을 발휘했다. 교원연맹은 냉담한 대중을 상대로 한 싸움에서 승리를 거두었다. 대중의 그러한 냉담함은 부의 축적과 더불어 생겨난 것으로, 그 중심에는 성공한 사업가들이 자리하고 있었다. 공격의 대상이 되는 기업들을 제압하기 위해서는 또다른 법률이 필요하다는 사실을 깨달은 교원연맹은 정치적 영향력을 행사할 수단에 눈을 돌리면서 노동자를 대표하는 조직을 지지하게 됐다. 노동단체에 가입한 것을 두고 악의에 찬 비난들이 많았지만 실제 내용은 그렇지 않았다. 교원연맹은 전미노동연맹에게서 공식 승인을 결코 얻지 못했으며, 교원연맹의 주 관심사도 입법 추진에 있었다.

그런데 초등학교 교사들과 시카고 교육위원회 사이의 불화를 묘사한 위의 글은 실상을 제대로 전하기에는 매우 불충분하다. 교육계가 안고 있던 난제들은 그 뿌리가 매우 깊었다. 미국의 공립학교들은 정치인의 입김에서 벗어나려고 오랫동안 애를 썼지만 별다른 성과를 거두지 못했다. 예외 없이 어느 도시에서든지 정치인에게는 자기편으로 둔 교사와 학교 관리인이 있었다. 건물 임대 계약이나 석탄 공급 계약을 맺을 때, 또 교재를 채택할 때도 정치인은 부정한 돈을 챙겼다. 이러한 정치인의 부패와 맞서 싸우면서 끊임없이 사람들이 내세운 해결책은, 권한을 교육위원회에서 교육감으로 옮기자는 것이었다. '빽'과 부패의 문제를 해결하기 위해 '전문가'에게 권한을 옮기는 방법이었다. 시카고 교육위원회의 지난 세월을 살펴보면 효율적 행정을 신봉하며 열심히 싸워왔던 성실한 실업가들의 흔적으로 점철되어 있다. 실업가들은 유능한 교육감을 임명해 높은 급료를 지급했고, 정치인의 영향력에서 벗어나도록 주 법률을 통해 그 신분을 보장해주었다. 교사의 임용과 승진에도 철저하게 시험을 치르게 했고, 원만한 학교 운영의 책임은 전적으로 교육감에게 지웠다. 그러나 높은 급료를 지급하며 유능한 사람을 확보한다는 이러한 상업주의적 방식에는 비용은 최소로 줄이면서 최대의 성과를 내야한다는 전제가 깔려 있다.

공공교육을 정치적 간섭에서 벗어나게 하려는 4반세기에 걸친 오랜 노력의 결과로, 최소한 시카고에서는 "불순한 사람들을 막기 위한" 높은 담장이 교육계 주위를 둘러싸게 됐다. 그 때문에 교사들에게는 자유로이 행동할 공간이 전혀 없었고, 진취적인 교사들에게는 담장을 헐어 외부의 밝은 빛과 공기를 흡입하려는 욕구가 생겨났다. 교사의 권익을 위해 내부의 담장을 낮추려고 할 때면 외부의 정치인들에게 기회를 주는 행위로 여겨졌고, 정치인과 결탁하려는 불순한 의도라는 비난이 쏟아졌다. 던 시장이 임명한 교육위원회 위원들이 교사에게 더 폭넓은 자유를 주려고 할 때마다, 예전에 정치인 때문에 생겨난 문제들을 언급하며 조심하라는 경고를 받았다.

다수의 교육위원회 위원들이 지지하는 교육감과 교원연맹 사이에 벌어진 당시의 상황은 효율성과 민주주의 사이의 갈등을 단적으로 보여주는 사례였다. 한편에서는 거대한 조직을 추슬러야 함에 따라 어쩔 수 없이 관료주의적 속성을 드러내야 했지만, 그렇다고 해도 불필요하게 자신들의 주장을 고집했다. 다른 한편에서는 자유의 가치를 내세우며 자치권을 고집스럽게 요구했다. 양측 모두 교육계가 당면한 어려움을 지나치게 과장했으며, 스스로는 중요한 원칙을 지키고 있다고 믿었다.

나는 불필요한 갈등의 현장 가운데 몹시 불명예스러운 역할을 맡았다. 나는 학교운영위원회 의장으로 있으면서 한 해는 극도로 보수적인 위원들에게 시달렸고 다른 한 해는 너무도 과격한 사람들 때문에 괴로움을 당했다. 나는 양측 모두한테서 환영받지 못했다. 교사에게 필요한 연구학습은 하게 하되 부담은 줄이는 계획안이 마련됐고, 박학다식을 요구하는 방식에서 교사의 전문성을 갖추게 하는 방식으로 전환하는 계획안이 제시됐지만 교원연맹은 이를 거부했다. 이리 고치고 저리 고쳐 누더기가 된 계획안이 교육위원회를 통과하자, 이를 못마땅하게 생각한 교육감은 계획안 추진에 매우 소극적이었다.

나는 파당적 사고에 물든 사람들이 차선책을 절대 받아들이려 하지 않으리라고 확신하게 됐다. 지나친 조급증 때문에 자신들의 계획안이 제대로 실현되지 않는 현실을 견디지 못한다. 차선책을 받아들이기보다는 아예 모든 것을 파국으로 몰아가 최악의 상황을 맞는 편을 택한다. 교육위원회에 관여하기 전까지 나는 발전과 진보를 담보하기 위해서는 여러 의견을 조율해 타협안을 만들어내야 하고 또 옛것과 새것을 서로 조화시켜야 한다고 생각하고 있었다. 그러나 교육위원회 일을 하면서 나는 양쪽 모두 파당적 사고에 사로잡힌 나머지, 조율과 타협의 시도를 무가치한 절충주의로 여긴다는 사실을 알게 됐다. 던 시장이 지명한 위원 대다수가 불법적으로 해임됐다가 법원의 판결로 다시 복귀하는 혼란을 겪으면서, 나는 양측 어디에도 속하지 못한다는 사실을 깨달았다. 열성적으로 일하던 동료 위원들이 해임되고 난 후 여러 달 동안, 시카고 커머셜 클럽을 대변하는 실업가들이 위원회를 장악했다. 그들은 자신들이 혼란 상태에 빠진 공교육을 구해내고 있다고 믿었지만, 내가 추진했던 여러 계획안들이 차례로 폐기됐다. 신임 위원장은 내게 계획안의 타당성을 설명할 기회를 주기는 했지만 공정하고 객관적인 관점에서 평가받는 일은 불가능했다. 뉴욕에서처럼 작은 교실을 지어 자동적으로 학급당 학생 수를 줄이게 하는 계획안과 학교 운동장을 넓히는 계획안을 비롯해 다수의 계획안들이 폐기되거나 연기됐다.

던 시장이 임명한 교육위원회 위원들에게 무능의 딱지를 붙인 사례는 흥미로운 사회심리학 연구의 대상이 될 만하다. 신문들은 실업가 출신의 교육위원회 위원들의 생각을 그대로 대변했다. 처음부터 신문들은 던이 임명한 신임 위원들이 교육 현안에 대해 논의를 시작할 때마다 조롱하고 모욕했다. 논의 가운데 일부는 짜임새 없이 장황해서 조롱받을 만했다. 하지만 권위 있는 사람들이 심도 있게 진행하는 논의에도 마찬가지로 조롱을 퍼부었다. 교육위원회에서 마련한 집회에 연사로 참석했다가 경악과 분노를 느낀 대학교수의 사례가 생각난다. 그의 연설은 사려 깊은 내용에 어느 쪽에도 치우치지 않은 공정한 것이었지만, 그 다음날 아침에 나온 신문에 터무니없이 왜곡됐다. 게다가 계약결혼을 옹호하는 다른 교수의 강연 내용과 관련 있는 것처럼 날조해 보도했다. 이 기사를 읽은 영향력 있는 어느 목사는 아이들에게 그릇된 가치관을 심어주는 부도덕한 교육위원회를 양식 있는 사람이라면 마땅히 합심해 비판해야 한다고 설교했다. 그 교수의 강연은 내 초청으로 성사된 것이어서, 나는 어떤 악의에서 문제를 꼬이게 만들었는지 밝혀내고자 했다. 하지만 내가 발견한 것은, 가장 악의에 찬 사람은 편집장이나 기자가 아니라 교육위원회에 대한 조롱 기사에서 재밋거리를 찾으려는 대중이라는 사실이었다. 혁신적인 교육행정 개선안에 동조하는 사람은, 이를 어리석고 위험하다고 여기는 신문들의 조롱을 각오해야 했다.

내 자신은 주요 신문들에게서 부당한 대우를 받은 일이 없기 때문에 언론에 대한 분노보다는 공개 토론의 어려움을 두고 느꼈던 낙담의 감정을 기록하는 것이 좋을 듯하다. 서로 차이를 보이는 여러 정책들에 대해 자유롭게 토론하고 이해당사자들은 각기 자신의 주장을 펼칠 기회를 가져야 한다는 전제 위에서 민주 정부의 존립이 가능한데, 그 전제가 제대로 충족되지 않는 현실 앞에서 나는 낙담하지 않을 수 없었다. 교육위원회 위원들에 대한 신문사의 태도가 더욱 심해진 이유는, 어느 신문사 건물이 점유한 곳을 학교운동장으로 임대한 것에 대해 위원들이 적법성을 문제 삼으며 소송을 제기했기 때문이었다. 신문사측이 승소했지만 앙심을 품은 신문사는 교육위원회의 위상에 타격을 주는 행위를 하면서도 아무런 거리낌도 느끼지 않았다. 하지만 나는 신문들이 다수 사람들의 의견을 대변했을 따름이라고 생각한다. 신문은 대중의 의견을 당파적 입장에서 지속적으로 담았다. 하지만 이러한 문제점의 근본 이유는 공공 사안에 대해 사람들이 마음껏 자기 의견을 개진하기에는 도시의 규모가 지나치게 커져버린 사정 때문이었다.

지방자치 투표권을 얻으려는 여성들의 노력을 언급하지 않은 채 이 장을 마무리하기는 곤란하다. 두 차례의 오랜 기간 여성 대표자들은 대중을 향해, 일리노이 의회를 향해 여성에게도 지방자치 투표권을 달라고 간곡하게 호소했다. 백여 개의 여성 단체들이 참여한 연맹의 회장으로 있으면서 나는 다양한 전통을 대표하는 여성들에게서 호응을 얻었고 바로 그 점에 깊은 감명을 받았다. 루터교회 소속의 여성들이 다수 참가했는데, 17세기부터 스칸디나비아에서는 여성들도 투표권을 행사했기 때문에 그들로서는 지나치게 보수적인 미국 도시가 의아스럽게 여겨졌다. 작업장에서 투표권을 가진 남성들에게만 제공하는 기초적 위생 환경을 여성들도 제공받으려면 지방자치 투표권이 꼭 필요하다고 느낀 여성노동자 단체들도 참여했다. 신선한 우유와 유치원 확대에 관심을 기울이는 어머니연맹, 힘이 없어 부당한 재산세 과세에 항변하지 못하는 여성들, 전문직 여성 단체, 여대생 단체, 대학 동문회, 도시 개혁에 관심 있는 여성 클럽 등도 뜻을 함께 했다. 예전의 여성 권리 운동에서 보았던 요란한 함성은 전혀 들리지 않았다. 다만 일상생활 속에서 자기 일을 제대로 수행하려면 지방자치 투표권이 필요하다는 인식을 공유한 여성들이 뜻을 함께 했다. 하지만 내게는 이런 모습이 훨씬 더 강한 감동으로 다가왔다. 허드렛일이나 집 안일만 하는 여성들도 투표권을 이야기하는 경우를 목격할 수 있었다. 내 집 안일을 봐주던 러시아 여성은 지붕이 있는 시장을 세우도록 투표권을 행사해 시카고의 더러운 먼지가 음식에 내려앉는 일이 없게 할 수 있겠느냐고 내게 물어왔다. 또 이웃에 살던 이탈리아 여성은 만일 투표권을 얻는다면 공중세탁소 건립에 투표하겠다는 뜻을 전해 왔다. 많은 여성들이 소극적인 태도를 버리고 자발적으로 참여했기 때문에, 마침내 여성들이 정치적 의사를 적극 표현하는 시대가 열린 듯 보였다. 생업에 바쁜 그 여성들은 남자의 자리를 차지하려 한다거나 남자들의 일에 관여하려 한다든지 하지 않았다. 다만 투표권 행사를 통해 서로 협력함으로써 생활에서 부딪히는 문제를 해결하고자 했다.

여러 해 전 시립박물관이 시카고 공립도서관 건물 안에 설립됐다. 박물관은 세인트루이스 세계 박람회 때 정치경제부서, 교육부서, 공중위생부서에서 위원으로 활약한 적 있는 여성들의 노력으로 세워졌다. 시립박물관 설립은, 현대 도시에서 각 부문의 활동 경계가 넓어지고 있으므로 시정 활동을 여러 부문으로 분리하는 것이 더는 불가능함을 잘 보여주는 사례였다.

CHAPTER 14

사회단체의 가치

헐하우스 설립 초기부터 미국에서 태어나 영어를 쓰는 젊은이들의 친목 클럽들은 급속하게 규모가 커져갔다. 젊은이들은 친목 활동에 목말라했기 때문에 운영상의 미숙한 점이 많았음에도 참여 열기는 식을 줄 몰랐다. 한 클럽에서 《안티고네》번역본을 낭송해주던 열성적인 간사가 기억난다. 그 여성은 숭고한 내용이 담긴 그리스 시인들의 희곡이 젊은이들에게 가장 적합하다고 믿었기에 그 작품을 선정했다.

어느 날 저녁 클럽 룸에 들어섰을 때 그 여성은 클럽 회장이 회원들에게 이렇게 말하는 소리를 들었다. "모두들 조용히 있어야 해. 낭송이 빨리 끝나야 그만큼 춤추는 시간이 길어지니까." 하지만 회원 네 명이 그 클럽 회장에게서 《안티고네》를 빌려갔고 그 가운데 한 젊은이는 희곡 전체를 거의 다 외울 정도로 정독했다.

많은 젊은이들이 자기 계발에 힘을 쏟고 학습과 토론에 열성을 보이는 모습을 보고 우리는 깊은 감명을 받았다. 그런데 바로 이런 열정 때문에 초기 클럽 가운데 하나가 본의 아니게 와해되는 운명을 맞았다. 스무 명의 남자 회원들은 토론할 때 진지하지 못한 여자들 때문에 눈살을 찌푸리고 있었다. 마침내 남자 회원들은 제일 '경박한' 여자 세 명을 제명하자는 제안을 냈다. 최종 찬반 투표를 앞두고 지목받은 세 사람은 헐하우스 남성 클럽의 회원인 친구들에게 억울함을 호소했다. 세 여자의 친구들과 토론 클럽 젊은이들 사이에 분란이 일어났다. 말다툼은 격해져 총격으로 이어졌다. 다행히도 총알은 빗나갔다. 겁을 주려고 총을 쏘았다는 말이 사실일지 모르지만 어쨌든 격한 다툼에 크게 놀랐다. 양측을 중재하려고 여러 차례 애를 썼지만 남자 스무 명과 여자 스무 명으로 이뤄진 토론 클럽은 헐하우스에서 서쪽으로 1킬로미터 가량 떨어진 곳에 회관을 임대해 우리 품을 떠나고 말았다.

그들은 우리가 '거친' 남성 클럽 회원을 쫓아내지 않는 것을 두고 자신들의 성실한 클럽 활동이 제대로 평가받지 못한다고 판단했다. 새 보금자리에서 첫 번째 모임을 가질 때 그들은 나를 초청했다. 그들은 내가 그동안의 상황을 나름대로 정리해 헐하우스 입장에서 이야기해주기를 바랐다. 그날 저녁 젊은이들과 가진 토론은 선명한 깨달음을 얻었던 순간으로 마음 속에 깊이 각인되어 있다. 세틀먼트 운동을 하면서 깨달음을 얻는 그런 순간들은 자주 있었지만 특히 그날은 남달랐다. 나는 거친 사람을 피하려는 마음은 자기만 생각하고 개인의 성취를 이루려는 교만함의 발로이기 때문에 그런 태도는 세틀먼트 운동에서 마땅히 배격해야 한다고 했다. 그러자 그들은 큰 꿈을 지닌 젊은이라면 최소한 거칠고 폭력적인 사람과의 교우는 피해야 한다고 대답했다. 그러면서 헐하우스 자원봉사 입주자들은 이미 주위 사람들의 좋은 평판을 확보해둔 상태이기 때문에 자신들의 입장과는 다르다는 말도 덧붙였다. 인생에서 옳고 그름을 칼로 자르듯 완벽하게 재단하기란 쉽지 않다는 점을 이해시키려고 했지만 별 소용이 없었다. 우리 행위 안에는 매우 사악한 동기가 숨어 있을지도 모른다는 점, 또 정의로움이란 눈부신 빛으로 우리를 순식간에 사로잡는 것이 아니라 끈기 있게 찾고 또 찾아야 발견할 수 있는 가치라고 말했지만 그들은 수긍하지 않았다. 그들은 부르주아 태도를 포기하지 않았는데 지금 와서 보면 그들의 태도가 매우 합리적이었다는 데 동의할 수밖에 없었다.

물론 권력이나 돈의 유혹에 신념을 버리고 떠나가는 여러 클럽의 회원들 때문에 실망했던 일도 많다. 지자체 개혁 운동에 열성이던 젊은이가 시청에서 탐나는 일자리를 제안받자 모든 것을 내던지고 옮겨간 일도 있었고, 여러 차례에 걸쳐 직업윤리를 강연한 사람이 클럽 회원들을 감언이설로 꾀어 맞춤복을 주문하게 했지만 회원들이 받은 옷은 기성복을 조금 손질한 것으로 본래 가격보다 두 배나 비쌌던 일도 있었다. 하지만 친목 클럽마다 열정적인 젊은 남녀로 가득했기 때문에 우리가 실망의 늪에 빠져 기운을 잃는 일은 없었다.

헐하우스에서 20년을 지내는 동안 우리는, 도시 젊은이들이 봉급 인상이나 가족의 경제적 성공으로 새로운 환경에 접할 때 쉽게 적응하는 모습을 보고서 강한 인상을 받았다. 이러한 적응력은 도시 아이들이 지닌 특별한 능력으로 빠르게 변하는 도시에서 생활하면서 자연스럽게 얻은 것이다. 젊은 여성은, 일단 도심에 일자리를 잡고 나면 자기 자신뿐 아니라 가족 모두를 부유한 계층의 행동 양식과 인간 관계에 적응시키는 남다른 능력을 보인다. 그래서 지난 20년 동안 세틀먼트에서 살아온 나는 도시 안팎을 오갈 때마다 인사를 건네 오는 성공한 젊은이들을 만난다. 젊은 변호사, 학문에 힘쓰는 랍비, 교사, 무럭무럭 자라는 아이에게 옷을 사주는 젊은 주부들이 인사를 한다. "혹시 저 기억하시나요? 예전에 헐하우스 클럽에 있었는데요." 언젠가 한번은 내가 그런 젊은이 가운데 한 사람인 신문사 기자에게 헐하우스가 어떤 의미를 지닌 곳이었는지 물어봤다. 그는 곧바로 이렇게 대답했다. "제가 처음으로 많은 책과 잡지를 접할 수 있던 곳이었습니다. 도서관 안쪽에 있는 조그만 테이블에서 책을 수없이 읽곤 했는데 그런 저를 기억하시는지요? 책을 읽는 일도 좋은 직업이 될 수 있다는 사실을 알고서 제 인생관이 바뀌었습니다. 그때부터 내게 할 수 있다는 자신감이 생기기 시작했습니다."

친목 클럽의 젊은이들 가운데 상당수 유대인들은 더 나은 교육의 혜택을 얻는다. 그들의 부모는 어떤 희생도 마다하지 않고 자녀를 고등학교까지 가르치는데 고등학교를 졸업하면 아이는 자력으로 대학교나 전문학교에 다닌다. 가끔 헐하우스로 당당하게 금의환향하는 유대인 젊은이들을 만나게 된다. 서부의 여러 주립대학교 사이에서 열린 연설 대회에서 상을 받고 돌아온 젊은이가 기억에 남는다. 그는 우리 헐하우스의 헨리 클레이 클럽에서 자신감을 키웠노라고 자랑스럽게 말했다. 또 다른 젊은이는 하버드 대학교에서 학위를 받고 돌아와, 내가 로이스의《현대철학의 특성》을 읽어주던 여름날 하버드 대학교 입학을 결심했다고 이야기했다. 개중에는 우리 동네에 산 적이 있었다는 사실을 드러내기 꺼리는 사람도 없지 않았지만 그런 경우는 극히 드물었다. 그렇지만 그런 사람도 자신의 가족처럼 헐하우스를 소중하게 생각했다. 또한 헐하우스에서 생활하면서 얻은 심미안과 예의범절 덕분에 넓은 곳에 나가서도 세상을 제대로 볼 수 있었고 사람들에게서 인정받을 수 있었다고 말하는 청년들도 있다. 11년 동안 동고동락한 스물다섯 명 회원 가운데 다섯 명이 시카고 대학교에 입학한 클럽이 있었다. 그 클럽의 다른 회원들은 시카고 대학교에 입학한 다섯을 '인텔리'라는 별칭으로 불렀지만 그들의 오랜 우정은 변치 않았다.

토론과 문학에 열성을 쏟는 젊은이, 그리고 헐하우스에서 모임을 갖는 공립학교 동창회 회원들 외에도 많은 사람들이 공장이나 상점에서 장시간 일한 뒤에 오락과 레크리에이션을 찾아 헐하우스로 모인다. 이들 젊은이에게 레크리에이션 클럽들은 더할 나위 없이 소중한 곳이며 이곳에서 대규모로 무도회가 열린다. 그 가운데 한 무도회는 중요한 연례행사로 자리잡으면서 1년 내내 사람들의 입에서 화젯거리로 떠나지 않는다. 세인트 패트릭스 데이를 앞두고 6주 전부터 헐하우스 자원봉사 입주자들은 무도회 준비로 온갖 아이디어를 짜내며 분주하게 지낸다. 그 떠들썩함과 열기는 대규모 공연에 뒤지지 않는다. 부모들은 회랑에 앉아 구경한다. 어머니들은 누구보다도 무도회를 소중하게 여기며 무도회에 초청받은 사실을 매우 자랑스럽게 생각한다. 그들의 예법이 통례에서 크게 벗어나는 때도 있기는 하지만 어머니들은 젊은이들의 순수함을 잘 알고 있다.

예법의 차이를 보여주는 사례로 초기 헐하우스에서 어느 청소년 클럽

---

1. 조사이어 로이스(1855-1916)는 미국의 관념론 철학자로 개인의 이성보다는 의지를 강조했다.

이 마련한 야유회를 꼽을 만하다. 회원들의 클럽 인솔자가 사정이 있어 못 가게 되자 어느 회원의 어머니가 인솔자를 자청하고 나섰고, 회원들은 그 제안을 선뜻 받아들였다. 야유회에서 즐거운 시간을 보내고 저녁 무렵에 돌아온 그들은 우리에게 단체로 찍은 사진을 보여주었다. 남자들이 여자들 허리에 팔을 두르고 있는 모습의 사진이었다. 남자 팔을 허리에 두르지 않은 여성은 인솔자로 다녀온 부인뿐이었고 부인은 가운데 앉아 환하게 웃고 있었다. 그 사진을 보고 우리는 좀 놀랐지만 부인은 활기찬 목소리로 이렇게 설명했다. "이 사진을 보고 눈살을 찌푸릴 사람이 있을지 모르지만 야유회에서 부끄러워할 만한 일은 전혀 없었어요." 물론 부인의 말에는 사실과 다른 것이 하나도 없었다.

통례에서 벗어나지 않는 예법을 따르도록 세심하게 지도하고 있고 또 그 목적을 이루는 도구로 이 댄스 교실을 운영했다. 또한 헐하우스 자원봉사 입주자들은 건전한 레크리에이션을 배우는 과정에서 인생 경험이 많은 나이 지긋한 이웃 여성들에게서 귀중한 도움을 받고 있다. 음료수만 제공되는 댄스파티가 보웬 홀 로비에서 연일 열린다. 헐하우스 클럽들이 마련하는 이들 파티에는 초대받은 사람만 참석시키고 파티를 주선하는 청소년도 입장 기준을 철저하게 유지하기 때문에 걱정 많은 어머니들도 안심하고 딸을 파티에 보낸다. 지도 간사가 참석하지 않는 파티는 불허하고 술을 마신 사람은 파티 장소에 들어오지 못하게 하며 특정한 종류의 춤은 철저히 금지하고 있다. 그리고 무엇보다도 이른 시간에 파티를 마치도록 하고 있다. 헐하우스 자원봉사 입주자들은 이러한 통제를 마땅히 해야 할 책무로 여기지만 자원봉사 입주자들은 마르디 그라를 비롯한 여러 축제를 스스로 준비하고 진행하는 과정을 통해 지나친 도덕적 엄숙주의에 빠질 위험에서 벗어난다.

우리는 댄스파티에서도 일정한 규범을 유지해야 한다고 믿는다. 그렇지만 자원봉사 입주자들은 규범을 따르도록 하는 댄스교실이나 오락 클럽에 전혀 관심을 두지 않고 향락만 좇는 다수의 청소년들에게 지속적인 관심을 기울이고 있다. 우리 지역에 사는 청소년 가운데는 적은 돈으로 얻을 수 있는 향락을 찾아 이곳저곳 배회하는 이들이 적지 않다.

그런 청소년은 천성은 착하지만 간섭을 못 견뎌하며 음습한 댄스홀에서 이들을 노리는 불순한 자들의 유혹에 쉽게 걸려든다. 지난 1년 동안 시카고 소년 법원과 시 법원을 거쳐 간 25세 미만 젊은이가 2만 5천 명 이상이라는 이야기를 듣고 우리는 크게 놀랐다. 도시의 환락을 좇는 그들을 보면 가슴이 몹시 아프다. 우리 클럽의 청년들은 비교적 안전하지만 더 많은 공원과 체육관을 마련하고 여러 학교의 교실을 레크리에이션 용도로 개방하면 나쁜 길로 빠지는 젊은이들을 보호할 수 있다는 생각을 자주 한다.

경박한 젊은 여성은 큰 집에서 살면서 피아노와 보석을 소유하면 갈망하는 생활이 시작할 것이라고 믿는다. 내가 아는 어느 보헤미아 여성은 피아노가 있는 방을 일주일 동안 빌릴 돈을 마련하려고 잔업 수당을 남몰래 모으고 있었다. 젊은 남성이 찾아와도 부끄럽지 않을 그런 방을 원하고 있었다. 지금 사는 곳은 좁고 지저분해서 도저히 남자를 데리고 올 수 없다는 것이다. 물론 그 여성에게는 순진한 여자를 노리는 질 나쁜 남자를 식별할 능력이란 전혀 없었다.

큰돈을 벌려고 시카고로 온 미국 태생의 젊은 여자는 어두운 창고 귀퉁이에서 영수증 정리하는 일을 1년 동안 한 뒤에야 큰돈을 모으기는커

넝 생계를 꾸려나가기도 쉽지 않다는 사실을 깨달았다. 그렇지만 뼈를 깎는 노력으로 15달러를 모았다. 5달러로는 모조 사파이어 목걸이를 샀고 나머지는 10달러짜리 지폐로 바꾸었다. 그런 다음에 여자는 같은 직장에서 사무원으로 일하는 한 남자를 상대로 보기에 딱한 연극을 연출했다. 여자는 남자에게 자신이 큰 유산을 상속받았다고 거짓말했다. 또 잃어버리지 않기 위해서 유산으로 물려받은 목걸이를 하고 다닌다고도 했고 장갑 안에서 10달러를 꺼내 보여주며 차비로 가지고 다니는 돈이라고도 했다. 여자는 남자를 프레이리 애브뉴에 있는 어느 멋진 주택 앞까지 데리고 왔다. 여자는 쾌활하게 작별인사를 건네고는 계단을 올라 현관 안으로 들어갔다. 여자는 놀란 얼굴을 한 남자가 갈 때까지 현관에 숨어 있었다.

옷 때문에도 문제가 끊이지 않았다. 힘들게 일하며 생계를 책임지는 부모들이 기겁할 정도로 젊은이들은 화려한 옷으로 치장하려 한다. 교회 야유회에 입고 갈 옷을 사려고 자신이 근무하는 가게의 금고에서 5달러를 훔친 폴란드 여자아이가 있었다. 여자아이의 아버지는 집 안의 명예를 지키려고 돈을 갚아주었지만 어린 동생들이 본을 볼까 두렵다며 딸을 집 안으로 들이려 하지 않았다. 딸의 비행을 경험하고 나서도 아버지는 여전히 아이들이 더운 여름 내내 어두운 색의 두꺼운 옷을 입고 다니도록 했다. 주머니나 양말 속에 리본과 장신구를 넣고 다니다가 출퇴근 시간에만 잠깐씩 착용하는 여자아이들도 많다. 자기 만족감을 얻고자 하는 욕망, 즐거움 가득한 세계로 도피하려는 욕망이 때로는 비참한 결론으로 막을 내리기도 한다. 어느 독일 가족의 맏딸인 예쁜 여자아이가 기억난다. 어느 봄날 오후에 공장에서 나오는 그 여자아이를 나는 처음 보왔다. 푸른색 웃옷에 푸른 눈을 한 그 아이는 워즈워드의 시구를 떠올리기에 충분했다.

　　잿빛 바위 위에
　　푸른 종 모양의 야생화가 바람에 흔들린다.

　나는 1년쯤 지난 뒤 열일곱 나이의 그 여자아이 사연을 듣게 되었다. 한 공장에서 4년을 일하다가 아이는 인생을 '제대로' 맛보기로 결심했다. 부모가 눈치 채지 못하게 하려고 여자아이는 고리대금업자에게서 30달러를 빌렸다. 아이는 매일 아침 공장에 출근하는 것처럼 집을 나섰다. 3주 동안 오전까지 백화점에서 시간을 보내다가 그곳에서 점심을 먹었으며 안타깝게도 수상쩍은 사람들과 만남을 가졌다. 오후에는 극장에 앉아 집에 돌아갈 시간이 될 때까지 싸구려 악극을 계속해서 보았다. 주말마다 부모에게 여느 때처럼 급료를 가져다주었지만 30달러를 모두 쓰고 나자 여자아이는 지겨운 공장으로 돌아갈 생각에 견딜 수가 없었다. 여자아이는 그간 새로운 경험을 하면서 도시가 제공하는 가능성의 세계가 자신을 향해 활짝 열려 있다는 사실을 알게 되었다.
　그래도 그런 여자아이들 가운데 불행에 빠지지 않는 아이들이 많은 것은 아이들의 욕구를 이해하는 어머니 덕분이다. 만일 모든 어머니들이 아이에게도 삶을 즐기고 싶어하는 욕구가 있다는 사실을 이해한다면 매춘 여성 다섯 가운데 넷이 20세 미만이라는 안타까운 통계 수치는 크게 바뀌었을 것이다. 어머니가 갓난아기를 얼러주며 함께 놀아주고 싶어할 때 아기에게서 '삶의 의지'가 솟아난다고 한다. 그래서 관심을 받지 못해

'애정 욕구가 충족되지 않은' 고아원의 아기들은 사망률이 증가한다는 것이다. 제2의 탄생이라는 사춘기에도 그와 같은 관심이 필요하다. 올바른 범절을 익혀 바르게 생활하게 하고 이 사회의 근간이 되는 윤리적 토대를 습득시키려면 청소년에게는 애정과 이해가 필요하다. 밤늦게까지 장성한 딸아이의 풀 먹인 옷을 다림질해주고 어린 동생들에게 새 신발이 필요해도 빨간색 벨벳 가구의 할부금을 내주는 어머니만큼 딸자식을 제대로 이해해줄 사람은 이 세상 어디에도 없다. 그런 어머니는 사람들과 즐거운 시간을 보내고 싶어하는 자식의 마음을 이해한다. 그래서 나이 어린 동생들을 힘들게 돌보면서도 동시에 장성한 딸아이의 간절한 소망을 이루게 해주려고 최선을 다한다. 우리는, 가장 "신뢰할만한 현자란 바로 대가족을 건사하는 어머니"라는 월트 휘트먼의 말에 전적으로 공감하게 되는 때가 많다.

경제적으로 어느 정도 여유가 있는 헐하우스 여성 클럽 회원들은 청소년을 자극하는 유혹의 손길이 비교적 적은 지역에서 살기 때문에 마음을 잡지 못하는 가난한 지역의 청소년을 위해 레크리에이션을 제공하는 활동에 동참하는 것은 당연하다. 그리고 대부분 그들은 클럽 활동 경험을 통해 자녀들의 욕구를 이해하는 능력을 얻는다. 어느 날 소년법원 공무원이 내게 이런 말을 전했다. 여성 클럽 회원 가운데 한 사람이 대가족 살림에 말썽꾸러기 아들까지 됐으면서도 한 블록 떨어진 곳에 사는 피후견인을 돌보았고 그 덕분에 그 아이는 6개월의 교정 기간을 무사히 마쳤다고 했다. 내가 축하 인사를 건네자 그 여성은 진작에 그 일을 맡지 않아 오히려 부끄럽다고 말했다. 여러 해 전부터 그 아이의 엄마를 알고 있는데 아이 엄마는 시내에 있는 빌딩에서 청소부로 일하느라 매일 저녁 5시에 집을 나섰다가 11시에나 돌아온다고 했다. 아이가 비행을 저지르기 쉬운 시간대에 엄마가 집을 비우는 것이다. 생각을 전혀 못하다가 어느 날 여성 클럽에서 소년원 아이들에게 보낼 베갯잇을 만들다가 마땅히 그 아이를 돌봐야 한다는 생각이 들었다고 한다. 빗나간 아이들을 바른 길로 이끌겠다는 자신의 의지가 진심이라면 바로 옆에 있는 아이를 보살피는 것이 마땅하다는 판단이 섰기에 그 여성은 소년법원 공무원에게 그 아이를 맡겨 달라고 요청했다. 아이가 저녁에 어디를 가려고 하는지 알아보기 위해 매일 아이를 집으로 불러 저녁밥을 먹였다. 저녁에 아이가 하려는 일이 마땅치 않으면 적당한 구실을 만들어 아이를 집에 붙잡아두었다. 아이를 보았을 때 그다지 마음에 들지 않았지만 그럼에도 선뜻 자신이 돌보겠다고 나섰던 일은 아무리 생각해도 희한하다며 말을 마쳤다.

물론 그 여성은 인간 본성의 한 특성을 말해주고 있다. 즉 우리는 사회적 의무라는 거시적 거울에 비춰보았을 때 우리 눈앞에 있는 의무를 훨씬 더 쉽게 보는 법이다. 미국에 있는 모든 대도시에서 여가 선용과 자기 계발의 기회를 제공함으로써 비행 청소년을 선도하는 활동이 펼쳐지고 있다는 사실을 안 순간, 그 여성은 이전에는 미처 깨닫지 못한 구체적인 문제를 보게 된 것이다.

우리는 윤리 의식의 발전 없이 사회 진보도 없다는 사실을 서서히 깨달아 가고 있다. 윤리 의식은 사회 진보의 필수 조건이라는 명제를 뒷받침하는 사례는 많다. 나는 여성단체총연합 아동노동위원회의 위원장을 맡은 적 있었다. 아동노동위원회는 미국 내 여성 단체에 모두 요청서를 보내 노동에 종사하는 14세 미만 어린이들의 숫자를 파악해 달라고 부탁했다. 플로리다 주의 한 단체에서 보내온 자료에는 입이 다물어지지 않을 만큼 높은 수치가 적혀 있었다. 설탕공장에서 일하는 쿠바 어린이들의 숫자였다. 그 단체 회원들은 우리가 요청서를 너무 늦게 보냈다는 불만의 목소리도 함께 보내왔다. 그런 실태를 진작에 알았더라면 의회 폐회 전에 법률안을 제출했을 것이라고 했다. 물론 그 이전부터 아이들은 설탕공장에서 일했고 또 그 아이들이 여성 단체 회원들의 코앞을 오갔을 터이지만 그 여성들은 아이들을 보호해야 한다고 생각하기는커녕 그렇게 힘들게 일하는 아이들이 있는지조차 알지 못했다. 여성 단체에 가입하고 또 그 단체가 여성단체총연합에 가입하고 다시 총연합회의 아동노동위원회가 요청서를 보내고 나서야 그들은 아동노동의 실태에 눈을 떴다. 실태를 알고 나자 그들은 자기 주변에 있는 어린이를 위해 일하는 것이 무엇보다 우선해야 할 자신들의 사회적 책무라고 깨달았다. 헐하우스 여성 클럽의 회원들도 그와 같은 경험을 통해 구체적 문제를 파악하는 능력을 얻었고 그 능력을 바탕으로 다양한 봉사 활동을 수행하고 있다.

일찍이 헐하우스 여성 클럽은 '사교확대위원회'라는 조직을 결성했다. 위원회는 별다른 사교 활동 없이 외롭게 지내는 이웃 사람들을 위해 한 달에 한 차례씩 파티를 연다. 어느 날 저녁 클럽 회원들은 이탈리아 여성들만 초대했는데 이로써 그들은 사회적 격차를 뛰어넘었다. 부유한 아일랜드계 미국 여성과 농부 출신의 남부 이탈리아인 사이에는 커다란 사회적 격차가 있다는 의식이 있었다. 이탈리아 여성들의 행동 양식은 동양 사람들에 가까웠다. 남편을 직장에 보내고 하루 종일 집을 지키는 것이 보통이다. 사교확대위원회가 헐하우스 응접실에 들어와 보니 이탈리아 노동자들이 열을 지어 앉아 있었다. 벽을 등지고 의자에 앉아 있기를 더 원하는 듯 보였다. 그들은 사교의 폭을 넓히려는 시도에 높은 관심을 보였지만 단지 어떻게 행동해야 할지 몰랐을 뿐이었다. 그날 저녁 파티는 대성공이었다. 위원회의 노력 때문이 아니라 이탈리아인들이 적극 호응한 덕분이었다.

그들은 지칠 줄 모르고 짝을 지어 타란텔라를 추었고 나폴리 민요도 불렀다. 한 사람은 나폴리 거리에서 자주 보는 마술을 선보였다. 또 착용하고 있는 야누아리우스 성인의 산호 손가락에 대해서도 설명해주었다. 그들은 보기에도 희한한 미국 음료를 점잖게 마셨다. 저녁 파티가 끝나고 나서 위원 한 사람이 내게 이런 말을 했다. "전에는 '너저분한 이태리 놈'이라는 말을 입에 자주 올렸는데 이제는 그랬던 제가 너무 부끄러워요. 그들도 여느 사람들과 다름없더군요. 단지 그들을 이해하기 위해 작은 노력을 기울여야 할 따름이라는 것도 알게 되었어요. 제 남편에게 지금 사는 곳에서 빨리 이사 가자고 시도 때도 없이 잔소리를 해댔지요. 이탈리아 사람들이 계속 이사 오고 있다는 이유에서요. 하지만 이제는 계속 살면서 이탈리아 사람들과도 잘 사귀어볼까 해요."

내가 보기에 그 여성은 편견의 세계에서 벗어나 시야가 툭 트인 드넓은 세계로 옮겨갔다. 편견의 세계는 삶에 대한 좁은 시야로 그 넓이와 깊이가 제한되어 있다. 그곳에 갇혀 있으면 의복과 행동양식의 차이를 극복하지 못하며 세상을 바라보는 눈도 서서히 좁아져 간다. 하지만 열린 세계에 사는 사람은 세계의 시민이다. 다양한 경험 속에서 모든 유형의 사람들을 이해하는 폭을 지녔기 때문이다. 젊은이를 대학으로 보내 문화 역량을 쌓게 하고 넓은 시야를 갖추게 하듯이 우리는 지역주의의 족쇄에서 벗어나도록 이들을 유럽으로 보낸다. 하지만 헐하우스 여성 클럽의 사례에서 보듯이 꼭 대학이나 유럽으로 보내지 않아도 원하는 목표를 달성하는 길이 있다.

사교확대위원회를 이끈 이는 헐하우스 자원봉사 입주자로 대인관계가 폭넓었다. 그는 사회적 접촉 없이 외롭게 사는 사람들을 다수 파악해냈다. 차츰 우리는 주위 사람들과 친밀한 관계를 맺지 못하는 사람에게는 심각한 위험이 도사리고 있다는 사실을 깨달았다. 여러 이야기를 통해 우리는 모두 외딴 지역에서 외롭게 살아갈 때 빚어지는 결과를 웬만큼 알고 있다. 브론테 자매는 영국 북부의 황무지에서 살아가는 사람들이 지닌 끔찍한 부도덕성과 야수성을 그려냈다. 윌킨스[2]는 자신의 뜻만 고집하는 외딴 뉴잉글랜드 사람들을 글로 묘사했다. 하지만 외로움에 시달리는 도시 사람들의 이야기도 그에 못지않게 많다. 도시로 갓 옮겨온 젊은이이나 시골에서 이주해와 사람들과 사귀지 못한 가정 이외에도 숫기 없는 천성 때문에, 혹은 자신의 비루한 처지에 자격지심이 생겨서 주위 사람들과 인간적으로 접촉하지 못하는 이들이 매우 많다. 그들은 외진 시골에 있는 것과 다름없이 외롭게 살아간다. 셋방살이를 하면서 다른 사람과의 접촉에서 자유롭기란 쉽지 않기 때문에 시골에서와는 달리 그런 이들의 성품은 냉랭해지고 거칠어진다.

내 기억 속에는 그런 사람들의 구체적인 사례가 상당히 있다. 20년 동안 한 미용실에서 일하면서도 동료 미용사에게 사는 곳을 절대 알려주지 않던 사람이 있었다. 그녀는 사는 곳이 어디인지 지나치게 궁금해 하

---

2. 메리 E. 윌킨스(1852-1930)는 단편집 A Humble Romance(1887)와 A New England Nun(1891)을 쓴 작가이다.

는 사람이 있으면 이사를 했다. 또 여태껏 이웃 사람 가운데 자기 집 안에 발을 들인 이는 한 사람도 없다고 자랑까지 했다. 하지만 그런 그녀도 천식으로 인해 진료소를 찾아야 했고 그때부터 친절한 사람들의 관심과 보호를 받으면서 따뜻한 인간 관계에 반응을 보이기 시작했다. 또 다른 여성은 남편의 상습적 도박으로 가세가 크게 기울었지만 오랜 세월 가난한 형편을 감추느라 힘든 나날을 보냈다. 아이들에게는 이전과 다름없는 양질의 교육을 시키기 위해 무진 애를 썼다. 이제는 모두 대학을 졸업한 다섯 자녀들은 엄마가 얼마나 힘들게 살아왔는지 실감하지 못한다. 이제 와서야 그 여성은 누구의 이해도 받지 못한 채 홀로 아이들을 키워온 세월을 후회하기 시작했다. 외롭게 지내느라 친구를 사귀는 방법도 잊고 말았다. 그 여성은 헐하우스에서 친구를 만날 수 있다는 사실에 기뻐했다.

물론 다른 클럽에서도 훌륭한 활동을 펼쳐나갔다. 그리스 여성들로 구성된 클럽이나 이탈리아 여성을 회원으로 둔 클럽은 훈훈한 대화가 오가는 친교의 자리를 마련했고, 조금 더 적극적인 클럽들은 사회 문제에 관심을 기울이는 자리를 마련했다. 여성 클럽 활동은 회원 자신들의 결혼생활에도 적지 않은 영향을 끼쳤다. 남편들은 아내와 함께 연례 동계 리셉션이나 클럽 콘서트 등을 비롯한 여러 행사에 참석했다. 어린아이들은 5월 파티에 와서 춤도 추고 게임도 즐겼다. 조금 더 나이가 든 아이들은 중학교 졸업 성적이나 고등학교 성적이 좋은 사람에게 상을 주는 6월 행사에 참석했다.

이렇게 회원 가족들의 참여가 활발했기 때문에 여성 클럽 회장은 회원 가족들이 마음껏 사용할 수 있는 공간을 확보하기 위해 건물을 세웠다. 물론 보웬 홀도 항상 활용하고 있었지만 더 넓은 공간이 필요했던 것이다.

바로 그 회장의 지도력에 힘입어 헐하우스 여성 클럽은 다양한 방면에서 훌륭한 성과를 이뤘고 여러 단체들과 협력해 도시 환경 개선에도 큰 역할을 담당했다. 모든 여성 단체가 그렇듯이 헐하우스 여성 클럽도 개인의 자기계발을 목적으로 시작했다. 하지만 최초로 소년법원 보호감찰관을 지낸 회장이 자신의 경험을 클럽 회원들과 공유하면서 사람들의 생각이 바뀌어갔다. 그 회장을 기리기 위해 클럽 도서관에 세운 기념 명판에는 다음 글귀가 새겨져 있다.

세상의 고초와 번민을 겪으면 겪을수록
마음은 더욱 온유해진다.

친목 클럽은 여러 지역에 사는 다양한 사람들을 서로 이어주는 역할을 한다. 다양한 사람들과 친교를 맺으면서 많은 이가 우리를 위협하는 산업 문제와 사회 문제를 인식한다. 지난 20년 동안 그런 수많은 사람들이 클럽이 나갈 방향을 지시해주었다. 그리고 그들 덕분에 사회 현실에 눈뜬 시카고 시민들, 오직 헌신을 통해서만 인생의 고통과 어리석음, 무자비함을 해결할 수 있다고 생각하게 된 시카고 시민들의 숫자가 늘어가고 있다. 미국의 모든 도시에는 이처럼 의식하는 사람들이 늘어나고 있다. 조만간 이들 덕분에 사회적 무관심이라는 미국의 고질적 질병이 치유될 것이다.

헐하우스가 걸어온 길은 내가 20년 전에 예측한 것과는 크게 다르다.

오래 전에 썼던 글[3]을 인용하며 이 장을 마친다.

대도시의 사회 구성체는 갈가리 찢겨졌다. 그곳에 사는 사람들은 가난하다. 대다수가 생계를 잇는 일 말고는 다른 어떤 일을 할 여유도 기운도 없다.

그들은 어깨를 맞대고 살아가지만 서로를 전혀 알지 못한다. 그들 사이에는 친교도 없고 공공의식도 없으며 어떤 사회적 조직도 없다. 이 문제를 해결하려는 시도도 전혀 없다. 그런 문제를 해결할 만한 사람들은 그곳에서 떨어진 부유한 지역에 살고 있다. 클럽하우스, 도서관, 갤러리 등은 근방에 없다. 노동자들을 조직체로 구성하는 사람이 있지만 그는 이윤을 좇아 그렇게 할 뿐이다. 이들 노동자는 공동체의 구성원으로 조직되지 않는다. 그들은 다닥다닥 붙어 있는 셋집에서 살고 있지만 그들 사이에 사회적 접촉은 없다. 큰 공장에 감독도 공장장도 없을 때에나 생겨날 그런 큰 혼돈으로 가득하다. 노동자들의 생각과 능력은 좁은 공간 속에 갇혀 버린다. 타인과 친밀한 접촉을 하려는 욕구는 시들어간다. 진보를 가능하게 하는 열정을 그들에게서 찾아볼 수 없다. 서로를 만나는 유일한 장소는 술집이며 그 자리를 주선하는 사람은 오직 바텐더일 뿐이다. 대학 교육을 받고 사회적 능력을 갖춘 사람들은 그들에게서 멀리 떨어진 곳에서 산다. 개인적으로 나는 가장 크게 잃은 사람은 바로 그렇게 멀리 떨어져 있는 사람이라고 생각한다. 그러나 바로 여기에서 역설이 생겨난다. 교육받은 사람들이 특정 집단에서 멀어져 있을 때, 모든 사회

---

3. 1892년에 쓴 The Subjective Necessity of Social Settlement를 가리킨다.

적 혜택이 한 곳으로 집중되어 있을 때 그로 인한 결과를 불평등을 합리화하는 근거로 사용한다. 가진 자들은 대중이 사회적 혜택을 누리지 못했기 때문에 그것을 간절히 원한다고 말한다. 대중은 굼뜨고 어리석기 때문에 그들을 변화시키려면 대단한 정치 제도나 획기적인 자선 활동이 필요하다고 말한다. 이렇게 한 사회를 부자와 빈자로 나눈다.

혜택받은 사람들과 혜택받지 못한 사람들로 나눈다. 혜택받은 사람들은 돈을 조금 내어놓으면서 그것으로 자신이 사회적 의무를 다한다고 믿는다. 혜택 받지 못한 사람들은 자신의 몫을 떼어놓으라고 목소리를 높이면서 그것으로 자신이 사회적 의무를 다한다고 생각한다. 이런 방식으로 계급 분화는 고착화하는 듯 보인다. 하지만 사람들을 둘로 나누는 시도는 결코 성공하지 못한다. 왜냐하면 정의를 갈망하는 사회의식은 사람들 내면에서 끊이지 않고 분출하기 때문이다.

CHAPTER 15

교육의 대중화

나는 여러 해 전 쓴 글[1]에서 교육이 사회적 측면보다 정치적 측면에서 더 민주적이라는 사실을 개탄한 바 있다. 초기 헐하우스 교육 활동을 비춰 볼 수 있는 내용이기 때문에 그 글의 일부를 여기에 인용한다.

세틀먼트에서 교육은 완전히 다른 접근 방식을 필요로 한다. 세틀먼트 의 피교육자는 타고난 능력을 개발할 기회가 없었기 때문에 힘든 학습 을 제대로 소화하지 못한다. 화기애애한 분위기에서 학습을 진행해야 한다. 친교와 친절이라는 매개체를 통해 지식을 쌓게 해야 한다.

지적 성숙을 이루려면 다른 사람의 관심과 애정이 필요하다. 위대한 민

---

1. The Subjective Necessity of Social Settlement를 가리킨다.

주주의자 마치니는 남부 유럽 농부의 상황을 두고 이렇게 격정적으로 말한 적 있었다. "교육은 단순히 개인의 능력을 개발하는 행위에 그치지 않는다. 교육은 죽은 자와 산 자 사이에 일어나는 신령한 성찬식이며 이 성찬식을 통해 사람은 자신의 모든 역량을 성숙시킨다. 이탈리아 농부들처럼 여러 세대 동안 이 성찬식에 참례하지 못한 사람이 있을 때, 우리는 그를 두고 '저 사람은 밭에서 일하는 가축과 다름없어. 말을 듣게 하려면 매를 들어야 해'라고 한다." 그런 사람을 교육하는 것은 어불성설이라고 주장하는 이들이 때로 있다. 우리는 어리석게도 결과를 놓고 원인을 정당화하려 한다. 물론 세틀먼트는 편협한 교육관을 배격한다.

설립 초기에 헐하우스는 공개대학이라는 이름의 일반인 강좌교실을 열었다. 강사진은 모두 서른다섯 명이었다. 시카고에 유니버시티 공개대학과 노멀 공개대학이 생기기 전의 일이었으므로 수강생을 수용할 공간이 넉넉하지 못했다. 학생과 교수의 관계, 또 학생과 자원봉사 입주자의 관계는 손님과 그 손님을 접대하는 주인의 관계였다. 학기가 끝날 때마다 자원봉사 입주자들은 학생과 교수를 위해 리셉션을 열어주었다. 그러한 편안한 분위기에서 좋은 교육적 성과를 일궈냈다.

이들 강좌와 연계하여 헐하우스 여름학교를 록퍼드 칼리지에 열었다. 10년 동안 100명의 여성들이 모여 6주 동안 숙식을 함께 했다. 야외에서 조류와 식물에 대해 공부했고 고전 문학 작품을 열독했으며 로크 강에서 뱃놀이를 했다. 또 얼룩덜룩한 모자와 가운을 입고 우스꽝스러운 졸업식을 열기도 했다. 이런 활동을 통해 우리는 대학 생활에서 누리는 우정을 경험했다.

학생뿐 아니라 교수도 일주일에 3달러씩 참가비를 냈다. 식비 외에는 들어가는 돈이 별로 없었기 때문에 충분히 경비를 감당할 수 있었다. 여름학교를 개최하는 일은 매우 간단하고 그 결과도 꽤 만족스럽다. 아름다운 주위 환경을 지닌 대학이 많아서 누구라도 여름학교를 추진하기 쉽다. 두 달 동안 사용하지 않는 대학 건물을 활용하면 수백 명의 숙식을 적은 비용으로도 해결할 수 있다.

첫 해에 매주 목요일마다 공개강좌가 열렸다. 공개강좌는 사람들이 손꼽아 기다리는 행사로 자리잡았다. 헐하우스 이사 가운데 한 사람은 경제 문제를 주제로 다루는 강연에 깊은 인상을 받았다. 그래서 그는 시내에서 세 개의 강좌를 열도록 비용을 댔다. 강좌는 누구나 무료로 참석할 수 있었다. 그는 강좌에 주로 노동자들이 참석한다는 사실에 크게 만족스러워했다. 대개 노동자들은 편향된 시각을 지닌 사람이 경제 문제를 다루는 강연을 선호하며 면밀한 검토나 신뢰성의 문제에는 무관심하다. 또한 대립되는 두 주장에 모두 귀를 기울이는 태도를 싫어한다. 세심하게 마련한 지식을 홀짝거리며 마시기보다는 "거친 진실을 거침없이 들이켜 잔뜩 취하기"를 원한다.

7백50명을 수용할 수 있는 보웬 홀도 겨울 동안 일요일마다 열리는 강좌의 청중을 수용하기에는 충분하지 못한 경우가 많았다. 시카고 대학교 교수를 비롯해 여러 인사들이 강사로 참여했다. 이들 강좌의 인기는 남달랐다. 유럽의 자본과 그 사회적 의미를 다룬 강연에서 청중이 매우 집중해 오스트리아와 피지배 슬라브 민족 사이의 불화를 다룰 때는 불만의 목소리와 야유가 터져나왔고 비극적 실패 속에서도 의지를 굽히지 않은 어느 폴란드 영웅의 이야기에는 큰 갈채가 쏟아졌다.

일요 강좌가 크게 성공했지만 적합한 강연을 마련하는 일은 결코 쉽지 않았다. 환등기를 활용한 천문학 강좌를 열면 우주의 장관을 보려고 첫 주에 많은 청중이 몰려들지만 강연에서는 우주 먼지의 스펙트럼 분석이나 은하수에 관한 최신 이론을 다룬다. 강연자는 최신 연구 동향을 말하고 싶어하는 욕구 때문에 청중을 생각하지 않고 따분한 전문 용어로 사람들의 관심을 죽인다. 물론 예외는 있다. 생명체의 진화에 대한 열두 차례의 강연은 큰 인기를 끌었다. 하지만 강연자는 교수가 아니라 대학 강사였다. 아직까지 그에게는 진화의 신비를 알고자 하는 열망이 있었다. 다행히도 실제적이고 구체적인 문제를 다루는 강연자, 전문용어를 쉽게 풀어 사용하는 강연자들이 늘어나고 있다.

학식이 높은 사람들이 인류의 복지에 중대한 의미가 있는 문제를 직접 가르치지 않고 그 대신에 사이비 학자에게 맡겨두고 있는 듯 여겨질 때가 있다. 사람을 가르치고 안내하기 위해서가 아니라 금전적 이득을 취하기 위해 수많은 책과 그림과 강연을 제공하는 사이비 학자들에게서 대중은 지적 양식을 취한다. 일반인들은 큰 주제, 중요한 주제에 관심을 기울인다. 부분적으로만 성공했지만 헐하우스 자원봉사 입주자들도 성운 가설부터 시카고 역사에 이르기까지 스물다섯 차례에 걸쳐 다양한 주제로 강연을 했다. 지식 습득에 발을 담그기 시작한 사람은 항상 일반적 진리를 갈구한다. 유능한 교사가 창조의 역사를 무대 위에 올리면 극을 감상하던 관객이 어느덧 무대 위를 누비는 배우로 탈바꿈한다.

유럽 여행을 계획하던 때가 기억난다. 그때 나는 2년 동안 이 나라에서 저 나라로 돌며 인류가 이룩한 위대한 성취의 발자취를 따라가고 싶었다. 성인을 기리는 성당, 영웅을 기념하기 위해 세워진 동상, 위대한 인물의 묘소 등을 찾아다녔다. 젊은 우리는 그런 기념물 앞에 서서 진선미를 찾고자 한다. 최근에 헐하우스 소년 클럽의 회원 한 명이 이런 이야기를 한 적 있다. 그는 절도범의 공범자로 몰려 억울하게 경찰서에서 사흘동안 붙들려 있었다. "유치장에 있으면서 장발장을 생각했어요. 정의를 위한다며 평생 그 뒤를 쫓는 경관을 두고 그가 어떻게 행동했는지 떠올렸어요. 선생님이 장발장에 대해 한 강연 내용을 머릿속에 그림으로 그렸죠. 장발장은 오랜 세월 견뎠는데 고작 사흘도 견뎌내지 못한다면 말도 안 된다는 생각이 들었어요."

극적인 행위가 그와는 전혀 다른 방식으로 힘을 발휘하는 때도 있다. 몇 주 동안 일간지들이 연일 뉴욕에서 일어난 악명 높은 살인 사건[2]을 보도하던 때 나는 길거리에서 여자아이들이 신문을 보며 불행한 여주인공의 미모와 입은 옷, "비탄에 잠긴 표정"에 탄복하는 소리를 들었다. 살인 사건 재판이 열리던 때에 여러 해 동안 알고 지낸 한 여성이 나를 찾아와 부끄럽게도 자기 딸이 뉴욕 살인 사건의 주인공을 따라 옷을 입으려 한다고 고백했다. 심지어 딸은 "언젠가는 나도 에벌린처럼 옷을 입을 것이고 비난하는 사람들을 향해 청순한 표정을 지을 것"이라고 말했다.

헐하우스 인근의 이민자 지역 가정을 일요일 오후에 방문해보면 온 가족이 센세이셔널한 기사로 가득한 일요 신문을 탐독하는 모습을 보게 된다. 글을 읽지 못하는 사람도 만화를 보거나 약도 위에 검은 선으로 그려진 살인자의 동선을 쫓기도 한다.

때로 충성심과 집단의 결속력이 매우 부정적인 형태로 표출되는 때가

---

2. 1906년에 있었던 해리 K. 소우의 살인 사건을 가리킨다. 해리 소우는 자신의 아내 에벌린 네스빗 소우와 정을 통하던 건축가 스탠퍼드 화이트를 총으로 살해했다.

있다. 여러 해 전 계급 간의 갈등이 폭발했던 재단사 파업 때 이웃 남자아이가 노조원 대신 석탄차를 운전하다가 크게 부상을 입는 일이 일어났다. 문병에 나선 내가 그 아이 집에 다가서자 수많은 남자아이와 여자아이들이 나를 에워쌌다. 그 가운데는 아주 어린 아이도 끼어 있었다. 아이들은 "잭은 '배신자'예요"라고 외쳤고 나는 안으로 들어갈 수가 없었다. 나는 아이들에게 그 아이 엄마가 내 친구이며 어려운 처지에 있으니 어떻게 해서 그 아이가 다치게 되었는지 상관없는 문제라고 설명했다. 하지만 그 아이 집 주위로 더욱 많은 아이들이 몰려들었고 나는 결국 설명을 포기하고 아이 집으로 냉큼 들어갔다. 하지만 아이 엄마로부터 "제발 오지 마세요. 그쪽도 다칩니다"라는 말을 들었다. 물론 내가 다치는 일은 일어나지 않았다. 하지만 내 마음속에는 고통스러운 기억으로 남아 있다. 이웃 아이들에게서 받은 가장 고통스러운 경험이었다. 당시 시카고에는 그만큼 계급 간의 갈등이 심각했다.

그런 이유에서 헐하우스 자원봉사 입주자들은 고전 문학이 주는 위대한 영감과 위안을 주로 강조하고 있다. 고전을 계급 교육이나 의식화 교재로 사용하여 그 가치를 손상하는 일이 없도록 조심하고 있다. 셰익스피어 클럽은 16년 동안 건재함을 과시하고 있다. 회원들은 학자나 배우들의 셰익스피어 해석을 경청한다. 클럽 초기 회원 중의 한 사람이 했던 말이 생각난다. 오랜 시간 공장에서 재봉질을 할 때면 셰익스피어 등장인물들이 머릿속에 떠오른다는 것이다. 클럽에 가입하기 전에는 어떤 생각을 하며 살았는지 도무지 기억나지 않는다며 그때는 아예 아무 생각도 하지 않은 채 생활했다는 말로 이야기를 마무리했다. 노동자의 마음에 양식을 제공하고 단조로운 노동에서 마음을 해방하여 더 넓은 세상으로 이끄는 것이 예술의 목표였다. 그 목표를 성취하기에 그 위대한 영국 시인만한 인물은 없었다. 스타는 여러 해 동안 단테와 브라우닝을 강의하면서 위대한 시구를 열정적으로 읽어 내려갔다. 래스롭의 플라톤 클럽, '사회 심리학'을 주제로 존 듀이 박사가 여러 차례에 걸쳐 행한 강연회의 청중들이 생각난다. 듀이 박사 강연에 참석했던 청중은 주로 우리 인근에 사는 사람이었는데 그들의 지적 열의는 대단했다. 하지만 헐하우스 자원봉사 입주자들은 대학에 진학할 청소년들에게 제공하는 수준 높은 강좌의 가치를 높이 평가하면서도 세틀먼트의 교육 활동이 대학 강의를 모방해서는 안 되며 주민에게 실제로 도움이 될 수 있는 내용과 방식을 만들어야 한다고 생각하기 시작했다. 주로 영어를 가르칠 목적으로 만든 강좌에 참석한 수많은 이민자들 가운데 여러 명이 새로 습득한 언어로 자신이 꿈꾸고 고민하는 내용을 담고 싶어했다.

그렇게 해서 보헤미아 젊은이가 쓴 여러 편의 희곡과 베르테르의 편지에 필적할 만한 비탄의 목소리를 담은 러시아 젊은이의 에세이, 그리고 압제에 시달리는 러시아를 소재로 한 단편소설이 나왔다. 고난받는 유대인의 이야기를 소설로 담으려는 젊은이도 있었다.

세틀먼트의 교사들은 최선의 교수법을 찾기 위해 항상 애쓴다. 이 자리를 빌려 헐하우스의 교육 활동을 총괄하고 있는 미스 랜즈버그[3]에게 경의를 표하고자 한다. 또 겨울마다 정기적으로 헐하우스에 와서 이민자들에게 당장 필요한 영어를 가르치는 여러 교사에게도 감사드린다. 조금이라도 영어를 할 줄 아느냐 그렇지 못하냐에 따라 공장 취업 여부가 결

---

3. 클라라 랜즈버그(1873-1966)는 브린 모어 칼리지를 졸업하고 1899년에 헐하우스로 왔다. 1920년까지 저녁 강좌를 총괄하는 자리에 있었다. 유니버시티 스쿨에서 독일어를 가르치기도 했다.

정될 수 있다. 공사장에서 위험을 알리는 소리를 알아듣는지 못 알아듣는지에 따라 생사가 갈릴지도 모르는 일이다.

곧바로 활용할 수 있는 교육을 원하는 사람들을 위해 요리 교실, 재봉 교실뿐 아니라 모자를 만드는 강좌도 생겨났다. 그런 강좌에 참석하는 어느 여성은 내년 봄 결혼할 생각인데 장시간 공장에서 일하느라 "집안일은 하나도 할 줄 모른다"라고 했다. 때로 수강생이 젊은 기혼녀로 이뤄진 강좌도 있었다. 그런 기혼녀 가운데 남편이 두 해 동안 형편없는 음식 솜씨를 참아오다가 제대로 된 음식을 내오지 않으면 이혼하겠다고 했다며 눈물로 상담을 요청해온 여성이 있었다. 그 여성은 요리 교실에 등록하라는 내 제안을 따랐고 6개월 뒤에는 내게 행복한 결혼생활을 하고 있다는 이야기를 해주었다.

실용 강좌는 두 가지 형태로 분명하게 나뉜다. 첫째는 집 안 살림에 도움을 주는 강좌이고 두 번째는 직업 교육이다. 직업 교육은 헐하우스 소년 클럽에서 이미 시작하고 있었다. 3년 전에 헐하우스 이사 가운데 한 사람이 소년 클럽에서 사용하라고 큰 건물을 내주었고 그곳에 목재, 철, 놋쇠를 다루는 작업장뿐 아니라 구리와 주석을 다루는 작업장, 사진을 다루는 작업장, 인쇄, 전신, 전기 설비 등을 다루는 작업장도 마련되었다. 이들 작업장에는 기술을 익히려는 소년들로 가득하다. 수업은 일주일에 두 차례 행해지며 전문 교사보다 더 효과적으로 아이들에게 필요한 것을 짚어주는 기술자가 교육을 담당한다. 전문적인 직업 훈련에는 미치지 못하지만 아이들이 자신의 적성을 발견하고 원하는 분야를 선택하는 데 도움을 주기에는 충분하다. 공장은 너무 복잡해서 아무런 준비 없이 들어가면 아이는 당황하기 마련이다. 그렇게 되면 아이는 외부 자극에 제대로 반응할 능력을 잃어버린다. 아이는 자신감을 잃거나 지나치게 긴장하여 제대로 실력을 갈고닦지 못한다.

학교 교육과 산업 현장을 연계하는 중요한 실험이 헐하우스 근처에 위치한 공립학교 건물에서 여러 해 동안 수행되고 있었다. 그곳에서는 비수기를 이용해 하루에 여덟 시간씩 벽돌쌓기 기술을 가르쳤다. 이 실험은 높은 효과가 예상되면서 신시내티, 피츠버그 등지에서도 실시되었다. 공장에서 일하는 아이들로 한 집단을 이루고 또 학교에서 공부하는 아이들로 또 다른 집단을 이루어 한 달에 한 번씩 돌아가며 교육받게 했다. 하지만 복잡하게 변하는 도시에서 쉽게 의기소침해지는 특정한 유형의 아이들에게는 이런 도제 교육도 감당하기가 쉽지 않다. 교육에 관심을 갖게 하려면 온갖 종류의 유인책이 필요하다.

자동 도난 경보기를 설치해보고 싶은 생각에서 여러 주 동안 헐하우스 직업 교육을 받는 아이들이 심심치 않게 있다. 하지만 별다른 지식이 없는 사람이 기본적인 조작법을 익히기까지는 오랜 학습이 필요하며 가르치는 사람도 조심스럽게 접근해야 한다. 목공 수업에 열심히 참여하던 거리의 아이가 설계도를 만들 때 간단한 계산을 해야 한다는 소리를 듣고 갑자기 발길을 끊었다. 끔찍이 싫어하는 산수를 다시 해야 한다는 소리에 도망가고 만 것이다. 한편, 교육을 받고 싶어하면서도 뜻대로 할 수 없는 경우를 우리는 많이 보았다. 무단결석으로 붙잡힌 아이를 다그쳐보니 아이는 시내에 있는 건물에서 전기 설비 제작 과정을 여러 시간 동안 지켜보고 또 도서관에 가서 전기 관련 서적을 읽는 사람들을 오랫동안 바라보았다고 했다. 아버지가 공장에서 사고로 두 다리를 잃고 학교를 그만둔 또 다른 아이는 기계를 다루는 일자리를 얻고 싶어했지만 소용이 없었다. 그런 일을 하기에는 너무 어리다는 것이었다. 아이는 4년 동안 사환으로 일했고 받은 월급봉투는 뜯어보지도 못한 채 몽땅 생활비로 바쳐야 했다. 4년이 지날 무렵에 병든 아버지 수발에 지친 아이는 갑자기 집을 나갔고 가난한 어머니만이 남의 집 빨래를 해주며 생계를 책임지는 가장이 되어야 했다. 아이는 "그곳에서는 사람 몸집에 크게 괘념치 않을 것"이라고 기대하며 캔자스시티로 갔다. 하지만 불쌍한 어머니 생각에 6주일 만에 집으로 돌아왔다. 굽히지 않는 아이의 뜻을 확인한 어머니는 청소년보호협회에 도움을 청했다. 협회는 기계 공장에 일자리를 마련해주었고 저녁에는 교육 받을 수 있는 기회도 주선해주었다.

1천5백 명의 헐하우스 소년 클럽 회원 가운데 수백 명은 레크리에이션 활동에만 반응을 보이며 나이가 더 많은 아이들은 상당수가 볼링이나 당구에만 관심을 보인다. 하지만 볼링이나 당구 대회는 환락을 찾아 거리를 배회하는 아이들을 건전한 여가의 장으로 옮겨오게 하는 데 매우 효과적이다. 스포츠 대회를 조직하면 쉽게 아이들을 헐하우스 체육관으로 불러모을 수 있다.

토요일 저녁에 열리는 체육대회가 인근에서 가장 중요한 행사였고 또 댄스의 인기도 매우 높았지만, 18년 동안 우리 체육관에는 각종 강좌가 활발하게 열렸다. 세틀먼트는 체육관의 중요성을 인지하고 그 관리에 힘써야 한다. 운동을 하면 절제하는 법과 규칙을 따르는 법을 배운다. 리듬감 있게 움직이는 젊은이들의 날렵한 몸을 바라보면 "그들에게 가벼운 발을 허락하셔서 삶을 씩씩하게 헤쳐나가게 해주소서"라는 옛적 기도문이 절로 생각난다. 올림픽의 승리자가 얻는 영광은 월계관과 축가와 가문의 명예이다. 하지만 헐하우스 체육관 출신이 컵과 메달을 가져올 때면 우리 마음에는 그가 프로 선수로 나설지 모른다는 걱정이 들었다. 우리에게 스포츠를 업으로 삼는 것은 투전판에서 노름을 한다거나 돈내기 권투 경기의 선수가 된다는 것을 의미했다. 하지만 겨울이면 우리 체육관에서 연습을 하는 서커스 단원들을 보면서 전문 스포츠인을 바라보는 우리 시각도 많이 바뀌었다.

오랜 시간 앉아서 일하는 젊은이들은 무엇보다도 근육을 균형 있게 발달시켜야 편안하고 활기차게 생활할 수 있다. 그리스 이민자들은 대규모 단체를 만들어 그리스 재래의 레슬링을 재현하고자 했다. 한 그리스인이 큰 규모의 레슬링 대회에서 우승하자 트로피를 헐하우스로 가져와 그리스 풍습에 따라 전통 시구를 읊조리는 의식을 행했다.

헐하우스가 오랫동안 허용하지 않았던 군사훈련을 허용한 것은 그리스 청년 단체 때문이었다. 운동경기가 처음에는 외부의 침략자에 맞서 싸우고 다음에는 국가 내부의 압제자에 맞서 싸운 전쟁의 유물이라면, 터키에 대적하는 그리스의 청년들은 아직 첫 번째 단계에 있다고 하겠다. 그리스 청년들은 오랜 그리스의 숙적과 맞서 싸우라는 국가의 부름을 언제라도 받을 수 있다고 믿는다. 나라를 구하려는 투철한 정신의 그리스 젊은이들이 헐하우스 건물과 체육관을 사용하고 있는 상황에서 군사훈련을 부인하는 것은 눈가리고 아웅 하는 격이었다. 하지만 다행스럽게도 군사훈련은 그리스 교육 협회의 활동 가운데 아주 작은 부분만 차지하고 있다.

군사훈련 문제를 고백하고 나니 세계박람회가 열리던 여름에 조직한 '콜롬비아 파수대' 이야기를 하는 것이 온당할 듯싶다. 헐하우스 분대는 다른 분대와 마찬가지로 청결한 도시를 모토로 결성되었지만 소속원들

은 군사훈련을 받고 싶어했다. 무저항의 원칙을 신봉하는 나는 이 요청
에 충격을 받았다. 하지만 동시에 나는 교회의 소년단체에서도 이용되
는 군사훈련 방식을 바꿀 기회가 왔다고 생각했다. 나는 남자아이들에게
더러운 거리와 골목을 청소하는 일이 콜롬비아 파수대의 목표이므로 하
수구 삽으로 훈련을 하자고 했다. 하수구 삽은 길고 좁은 날에 짧은 자루
를 하고 있어서 크기와 무게, 그리고 외양에서 착검한 총과 크게 달라 보
이지 않았지만 군사훈련 내용을 새롭게 짜야 했다. 나는 체육관으로 가
서 전쟁 훈련보다 질병을 막는 오물 제거 훈련이 더욱 값어치가 있다는
설명을 아이들에게 했다. 이윽고 새로운 군사훈련이 진행되었고 내가 그
자리를 떠나려는 참에 훈련 교관은 아이들이 쑥스러워서 더는 따라 하
지 않는다며 불평했다. 돈키호테 식의 실험이 실패로 막을 내린 이후로
나는 간혹 헐하우스 창고를 드나들다가 그때의 하수구 삽을 보게 된다.
하수구 청소에 사용하기에는 너무 깡총하고 군사 훈련에 사용하기에는
너무 밋밋하다. 나는 그 삽을 볼 때마다 언젠가 전쟁 무기가 도시 정화의
도구로 탈바꿈할 평화의 날을 마음속에 그린다.

　세틀먼트에서 생활하면 이른바 '인간 본성의 놀라운 유연성'을 발견
하게 된다. 인간의 도덕적 역량에 어떤 한계선을 긋기란 불가능하다. 최
적의 교육이 실시되는 이상적 조건 아래에서는 인간의 역량은 한계를
가늠하기 어려울 정도로 폭이 넓어지고 깊이도 깊어진다. 그러나 그러한
조건을 획득하기 위해서 세틀먼트는 진보와 보수를 아우르는 협력의 필
요성을 인식한다. 세틀먼트는 특정 정당이나 특정 경제학파에 소속된 사
람만을 친구로 한정하지 않는다.

세틀먼트는 교양을 갖춘 사람이 가치 있다고 여기는 성과물 가운데 그 어떤 것도 배격하지 않는다. 하지만 세틀먼트는 그 성과물을 인민의 몫으로 돌린다. 왜냐하면 인민의 수고와 노동이 없다면 결코 얻을 수 없는 성과물이기 때문이다.

세틀먼트의 자선 활동, 사회 참여, 교육 활동은 모두 민주주의를 대중화하려는 시도의 상이한 표현이다. 그리고 세틀먼트라는 존재 자체도 그러한 시도의 한 표현이다.

《헐하우스에서 20년》에 대해

1910년에 출간된 이 책은 애덤스의 저서 중에서 가장 큰 반향을 불러일으킨 책이다. 1935년에 애덤스가 사망할 때까지 8만 부가 팔렸다. 본 주해판은 헐하우스 설립 백주년을 기념해 발간되었다.

《헐하우스에서 20년》은 미국의 지성사와 사회사를 통틀어 손에 꼽을 만한 고전이며 도발적인 사회 이론의 풍성한 보고이다. 제인 애덤스는 '용감한 활동가인 동시에 독창적인 사상가'이다. 우리는 애덤스의 삶과 글에서 사고와 행동을 통합한 인물의 전범을 본다. 애덤스와 헐하우스 식구들은 당대의 개혁 운동뿐만 철학적, 사회학적, 정치적 사상에도 큰 영향을 주었다. 이 책은 세심한 관찰과 일상에 대한 성찰, 그리고 공공 정책에 대한 처방 등 다양한 내용과 중요한 논설을 가득 담고 있다. 오랫동안 자서전으로서의 가치와 역사적 가치로 높은 평가를 받아온 《헐하우스에서 20년》은 뛰어난 통찰력, 예리한 분석, 우리를 사로잡는 비전만으로도 충분히 읽을 만한 가치를 지니고 있다.

- 베레니스 A. 캐럴 《Liberating Women's History》 편집자

《헐하우스에서 20년》은 미국에서 나온 책 가운데 가장 중요한 책이며 고전이다. 왜냐하면 인간 운명과 사회 정의라는 거대 담론을 100년이 지난 지금도 여전히 생생하고 의미 있는 언어로 다루고 있기 때문이다.

- 캐서린 키시 스컬러 《Cahterine Beecher》의 저자